AF636940

ONESIEGURUMI

NOCH MEHR HÄKELSPASS

Für die deutsche Ausgabe:
Verlagsleitung Monika Schlitzer
Programmleitung Heike Faßbender
Projektbetreuung Doreen Wolff
Herstellungsleitung Dorothee Whittaker
Herstellungskoordination Claudia Rode
Herstellung Inga Reinke

Übersetzung Birte Mirbach
Lektorat Regina Sidabras
Satz Roman Bold & Black, Köln

Titel der niederländischen Originalausgabe: Onesiegurumi 2.
Amigurumi haken zonder naaiwerk!

Der Originaltitel erschien 2023 in den Niederlanden bei Kosmos Uitgevers, Utrecht/Antwerpen.

Text und Anleitungen © Sascha Blase-van Wagtendonk 2023
Design und Layout © Sigrid Bliekendaal, Kosmos Uitgeves 2023

© der deutschsprachigen Ausgabe by Dorling Kindersley Verlag GmbH, München, 2024
Ein Unternehmen der Penguin Random House Group
Alle deutschsprachigen Rechte vorbehalten

Jegliche – auch auszugsweise – Verwertung, Wiedergabe, Vervielfältigung oder Speicherung, ob elektronisch, mechanisch, durch Fotokopie oder Aufzeichnung, bedarf der vorherigen schriftlichen Genehmigung durch den Verlag.

Fotografie Sascha Blase-van Wagtendonk
Handlettering Titel Marjet Verhoef
Illustrationen Josse Blase

ISBN 978-3-8310-4875-5

Druck und Bindung L.E.G.O. S.p.A., Italien

MIX
Papier | Fördert gute Waldnutzung
FSC® C023419

www.dk-verlag.de

Hinweis
Die Informationen und Ratschläge in diesem Buch sind von der Autorin und vom Verlag sorgfältig erwogen und geprüft, dennoch kann eine Garantie nicht übernommen werden. Eine Haftung der Autorin bzw. des Verlags und seiner Beauftragten für Personen-, Sach- und Vermögensschäden ist ausgeschlossen.

SASCHA BLASE-VAN WAGTENDONK

ONESIEGURUMI

NOCH MEHR HÄKELSPASS

15 neue Amigurumis in Groß und Klein

DK

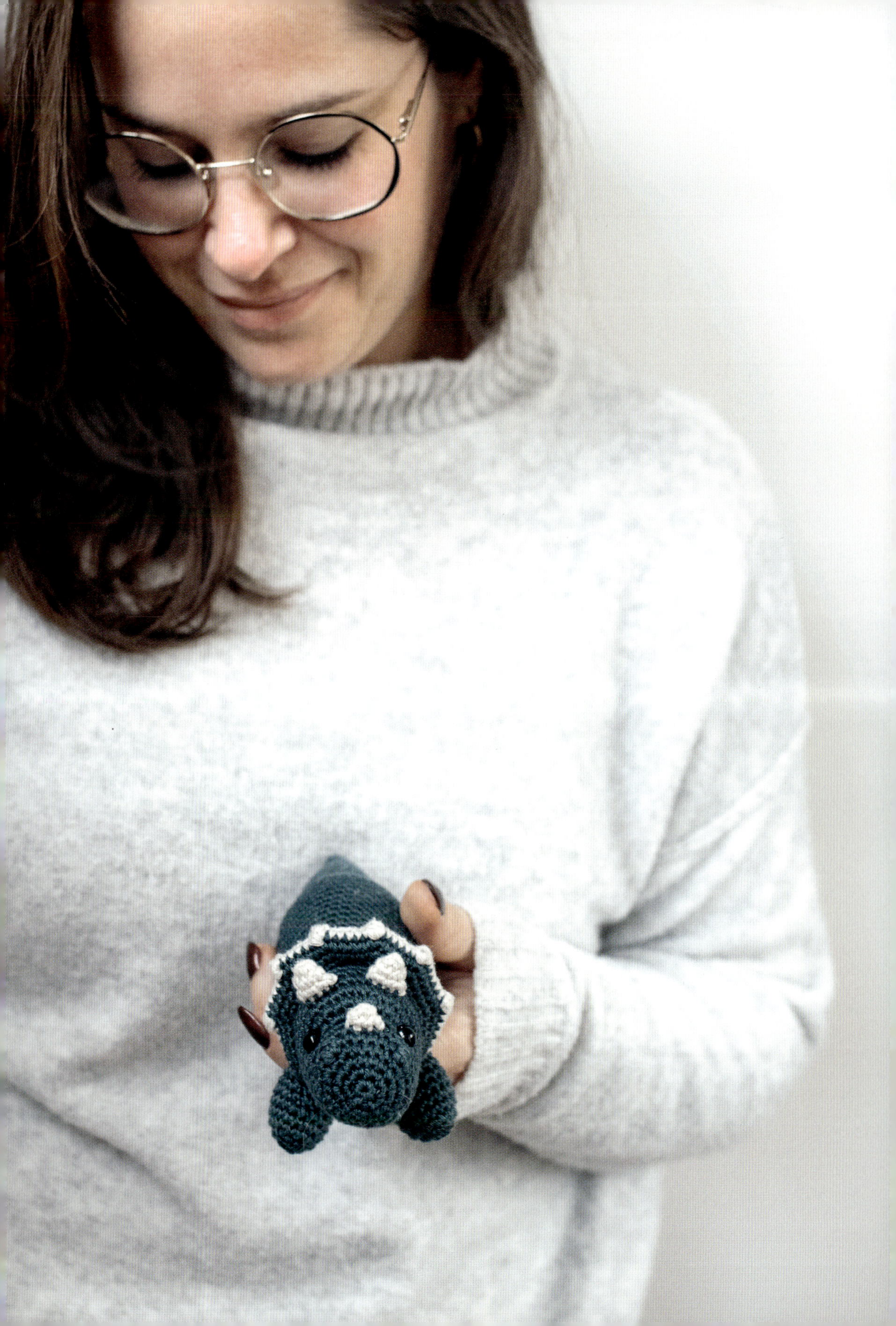

VORWORT

Hier kommt mein zweites Buch mit Onesiegurumi-Figuren!
Und ich bin richtig stolz darauf.
Als ich vor gut zwei Jahren mit dem Herumexperimentieren begann, hätte ich mir nie träumen lassen, dass so viele Menschen von dieser Technik so begeistert sein würden. Alle begrüßten die besonderen Vorteile: Nähen ist unnötig, alles wird sofort richtig platziert und das Tierchen erwacht schon beim Häkeln zum Leben!

Sobald das erste Buch erschienen war, kamen schon die ersten Fragen, ob es noch weitere Onesiegurumi-Modelle oder sogar ein zweites Buch geben würde.
Voilà, hier ist es. :)

Das Tolle am Experimentieren mit einer neuen Technik ist, dass man jedes Mal wieder neue Möglichkeiten entdeckt. Die Modelle in diesem Buch weisen folglich auch wieder allerlei neue Elemente und Wege auf, wie du deine Kuscheltiere ganz ohne Nähen häkeln kannst.

Viel Spaß mit den neuen Onesiegurumis!

Alles Liebe
Sascha

INHALT

INHALT

Kapitel 1

HÄKELMASCHEN

FADENRING

Bilde mit dem Garn eine Schlaufe. Dazu legst du das lose Ende des Garns hinter den Arbeitsfaden (der Faden, der zum Knäuel führt). Dann stichst du mit der Häkelnadel in den Ring und führst sie unter dem Arbeitsfaden durch, sodass ein Umschlag auf der Nadel liegt. Den Umschlag durch den Ring ziehen. Anschließend eine Luftmasche häkeln, um den Ring zu fixieren. Nun so viele Maschen in den Ring häkeln, wie für das Modell angegeben. Achte dabei darauf, dass du sowohl um die Fäden des Rings als auch um das lose Ende des Fadens herumhäkelst. Wenn die gewünschte Anzahl von Maschen erreicht ist, das lose Ende straff anziehen, um den Ring zu schließen. Danach gemäß Anleitung weiterhäkeln.

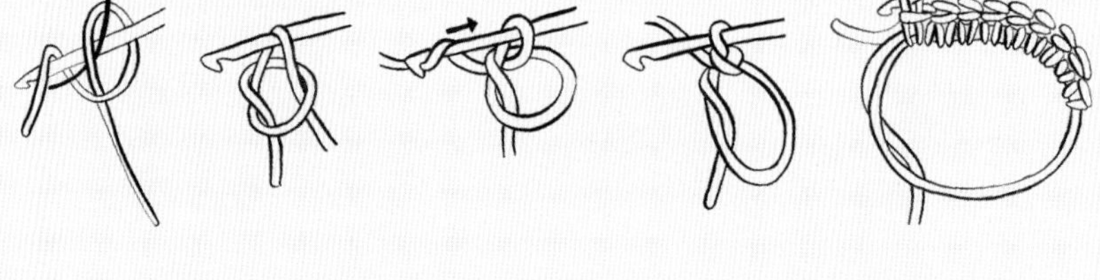

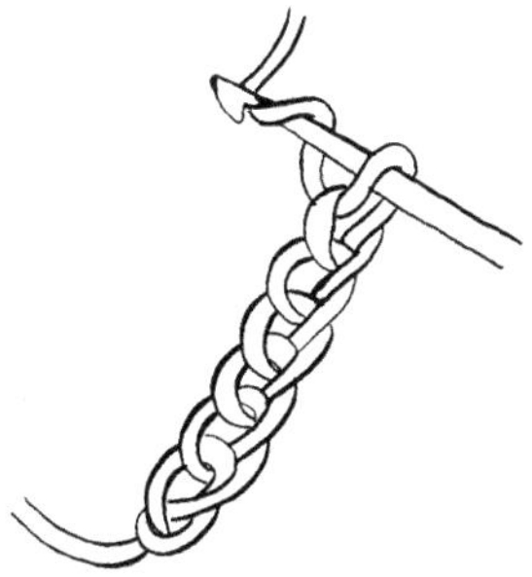

LUFTMASCHE (Lm)

Auf der Häkelnadel liegt zu Beginn nur eine Anfangsschlinge (Laufknoten). Mit der Häkelnadel unter dem Faden durchstechen, sodass sich ein Umschlag auf der Häkelnadel befindet. Nun den Umschlag durch die Schlinge auf der Nadel ziehen, und schon hast du eine Luftmasche gehäkelt.

KETTMASCHE (Km)

Mit der Häkelnadel von vorne nach hinten in die Masche ein- und unter dem Faden durchstechen, sodass ein Umschlag auf der Häkelnadel liegt. Den Umschlag durch die zwei Schlingen auf der Nadel ziehen, und schon hast du eine Kettmasche gehäkelt.

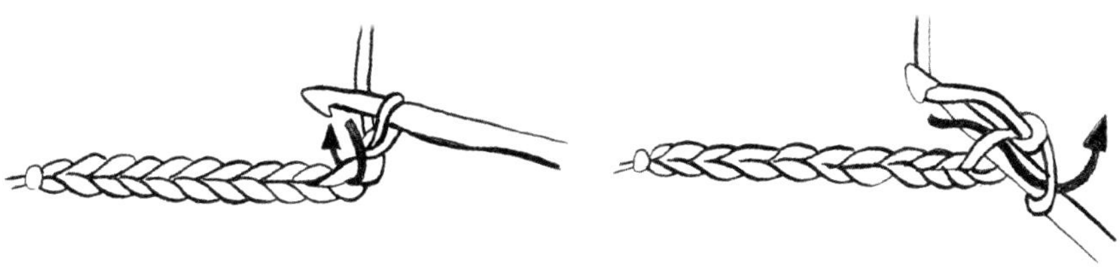

FESTE MASCHE (fM)

X

Mit der Häkelnadel von vorne nach hinten in die Masche ein- und unter dem Faden durchstechen, sodass ein Umschlag auf der Häkelnadel liegt. Jetzt den Umschlag durch die Masche ziehen. Erneut einen Umschlag bilden und durch die zwei Schlingen auf der Nadel ziehen, und schon hast du eine feste Masche gehäkelt.

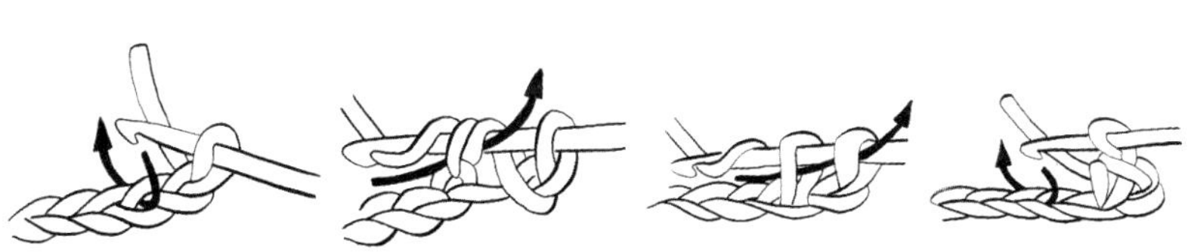

HALBES STÄBCHEN (hStb)

Mit der Häkelnadel unter dem Faden durchstechen, sodass ein Umschlag auf der Nadel liegt. Mit der Häkelnadel von vorne nach hinten in die Masche einstechen, einen Umschlag bilden und diesen durch die Masche ziehen. Erneut einen Umschlag bilden und durch die drei Schlingen auf der Nadel ziehen, und schon hast du ein halbes Stäbchen gehäkelt.

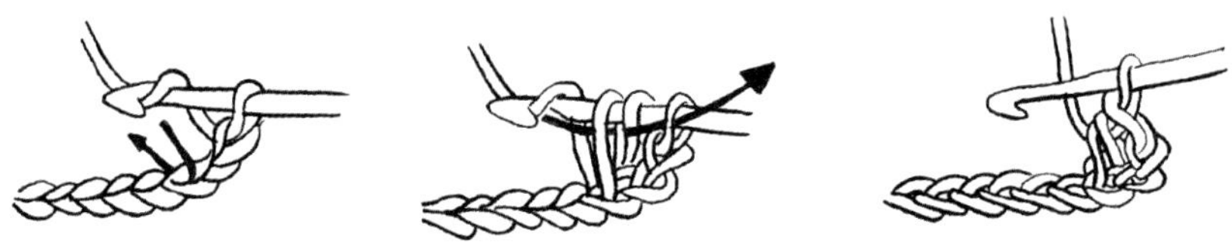

STÄBCHEN (Stb)

Mit der Häkelnadel unter dem Faden durchstechen, sodass sich ein Umschlag auf der Nadel befindet. Mit der Häkelnadel von vorne nach hinten in die Masche einstechen, einen Umschlag bilden und diesen durch die Masche ziehen. Erneut einen Umschlag bilden und durch zwei der Schlingen auf der Nadel durchziehen. Danach noch einen Umschlag bilden und durch die letzten beiden Schlingen auf der Nadel ziehen, und schon hast du ein Stäbchen gehäkelt.

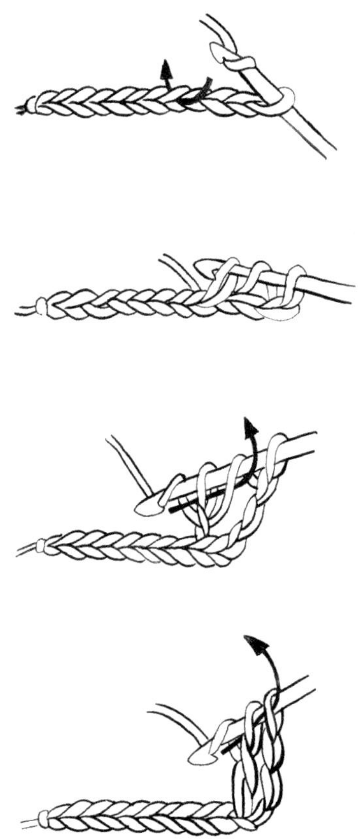

UNSICHTBAR ABNEHMEN: MASCHEN ZUSAMMENHÄKELN (zus)

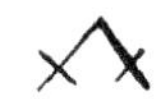

Mit der Häkelnadel in das vordere Maschenglied der ersten Masche einstechen, dann in das vordere Maschenglied der zweiten Masche. Diesen Schritt für alle folgenden Maschen wiederholen, die du zusammenhäkeln willst. Einen Umschlag bilden und den Faden durch die Maschen ziehen. Jetzt noch einen Umschlag bilden und den Faden durch beide Schlingen auf der Nadel ziehen. Jetzt hast du mehrere Maschen zu einer festen Masche zusammengehäkelt.

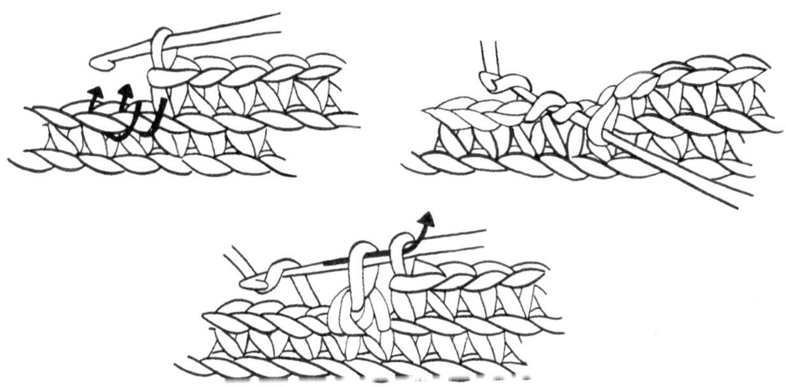

3ER-NOPPE

In 1 Masche häkeln: *Umschlag bilden, mit der Häkelnadel in die Masche einstechen, Umschlag bilden und den Faden durch die Masche ziehen, Umschlag bilden und den Faden durch zwei Schlingen auf der Nadel ziehen*, von * bis * noch 2× wdh, Umschlag bilden und den Faden durch alle vier Schlingen auf der Nadel ziehen.

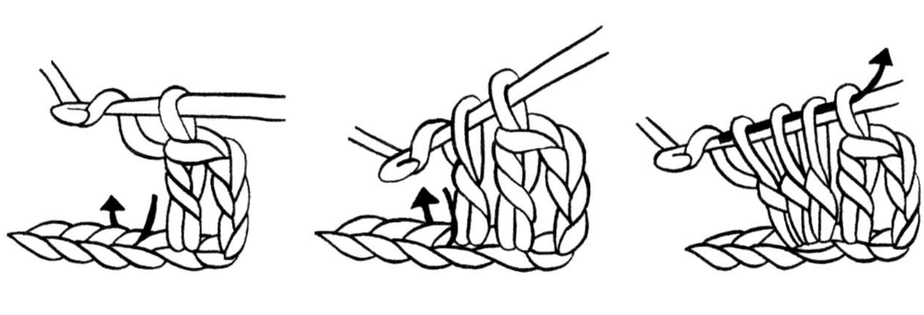

Kapitel 2

BEVOR DU BEGINNST

ALLGEMEINES

- Die Modelle werden in Runden gehäkelt. Deshalb solltest du einen **Maschenmarkierer** benutzen. Den hängst du immer in die erste Masche der Runde, sodass du weißt, wo dein Rundenanfang ist.

- Beim Häkeln mag es manchmal so scheinen, als würden die Einzelteile nicht perfekt **zusammenpassen,** aber wenn du dich genau an die Anleitung hältst und einen Maschenmarkierer verwendest, passt es am Ende doch. Oft genügt schon eine kleine Drehung, um dem Modell eine bessere Form zu geben. Es kommt natürlich auch auf die Füllung des Kuscheltiers an.

- Weil du alle Teile mithäkelst, brauchst du die **einzelnen Fäden nicht unbedingt zu vernähen,** sondern kannst sie auch mit einhäkeln.

- Wenn du ein Kuscheltier für ein Baby oder Kleinkind häkelst, empfehle ich auf jeden Fall, **die Augen zu häkeln oder aufzusticken.** Auch Sicherheitsaugen aus Plastik können sich manchmal lösen, und das kann gefährlich werden.

ABNEHMEN

- Ich empfehle **unsichtbare Abnahmen.** Wie das geht, siehst du bei den Häkelmaschen auf Seite 11.

HÄKELN MIT MEHREREN FARBEN

- Für den Farbwechsel häkelst du am besten schon den letzten Teil der Masche vor dem Farbwechsel in der neuen Farbe. Dazu bildest du den letzten Umschlag, den du durch zwei Schlingen ziehst, schon in der neuen Farbe.

- Bei Modellen, bei denen die Farbe öfter wechselt, kannst du die gerade nicht gebrauchte Farbe mit einhäkeln. Dazu legst du den Faden der nicht verwendeten Farbe auf die zu häkelnden Maschen und häkelst dann darum herum. Wenn du das lieber nicht willst, weil der Faden vielleicht durchscheinen könnte (vor allem bei kontrastierenden Farben), kannst du ihn auch einfach auf der Rückseite der Arbeit liegen lassen und wieder aufnehmen. Achte darauf, dass die entstehenden Spannfäden weder so straff sind, dass sich die Arbeit zusammenzieht, noch so locker, dass sich die Maschen auflösen können.

ABKÜRZUNGEN

- fM = feste Masche(n), folg = folgende(n), Km = Kettmasche(n), Lm = Luftmasche(n), M = Masche(n), R = Runde(n), hStb = halbe(s) Stäbchen, Stb = Stäbchen, wdh = wiederholen, zus = zusammenhäkeln, * = Die Anweisungen zwischen Sternen wie angegeben wiederholen.

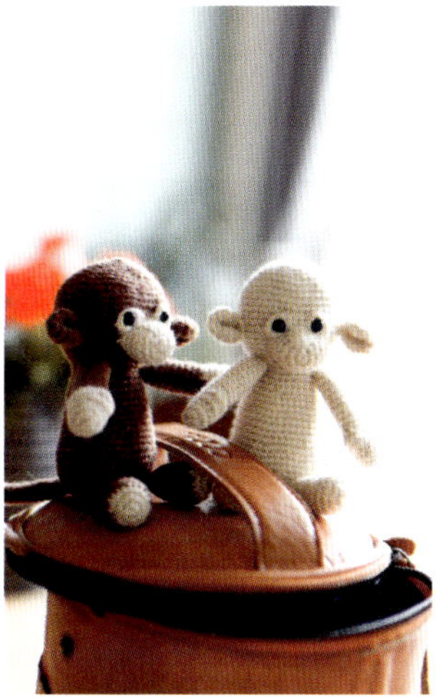

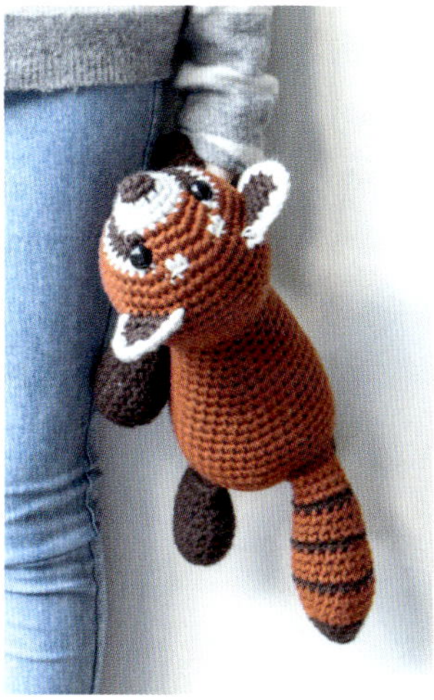

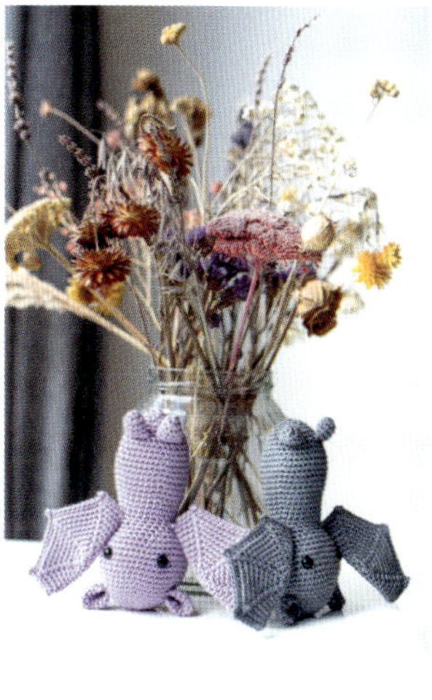

GARNE

Die Tiere in diesem Buch wurden mit unterschiedlichen Garnen gehäkelt.
Im Prinzip kannst du jedes Garn mit der dazu passenden Häkelnadel verwenden.

Es gibt einige Dinge, die du beachten solltest:

- Verwende immer eher eine noch kleinere Nadelstärke als für das Garn empfohlen, damit keine Löcher entstehen, durch die Füllwatte herausquellen kann. Falls die Maschen noch nicht fest genug und die Löcher zu groß sind, wählst du noch eine Nummer kleiner.
- Garnstärke und Häkelnadel bestimmen die Größe deines Kuscheltiers. Je dicker das Garn und die Häkelnadel, desto größer wird dein Onesiegurumi. Die Modelle wurden mit verschiedenen Garnen gearbeitet, damit du eine Vorstellung von der Wirkung und Größe der verschiedenen Materialien bekommst.
- Häkelst du ein Kuscheltier für ein Baby oder Kleinkind? Bedenke, dass das Kind das Tier in den Mund stecken könnte, und wähle ein möglichst natürliches Garn (z.B. Baumwolle).

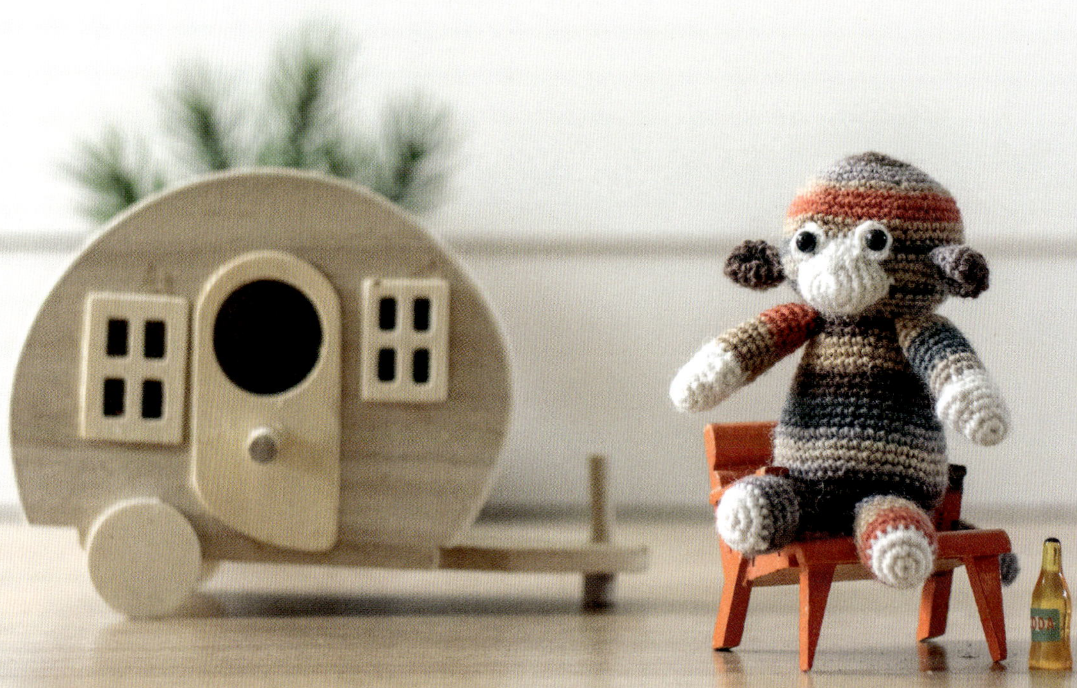

IST ES SCHWIERIG, ONESIEGURUMIS ZU HÄKELN?

- Im Prinzip ist die Onesiegurumi-Methode nicht kniffliger als andere Amigurumi-Modelle. Es ist aber wichtig, sorgfältig zu zählen, einen Maschenmarkierer zu verwenden und die Anleitung genau zu lesen und zu befolgen.
- Bei allen Modellen ist der Schwierigkeitsgrad angegeben. Die Modelle in diesem zweiten Onesiegurumi-Buch erkunden die Möglichkeiten dieser neuen Technik noch intensiver und sind deshalb manchmal ein bisschen schwieriger. Du hast noch nie ein Onesiegurumi gehäkelt? Dann fang am besten mit dem Seehund an.

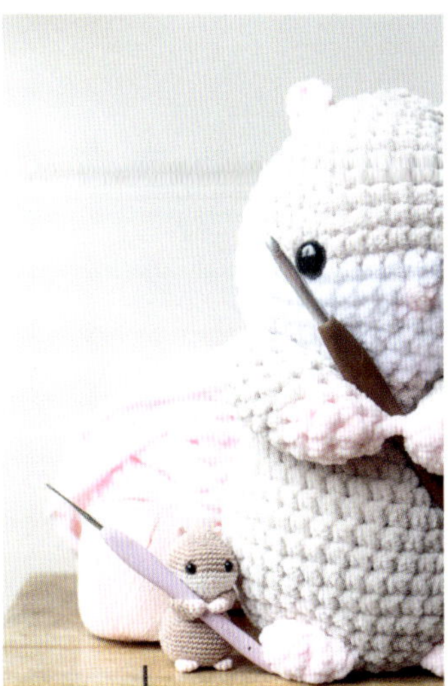

Noch mehr Minis findest du auf Seite 30 und 31.

GRÖSSENVARIANTEN

Da sich prinzipiell jede Garnstärke für die Onesiegurumis verwenden lässt, kannst du auch schon mit der Größe spielen.

- Du kannst niedliche Tierfamilien gestalten, indem du das gleiche Modell einmal mit einem dickeren und einmal mit einem dünneren Garn häkelst.
- Wenn du mit ganz dünnem Garn und sehr kleiner Nadelstärke arbeitest, erhältst du Onesiegurumis, die sich zum Beispiel richtig toll für ein Puppenhaus eignen.
- Wenn du hingegen besonders dickes Garn und die entsprechende Nadelstärke nimmst, kannst du Riesen-Onesiegurumis häkeln.

TIPP Du kannst also sehr viele verschiedene Garne verwenden. Für den Affen habe ich Sockenwolle im Ringel-Look und Nadelstärke 2 mm verwendet. Den Mini-Hamster habe ich mit Scheepjes Maxi Sweet Treat und Nadelstärke 1 mm gehäkelt und den Riesen-Hamster mit Katia Bambi und Nadelstärke 6 mm.

Kapitel 3

MODELLE

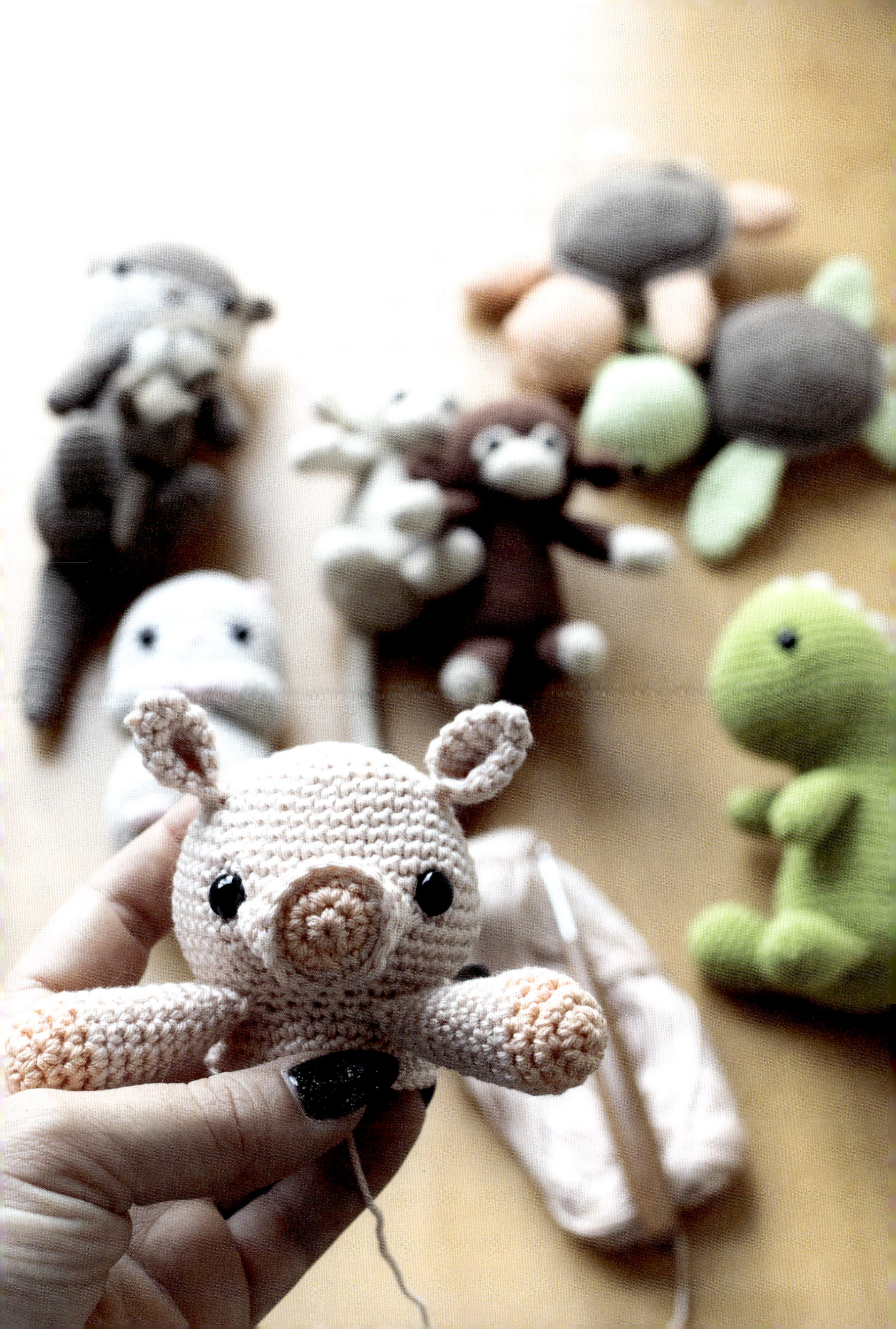

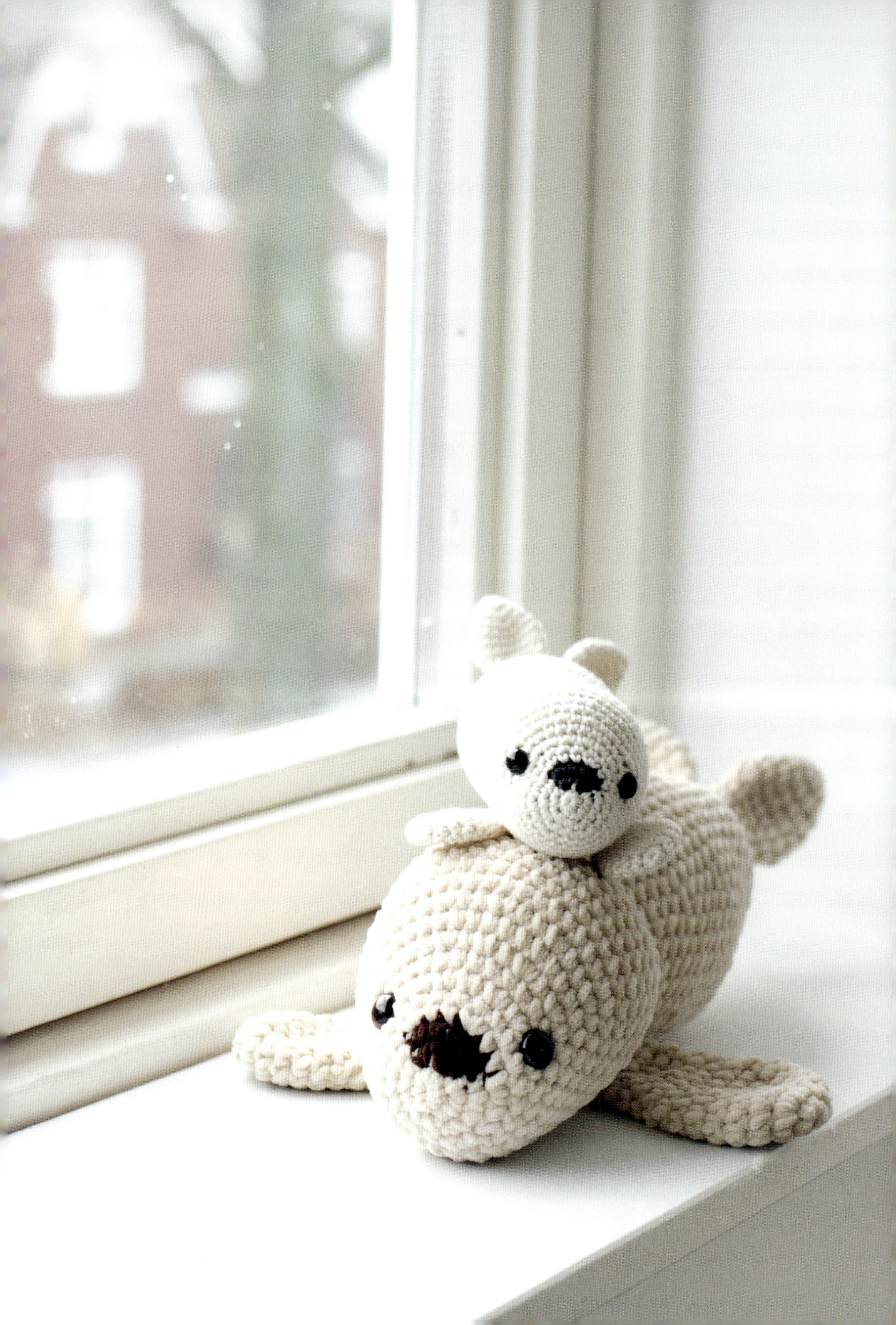

SEEHUND

TIPP Beachte auch die Tipps auf den Seiten 12 und 13: Allgemeines, Abnehmen und Häkeln mit mehreren Farben.

Schwierigkeitsgrad: 1 von 5

FÜR DEN KLEINEN SEEHUND (± 18CM)

- Garn für Nadelstärke 2,5-3,5mm. Ich habe Durable Coral (Lauflänge 125m/50g) verwendet, 1 Knäuel in Weiß #326 (Ivory) und einen kleinen Rest Dunkelgrau.
- Schwarze Sicherheitsaugen 8mm
- Häkelnadel 2,5mm
- Polyester-Füllwatte
- Maschenmarkierer, Stopfnadel und Schere

FÜR DEN GROSSEN SEEHUND (± 32CM)

- Garn für Nadelstärke 3-5mm. Ich habe Durable Velvet (Lauflänge 180m/100g) verwendet, 1 Knäuel in Beige #2212 (Linen) und einen kleinen Rest Dunkelbraun.
- Schwarze Sicherheitsaugen 12mm
- Häkelnadel 4,5mm
- Polyester-Füllwatte
- Maschenmarkierer, Stopfnadel und Schere

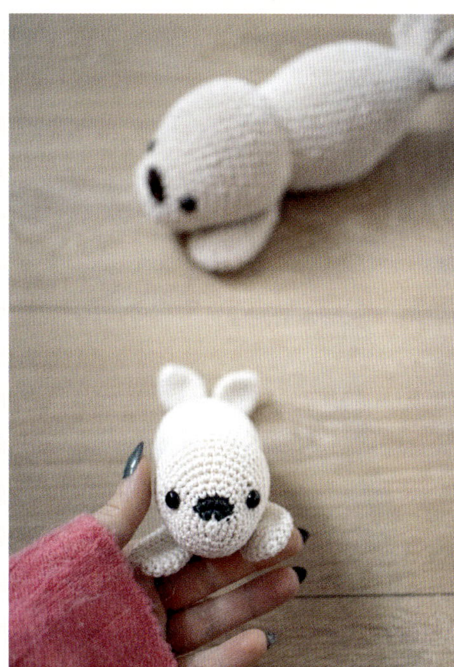

Dies ist die Anleitung für den weißen Seehund. Für einen Seehund in Beige ersetzt du Weiß durch Beige und Dunkelgrau durch Dunkelbraun.

Siehe Fotos rechts

FLOSSEN (2 STÜCK)

R1 **In Weiß** mit einem Fadenring beginnen, 6 fM in den Ring häkeln. (6)
R2 Rundum 2 fM in jede M. (12)
R3 *1 fM, 2 fM in die folg M*, rundum wdh. (18)
R4–R6 Rundum 1 fM in jede M. (18)
R7 *4 fM, 2 fM zus*, rundum wdh. (15)
R8–R9 Rundum 1 fM in jede M. (15)
R10 *3 fM, 2 fM zus*, rundum wdh. (12)
R11–R12 Rundum 1 fM in jede M. (12)
R13 *1 fM, 2 fM zus*, rundum wdh. (8)
R14 Rundum 1 fM in jede M. (8)
R15 Die Flosse flach falten und 4 fM durch beide Lagen häkeln. (4)

Den Faden abschneiden, durch die letzte Schlinge ziehen und die Fadenenden vernähen. Die Flossen brauchen nicht gefüllt zu werden.

SCHWANZFLOSSEN (2 STÜCK)

R1 **In Weiß** mit einem Fadenring beginnen, 6 fM in den Ring häkeln. (6)
R2 *1 fM, 2 fM in die folg M*, rundum wdh. (9)
R3 *2 fM, 2 fM in die folg M*, rundum wdh. (12)
R4 *3 fM, 2 fM in die folg M*, rundum wdh. (15)
R5 *4 fM, 2 fM in die folg M*, rundum wdh. (18)
R6 Rundum 1 fM in jede M. (18)
R7 *1 fM, 2 fM zus*, rundum wdh. (12)
R8 Rundum 1 fM in jede M. (12)
R9 *1 fM, 2 fM zus*, rundum wdh. (8)

Den Faden abschneiden, durch die letzte Schlinge ziehen und die Fadenenden vernähen. Die Schwanzflossen brauchen nicht gefüllt zu werden.

KOPF

R1 **In Weiß** mit einem Fadenring beginnen, 6 fM in den Ring häkeln. (6)
R2 2 fM in jede der folg 2 M, **in Dunkelgrau:** 2 fM in jede der folg 2 M, **in Weiß:** 2 fM in jede der folg 2 M. (12)

Du kannst den dunkelgrauen Faden hängen lassen und in der nächsten Runde wieder aufnehmen.

R3 **In Weiß:** *1 fM, 2 fM in die folg M*, noch 1× wdh, **in Dunkelgrau:** von * bis * noch 2× wdh, **in Weiß:** von * bis * noch 2× wdh. (18)

Den dunkelgrauen Faden abschneiden.

R4 *2 fM, 2 fM in die folg M*, rundum wdh. (24)
R5 Rundum 1 fM in jede M. (24)
R6 10 fM, 2 fM in jede der folg 6 M, 8 fM. (30)
R7 Rundum 1 fM in jede M. (30)
R8 10 fM, *1 fM, 2 fM in die folg M*, noch 5× von * bis * wdh, 8 fM. (36)
R9 Rundum 1 fM in jede M. (36)
R10 10 fM, *2 fM, 2 fM in die folg M*, noch 5× von * bis * wdh, 8 fM. (42)
R11–R17 Rundum 1 fM in jede M. (42)
R18 12 fM, *2 fM, 2 fM zus*, von * bis * noch 5× wdh, 6 fM. (36)
R19 12 fM, *1fM, 2 fM zus*, von * bis * noch 5× wdh, 6 fM. (30)
R20 Rundum 1 fM in jede M. (30)

Die Sicherheitsaugen zwischen R6 und R7 befestigen, das erste Auge zwischen der 9. und 10. M, das zweite Auge zwischen der 22. und 23. M von R6.

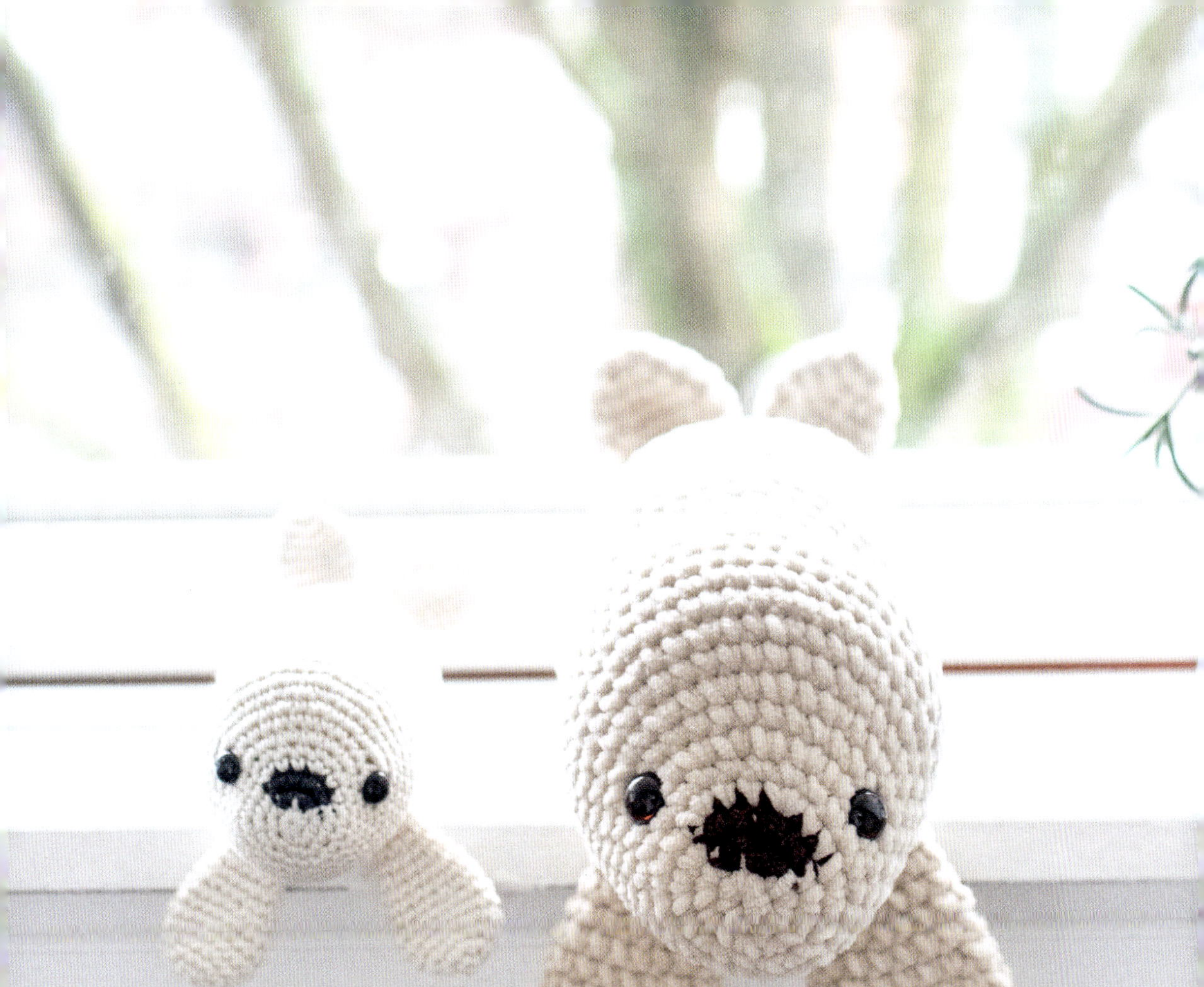

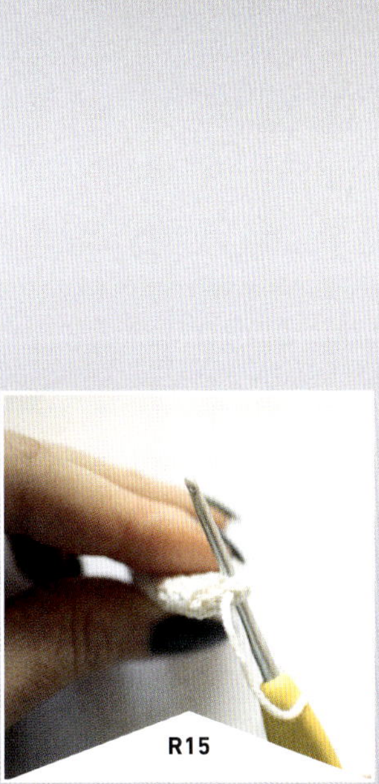

R15

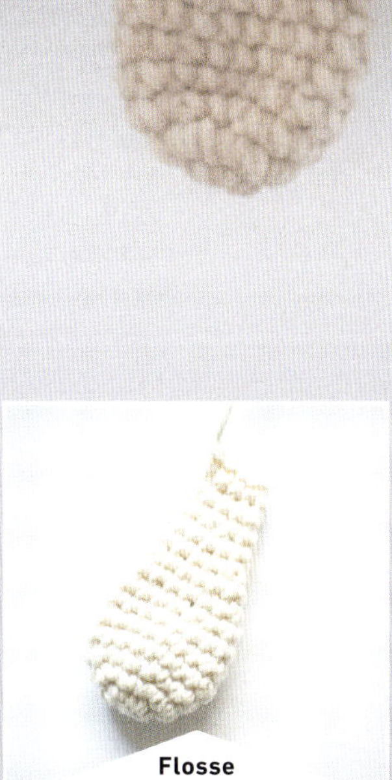

Flosse

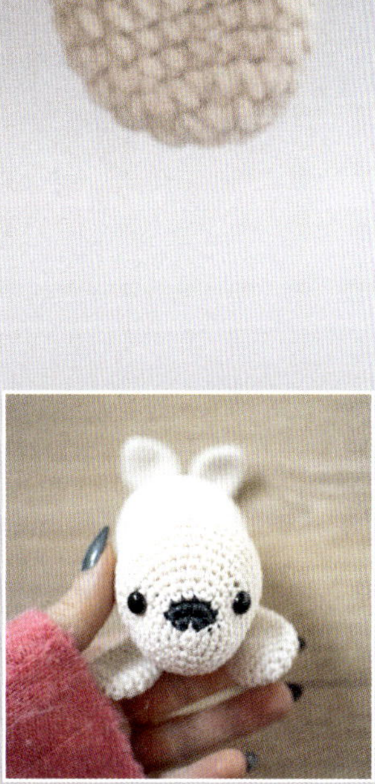

KÖRPER

R21 Eine Flosse an den Körper halten, jetzt 4 fM durch die Flosse und den Körper häkeln (siehe Foto), 2 fM, die zweite Flosse an den Körper halten, 4 fM durch die Flosse und den Körper häkeln, 20 fM. (30)
R22 *4 fM, 2 fM in die folg M*, rundum wdh. (36)

Den Kopf füllen. Dabei mit der Schnauze beginnen.

R23–R25 Rundum 1 fM in jede M. (36)
R26 *5 fM, 2 fM in die folg M*, rundum wdh. (42)

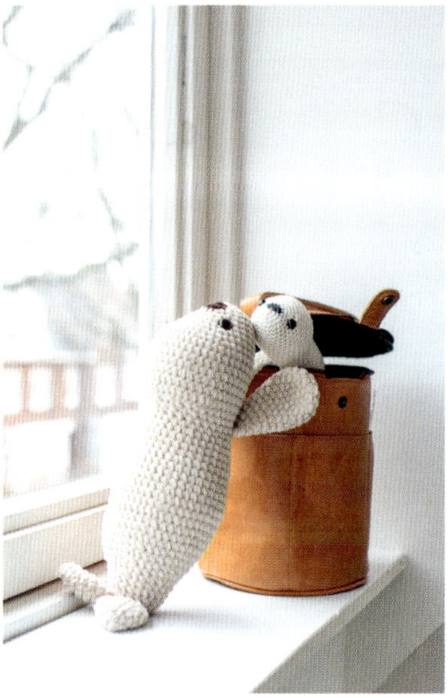

R27–R29 Rundum 1 fM in jede M. (42)
R30 *6 fM, 2 fM in die folg M*, rundum wdh. (48)
R31–R33 Rundum 1 fM in jede M. (48)
R34 *6 fM, 2 fM zus*, rundum wdh. (42)
R35–R36 Rundum 1 fM in jede M. (42)
R37 *5 fM, 2 fM zus*, rundum wdh. (36)
R38 Rundum 1 fM in jede M. (36)
R39 *4 fM, 2 fM zus*, rundum wdh. (30)
R40 Rundum 1 fM in jede M. (30)
R41 *3 fM, 2 fM zus*, rundum wdh. (24)
R42–R43 Rundum 1 fM in jede M. (24)

Den Körper füllen.

R44 *2 fM, 2 fM zus*, rundum wdh. (18)
R45 Rundum 1 fM in jede M. (18)
R46 11 fM, eine Schwanzflosse an den Körper halten, 4 fM durch beide Lagen der Flosse und den Körper häkeln (siehe Foto), die zweite Schwanzflosse an den Körper halten, 3 fM durch beide Lagen der Flosse und den Körper häkeln. (18)
R47 Noch 1 fM durch die Schwanzflosse und den Körper häkeln wie in R46 beschrieben, 2 fM zus, *1 fM, 2 fM zus*, bis zum Ende von * bis * wdh. (12)

Den letzten Teil des Körpers füllen. Faden abschneiden, dabei ein langes Ende stehen lassen, durch die vorderen M-Glieder der übrigen M ziehen und fest anziehen. Die Enden vernähen. Fertig ist das Seehund-Onesiegurumi!

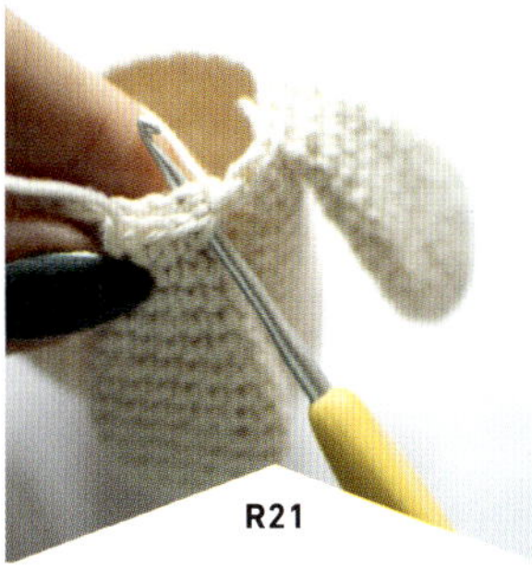
R21

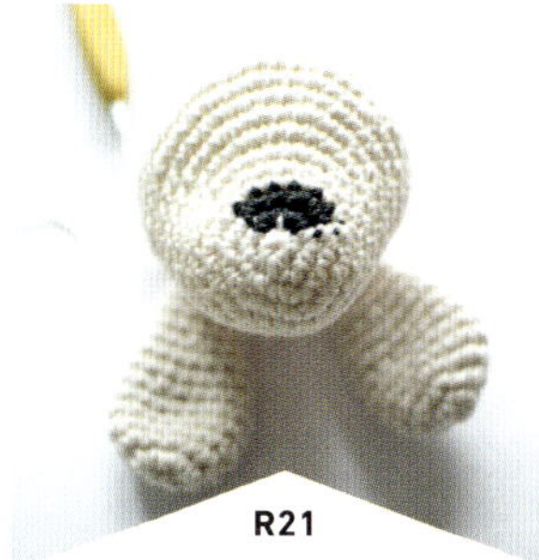
R21

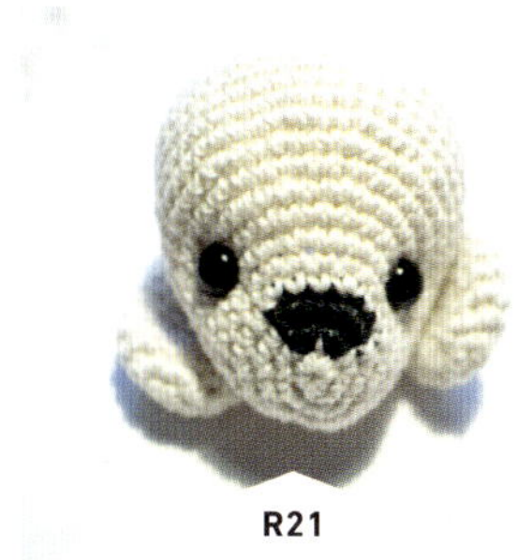
R21

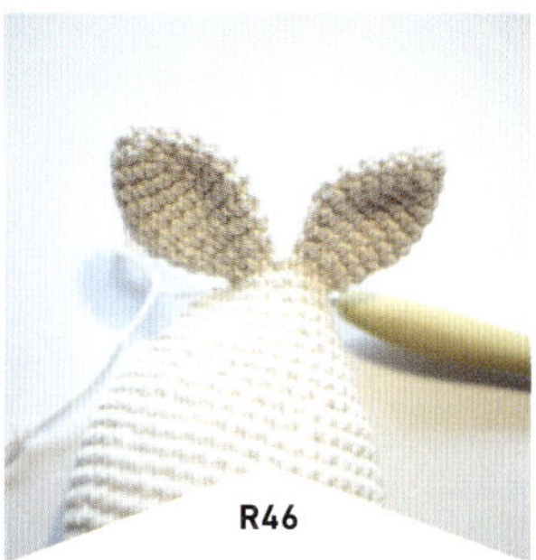
R46

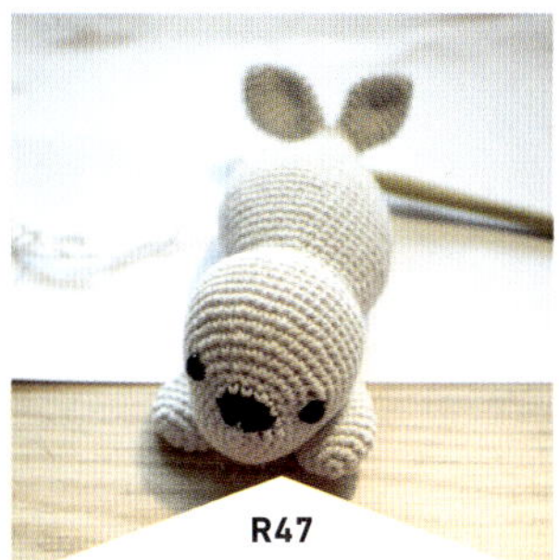
R47

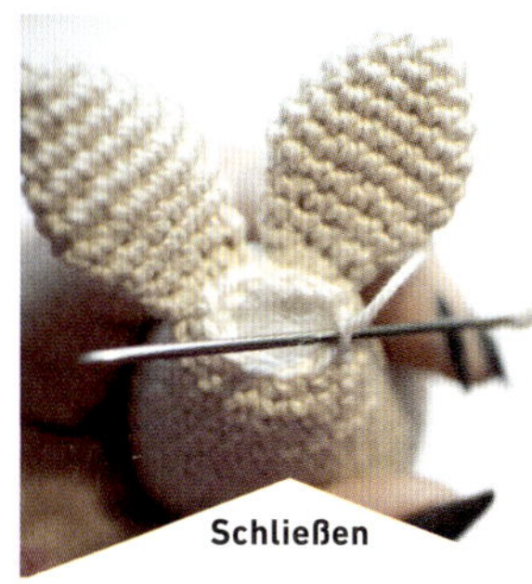
Schließen

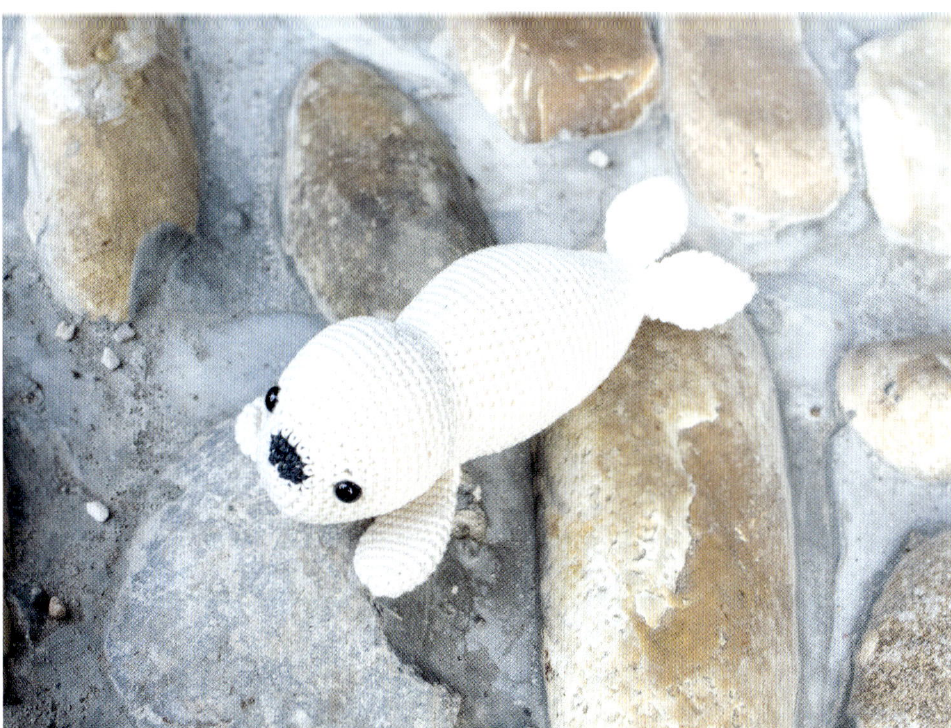

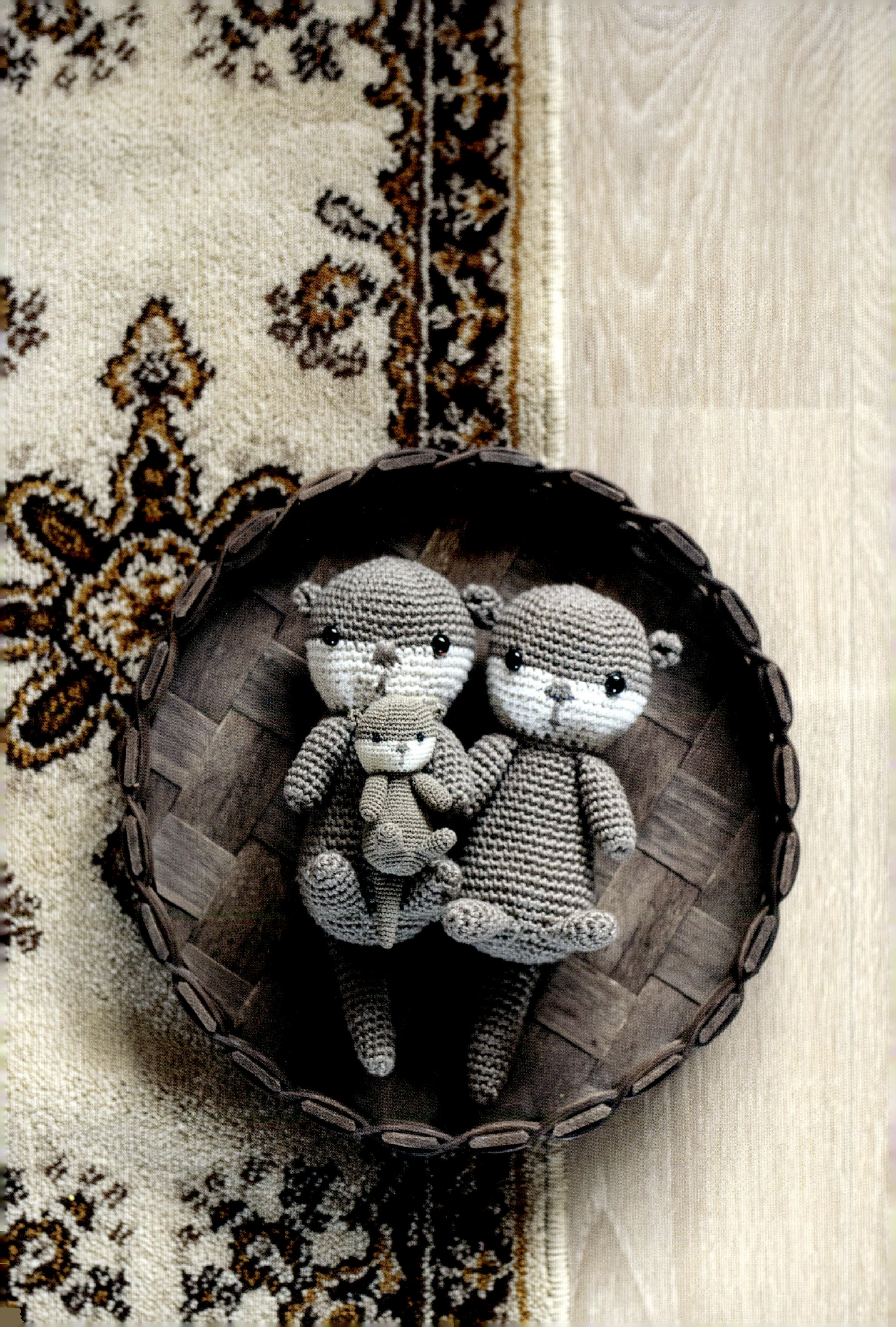

OTTER

TIPP Beachte auch die Tipps auf den Seiten 12 und 13: Allgemeines, Abnehmen und Häkeln mit mehreren Farben.

Schwierigkeitsgrad: 2 von 5

FÜR DEN MINI-OTTER (± 7 CM)

- Garn für Nadelstärke 0,75–1,25 mm. Ich habe Durable Stick- und Häkelgarn (Lauflänge 160 m/20 g) verwendet, je 1 Knäuel in Braun #1040 und Creme #1020.
- Schwarze Sicherheitsaugen 4 mm
- Häkelnadel 1 mm
- Polyester-Füllwatte
- Maschenmarkierer, Stopfnadel und Schere

FÜR DEN KLEINEN OTTER (± 14 CM)

- Garn für Nadelstärke 2,5–3 mm. Ich habe Durable Coral (Lauflänge 125 m/50 g) verwendet, je 1 Knäuel in Braun #343 (Warm Taupe) und Creme #326 (Ivory).
- Schwarze Sicherheitsaugen 8 mm
- Häkelnadel 2,5 mm
- Polyester-Füllwatte
- Maschenmarkierer, Stopfnadel und Schere

SCHWANZ

R1 **In Braun** mit einem Fadenring beginnen, 6 fM in den Ring häkeln. (6)
R2 *2 fM, 2 fM in die folg M*, rundum wdh. (8)
R3 Rundum 1 fM in jede M. (8)
R4 *3 fM, 2 fM in die folg M*, rundum wdh. (10)
R5–R6 Rundum 1 fM in jede M. (10)
R7 *4 fM, 2 fM in die folg M*, rundum wdh. (12)
R8–R10 Rundum 1 fM in jede M. (12)
R11 *5 fM, 2 fM in die folg M*, rundum wdh. (14)
R12–R14 Rundum 1 fM in jede M. (14)
R15 *6 fM, 2 fM in die folg M*, rundum wdh. (16)
R16–R18 Rundum 1 fM in jede M. (16)

Den Schwanz füllen.

Den Faden abschneiden, durch die letzte Schlinge ziehen und das Fadenende vernähen.

VORDERBEINE (2 STÜCK)

R1 **In Braun** mit einem Fadenring beginnen, 6 fM in den Ring häkeln. (6)

R2 Rundum 2 fM in jede M. (12)

R3–R10 Rundum 1 fM in jede M. (12)

Das Vorderbein füllen, aber nur so fest, dass es seine Form behält. Der obere Teil des Beins kann leer bleiben.

R11 *1 fM, 2 fM zus*, rundum wdh. (8)

Den Faden abschneiden, durch die letzte Schlinge ziehen und die Fadenenden vernähen.

OHREN (2 STÜCK)

R1 **In Braun** mit einem Fadenring beginnen, 6 fM in den Ring häkeln. (6)

R2 Rundum 2 fM in jede M. (12)

R3 Das Ohr nun von der Häkelnadel aus zusammenfalten und 6 fM durch beide Lagen häkeln (siehe Foto). (6)

Den Faden abschneiden, durch die letzte Schlinge ziehen und die Fadenenden vernähen.

HINTERBEINE (2 STÜCK)

R1 **In Braun** mit einem Fadenring beginnen, 6 fM in den Ring häkeln. (6)

R2 Rundum 2 fM in jede M. (12)

R3–R7 Rundum 1 fM in jede M. (12)

Das Hinterbein füllen, aber nur so fest, dass es seine Form behält. Der obere Teil des Beins kann leer bleiben.

R8 Das Bein nun von der Häkelnadel aus zusammenfalten und 6 fM durch beide Lagen häkeln. (6)

Den Faden abschneiden, durch die letzte Schlinge ziehen und die Fadenenden vernähen.

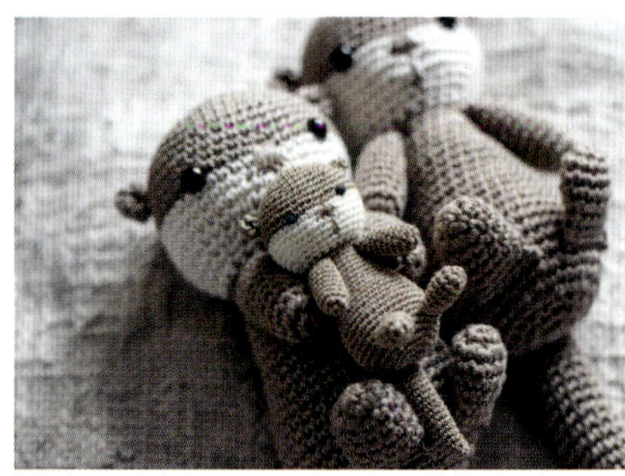

Ohren

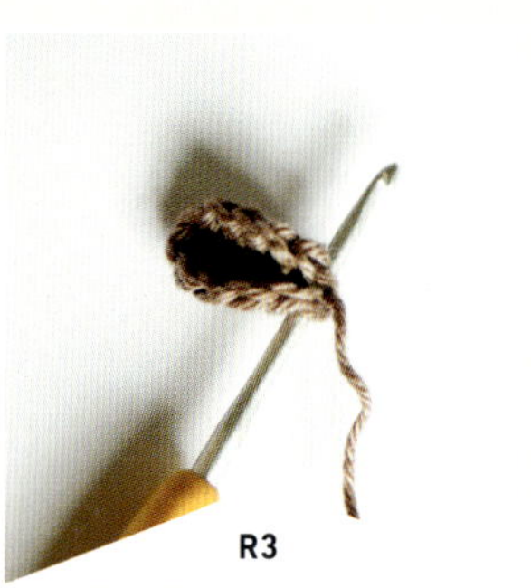

R3

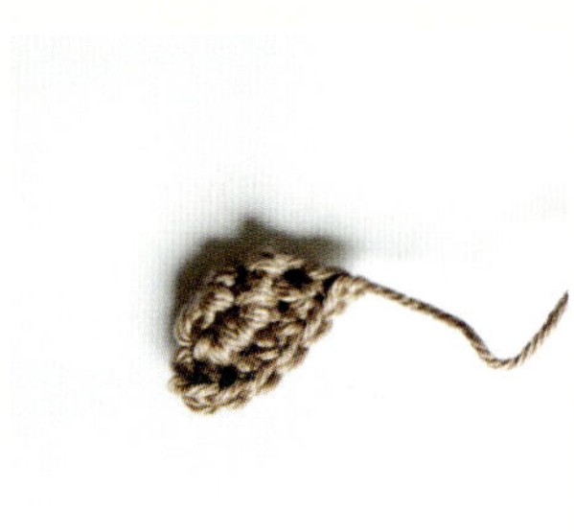

R3

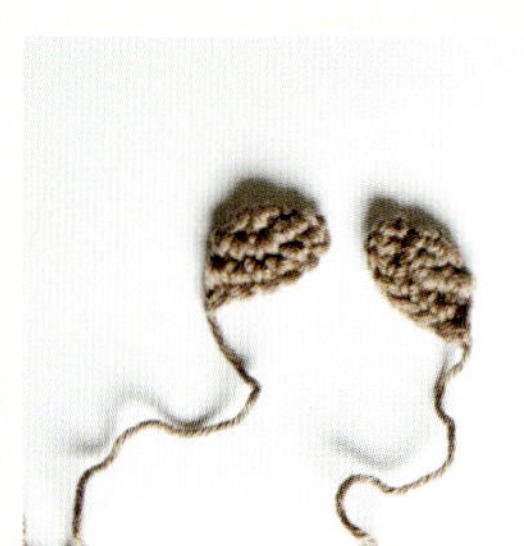

R3

KOPF

R1 **In Braun** mit einem Fadenring beginnen, 6 fM in den Ring häkeln. (6)

R2 Rundum 2 fM in jede M. (12)

R3 *1 fM, 2 fM in die folg M*, rundum wdh. (18)

R4 *2 fM, 2 fM in die folg M*, rundum wdh. (24)

R5 *3 fM, 2 fM in die folg M*, rundum wdh. (30)

R6 *4 fM, 2 fM in die folg M*, rundum wdh. (36)

R7 *5 fM, 2 fM in die folg M*, rundum wdh. (42)

R8 *6 fM, 2 fM in die folg M*, rundum wdh. (48)

R9 22 fM, dann ein Ohr zusammenfalten, mit der Öffnung zur Häkelnadel an den Kopf halten, 3 fM durch beide Lagen des Ohrs und den Kopf häkeln (siehe Foto), 20 fM, dann das zweite Ohr zusammenfalten, mit der geschlossenen Seite zur Häkelnadel an den Kopf halten, jetzt 3 fM durch beide Lagen des Ohrs und den Kopf häkeln. (48)

R10–R13 Rundum 1 fM in jede M. (48)

R14 **In Weiß** (den braunen Faden abschneiden und vernähen oder hängen lassen und für den Körper wieder aufnehmen) rundum 1 fM in jede M. (48)

Für die folgende Runde brauchst du ein Stück braunen Faden. (Ich habe ca. 40 cm genommen, aber die Länge hängt von der Stärke deines Fadens ab. Um deinen Bedarf einzuschätzen: Du häkelst insgesamt 6 fM damit.)

R15 12 fM, ein Stück **braunen** Faden nehmen, 4 fM in 1 M häkeln, dabei nicht in die folg fM einstechen, sondern in die M eine Runde darüber. Dabei häkelst du um die folg 2 fM von R14, überspringst diese also (siehe Foto). Den braunen Faden hier hängen lassen und **in Weiß** weiterhäkeln, 1 fM in jede M bis zum Ende. (50)

R16 Rundum 1 fM in jede M. (50)

R17 *4 fM, 2 fM zus*, bis zu den letzten 2 M von * bis * wdh, 2 fM. (42)

R18 5 fM, 2 fM zus, 5 fM, den **braunen Faden** aus R15 aufnehmen (er sollte nicht locker, aber auch nicht zu straff angezogen werden), 1 fM nicht in die folg M, sondern in die M 2 Runden darüber einstechen (das ist die dritte der 4 braunen M), dabei um die nächste fM von R17 herumhäkeln (du überspringst sie also, siehe Foto). **In Weiß** weiterhäkeln, 1 fM, 2 fM zus, 3 fM, 2 fM zus, *5 fM, 2 fM zus*, bis zum Ende von * bis * wdh. (36)

Den braunen Faden jetzt abschneiden und im Kopf fest verknoten.

R19 4 fM, 2 fM zus, 3 fM, 2 fM zus, 5 fM, 2 fM zus, *4 fM, 2 fM zus*, bis zum Ende von * bis * wdh. (30)

R20 *3 fM, 2 fM zus*, rundum wdh. (24)

Die Sicherheitsaugen zwischen R13 und R14 über der 8. und 18. M von R14 befestigen.

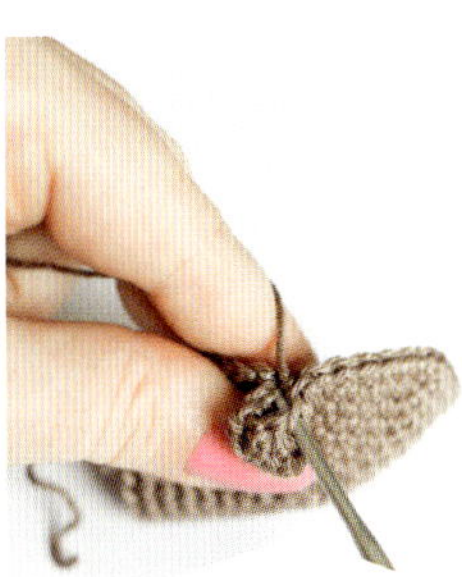

R9

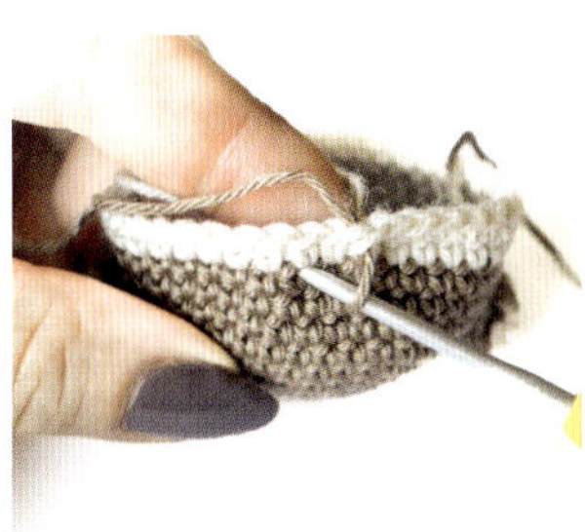

R15

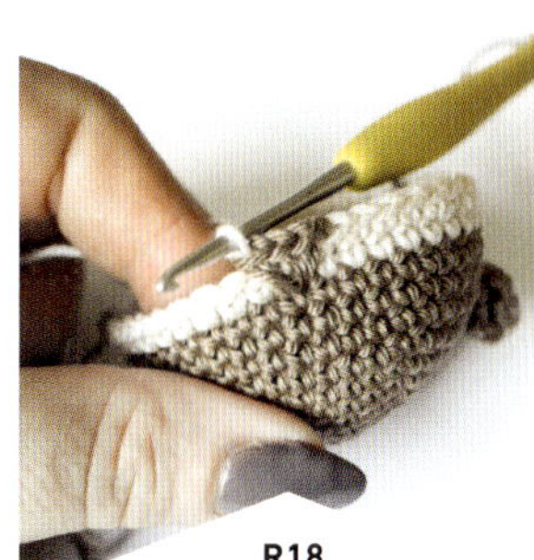

R18

KÖRPER

R21 **In Braun** (den weißen Faden abschneiden und vernähen) rundum 1 fM in jede M. (24)

R22 3 fM, ein Vorderbein an den Kopf halten, 4 fM durch beide Lagen des Beins und des Kopfs häkeln (siehe Foto), 4 fM, 4 fM durch beide Lagen des zweiten Vorderbeins und des Kopfs wie beim ersten Bein, 9 fM. (24)

R23 *5 fM, 2 fM in die folg M*, rundum wdh. (28)

R24–R26 Rundum 1 fM in jede M. (28)

R27 *6 fM, 2 fM in die folg M*, rundum wdh. (32)

R28–R30 Rundum 1 fM in jede M. (32)

R31 *7 fM, 2 fM in die folg M*, rundum wdh. (36)

Den Kopf füllen und in Form bringen.

R32–R34 Rundum 1 fM in jede M. (36)

R35 *5 fM, 2 fM in die folg M*, rundum wdh. (42)

R36–R39 Rundum 1 fM in jede M. (42)

R40 13 fM, ein Hinterbein an den Körper halten, 6 fM durch die hinteren M-Glieder des Beins und die vorderen M-Glieder des Körpers häkeln, 2 fM, 6 fM durch die hinteren M-Glieder des zweiten Hinterbeins und die vorderen M-Glieder des Körpers häkeln wie beim ersten Hinterbein, 9 fM, nun den Schwanz an den Körper halten und 6 fM durch beide Lagen des Schwanzes und den Körper häkeln. (42)

R41 Die restlichen 2 fM durch beide Lagen des Schwanzes und den Körper häkeln, 3 fM, 2 fM zus, *5 fM, 2 fM zus*, bis zum Ende von * bis * wdh. (36)

R42 *4 fM, 2 fM zus*, rundum wdh. (30)

R43 *3 fM, 2 fM zus*, rundum wdh. (24)

R44 *2 fM, 2 fM zus*, rundum wdh. (18)

Den Körper füllen und in Form bringen.

R45 *1 fM, 2 fM zus*, rundum wdh. (12)

Den Faden abschneiden, dabei ein langes Ende stehen lassen, durch die vorderen Schlingen der übrigen M ziehen und fest anziehen. Die Enden vernähen. Das Otter-Onesiegurumi ist fertig!

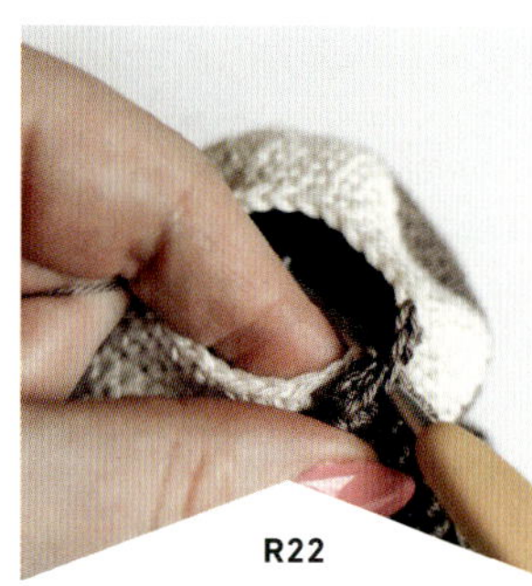

R22

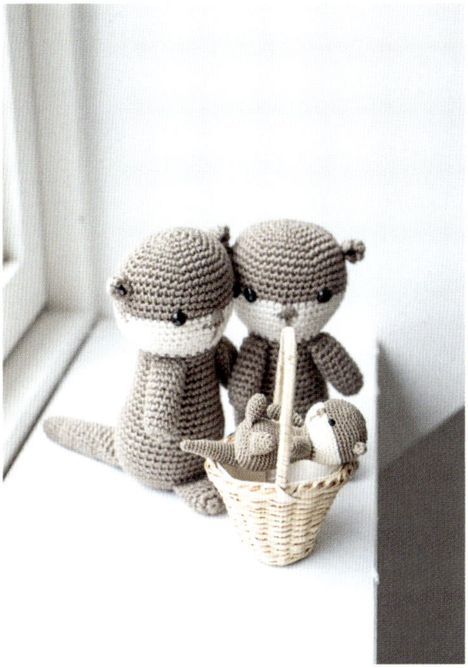

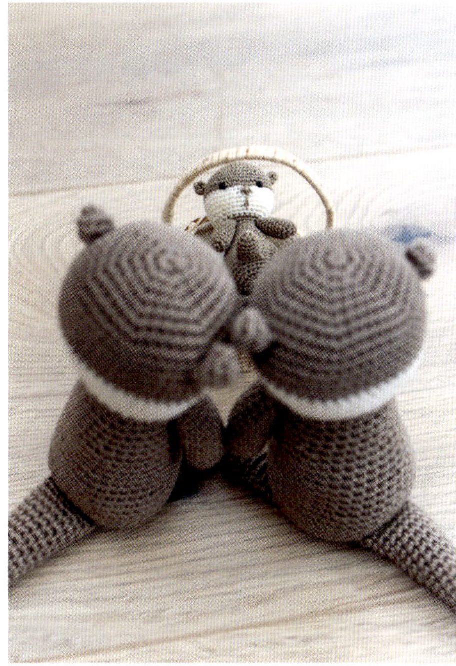

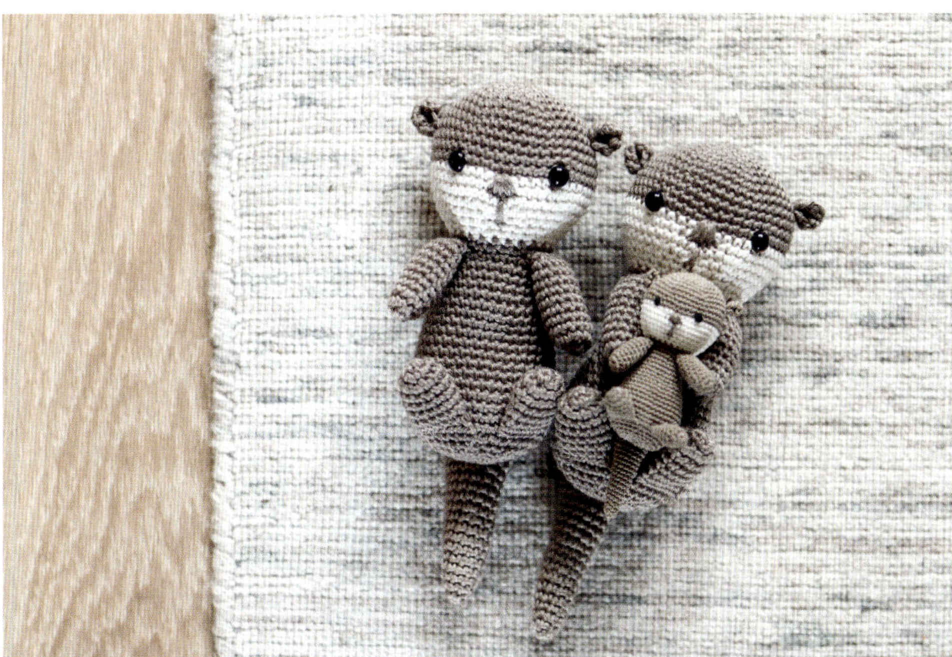

KLEIN, KLEINER, AM KLEINSTEN

Da die Einzelteile der Onesiegurumis nicht zusammengenäht, sondern zusammengehäkelt werden, eignen sie sich auch ausgezeichnet für Miniaturarbeiten! Ich habe diese Minis mit Nadelstärke 1 mm und Scheepjes Maxi Sweet Treat bzw. Durable Stick- und Häkelgarn gefertigt, aber vielleicht traust du dich an noch kleinere Modelle heran, zum Beispiel aus Nähgarn?

TIPP Die Minis haben die perfekte Größe, um sie mit Puppenhauszubehör zu kombinieren.

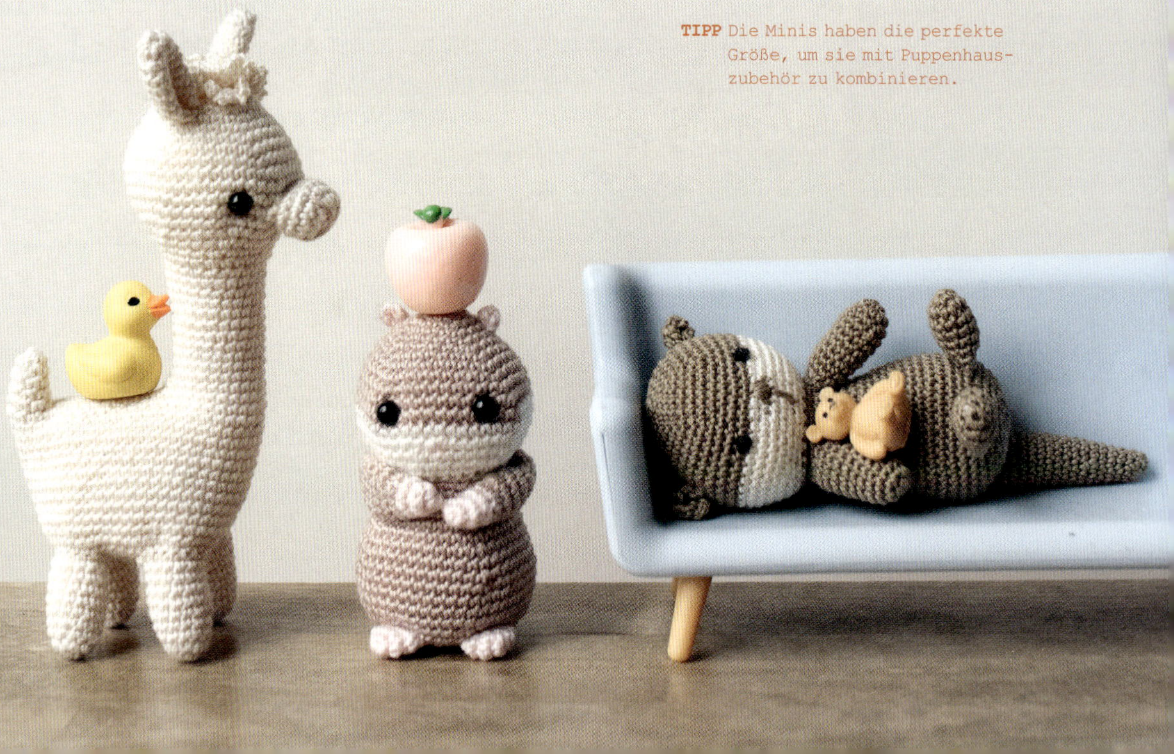

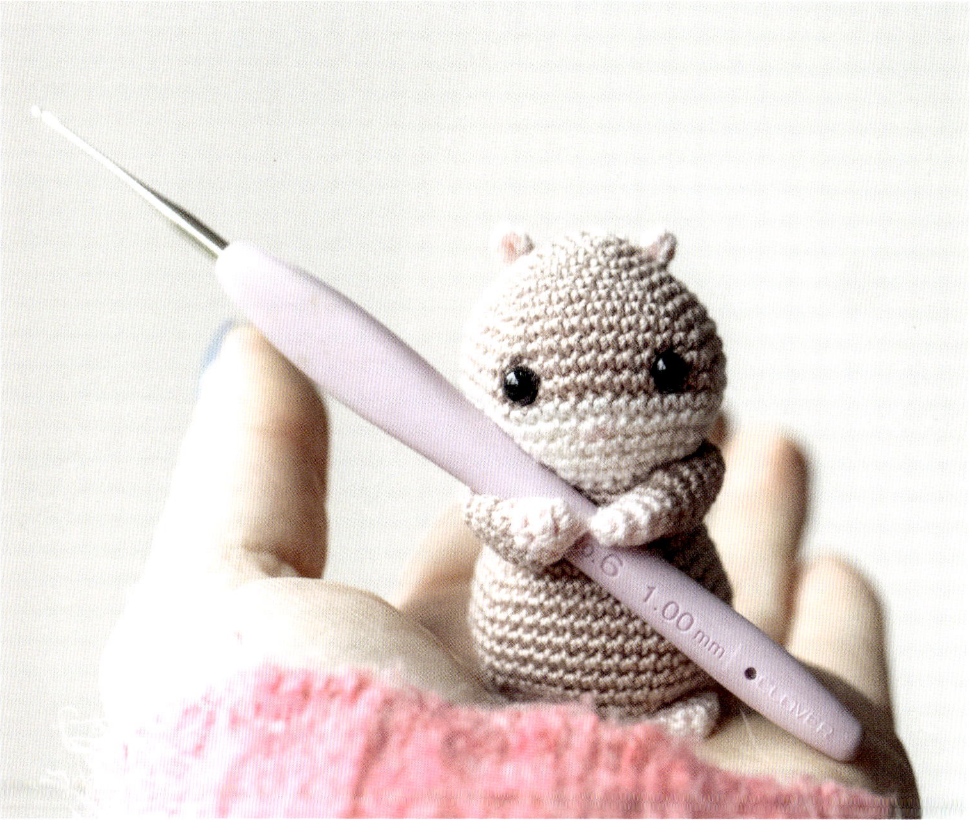
1.00 mm
CLOVER

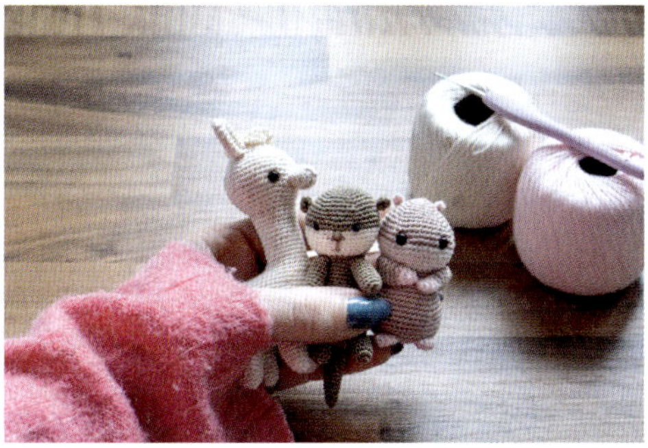

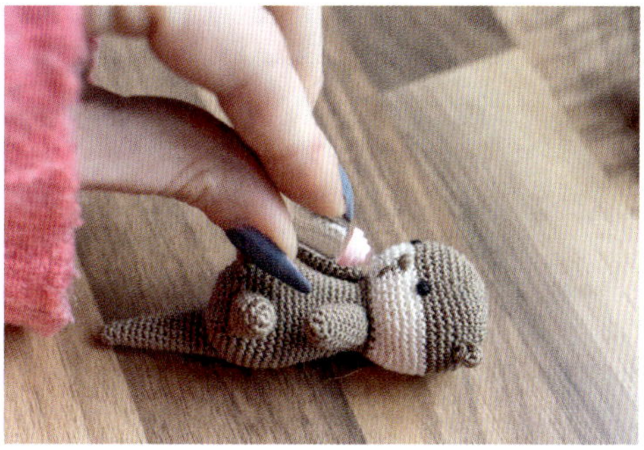

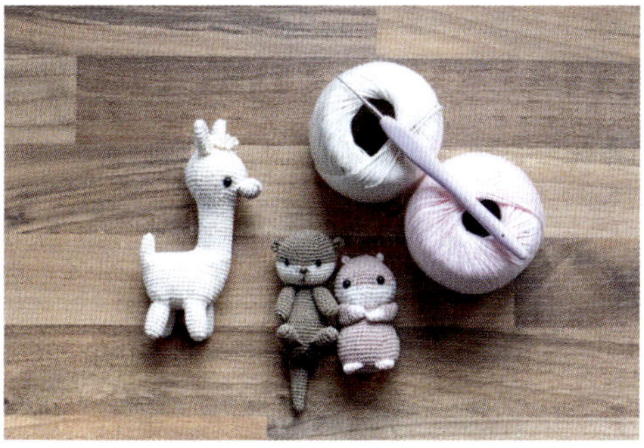

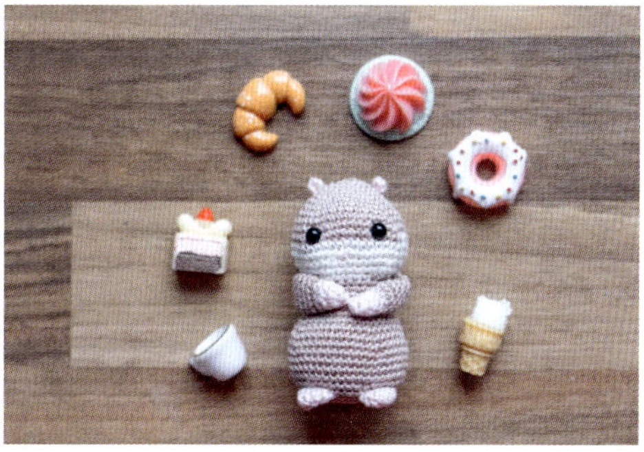

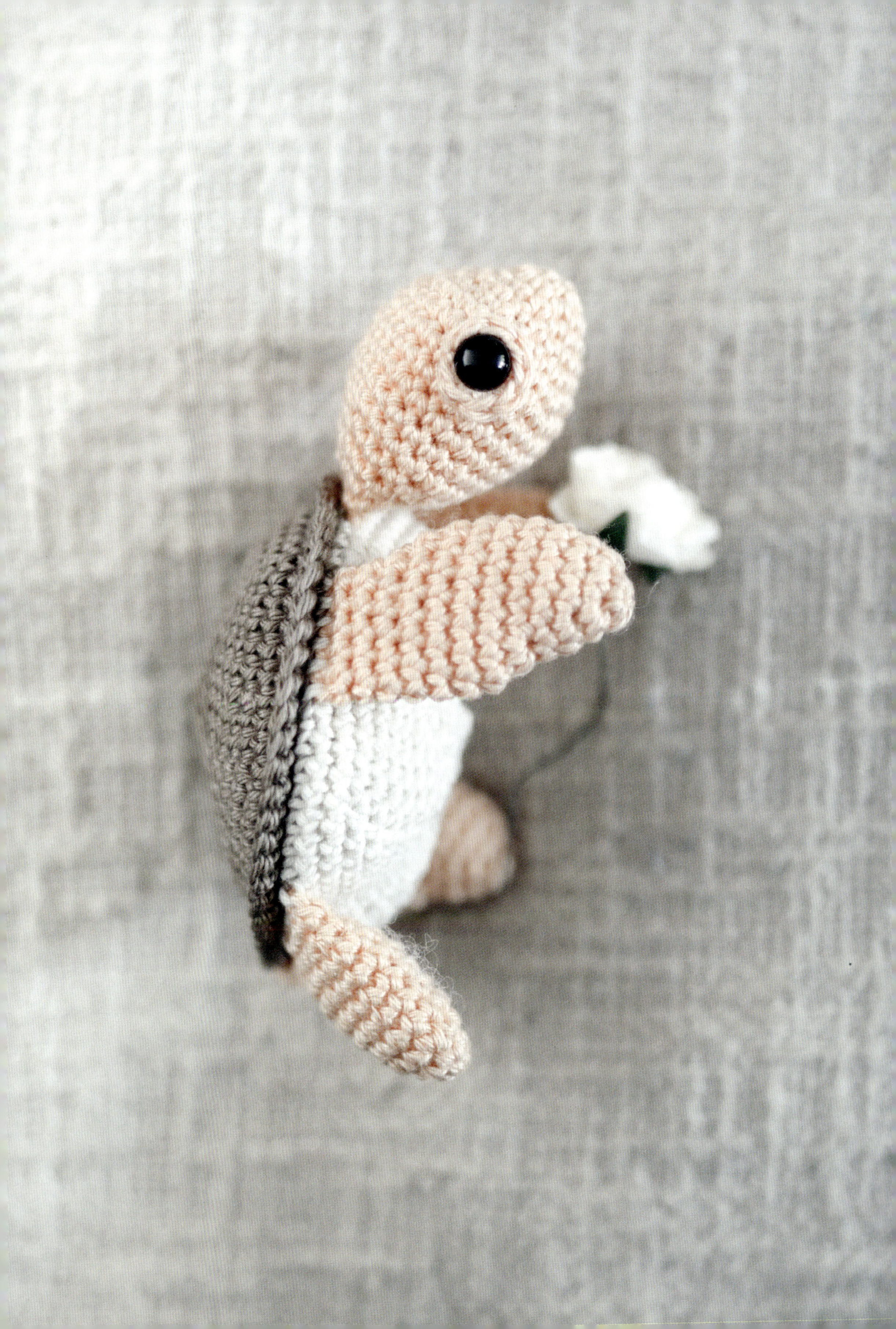

SCHILDKRÖTE

TIPP Beachte auch die Tipps auf den Seiten 12 und 13: Allgemeines, Abnehmen und Häkeln mit mehreren Farben.

Schwierigkeitsgrad: 3 von 5

FÜR DIE SCHILDKRÖTE (± 10 CM)

- Garn für Nadelstärke 2,5–3 mm. Ich habe Schoeppjes Catona (Lauflänge 125 m/50 g) verwendet, je 1 Knäuel in Grün #392 (Lime Juice), Lachsrosa #523 (Sweet Mandarin) oder Rosa #246 (Icy Pink), Braun #507 (Chocolate) und Creme #130 (Old Lace).
- Schwarze Sicherheitsaugen 8 mm
- Häkelnadel 2,5 mm
- Polyester-Füllwatte
- Maschenmarkierer, Stopfnadel und Schere

AUGEN (2 STÜCK)

R1 **In Rosa** mit einem Fadenring beginnen, 8 fM in den Ring häkeln. (8)

Den Ring nur so fest zusammenziehen, dass darin noch genug Platz für das Auge bleibt. 1 Km in die erste fM häkeln, um den Ring zu schließen. Jetzt das Auge in den Ring einsetzen und den Ring fest zusammenziehen. Noch nicht auf der Rückseite fixieren, sondern erst mit dem Kopf weitermachen. Den Faden durch die letzte Schlinge ziehen und abschneiden. Die Fadenenden vernähen oder später im Kopf verstecken.

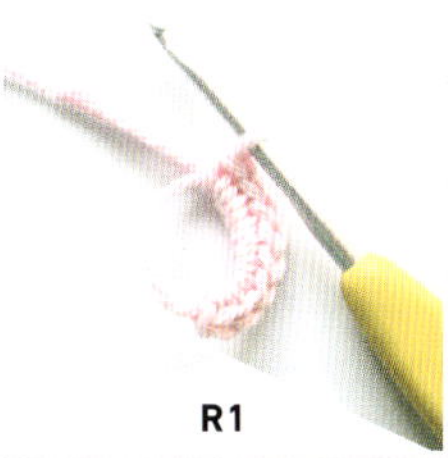

R1

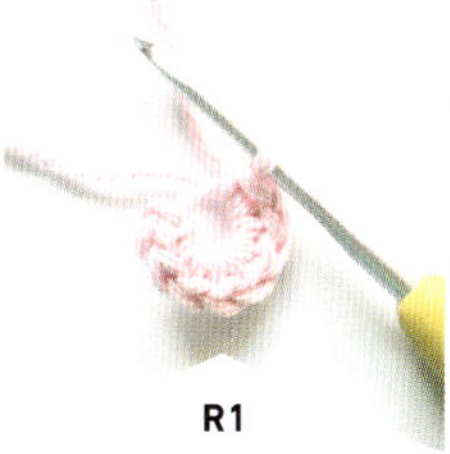

R1

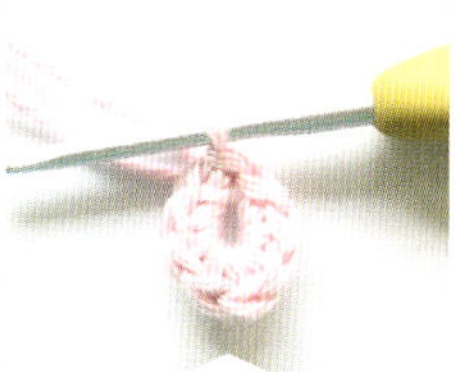

R1

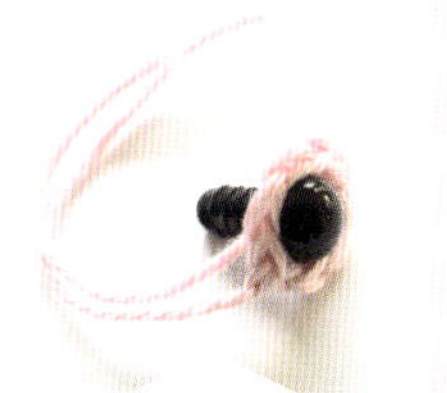

Auge

Dies ist die Anleitung für die rosa Schildkröte. Für eine grüne oder lachsrosa Schildkröte ersetzt du Rosa durch Grün oder Lachsrosa.

KOPF

R1 **In Rosa** mit einem Fadenring beginnen, 6 fM in den Ring häkeln. (6)
R2 *2 fM in jede der folg 2 M*, 1 fM*, noch 1 × wdh. (10)
R3 *1 fM, 2 fM in die folg M, 1 fM, 2 fM in die folg M, 1 fM*, noch 1 × wdh. (14)
R4 *2 fM, 2 fM in die folg M, 2 fM, 2 fM in die folg M, 1 fM*, noch 1 × wdh. (18)
R5 *2 fM, 2 fM in die folg M*, rundum wdh. (24)
R6 *3 fM, 2 fM in die folg M*, rundum wdh. (30)
R7–R10 Rundum 1 fM in jede M. (30)

Die Sicherheitsaugen zwischen R7 und R8 befestigen, zwischen der 8. und 9. sowie der 23. und 24. M von R7.

R11–R12 Rundum 1 fM in jede M. (30)
R13 *4 fM, 2 fM zus*, rundum wdh. (25)
R14 *3 fM, 2 fM zus*, rundum wdh. (20)
R15 *2 fM, 2 fM zus*, rundum wdh. (15)
R16 *1 fM, 2 fM zus*, rundum wdh. (10)

Den Kopf füllen.

Den Faden abschneiden, durch die letzte Schlinge ziehen und das Fadenende vernähen.

VORDERFLOSSEN (2 STÜCK)

R1 **In Rosa** mit einem Fadenring beginnen, 4 fM in den Ring häkeln. (4)
R2 Rundum 2 fM in jede M. (8)
R3 *1 fM, 2 fM in die folg M*, rundum wdh. (12)
R4–R5 Rundum 1 fM in jede M. (12)
R6 3 fM in jede der folg 2 M, 10 fM. (16)
R7–R8 Rundum 1 fM in jede M. (16)
R9 11 fM, 2 fM zus, 3 fM. (15)
R10 11 fM, 2 fM zus, 2 fM. (14)
R11 11 fM, 2 fM zus, 1 fM. (13)
R12 11 fM, 2 fM zus. (12)
R13 Rundum 1 fM in jede M. (12)

Den Faden abschneiden, durch die letzte Schlinge ziehen und die Fadenenden vernähen. Die Flosse zwischen den Zunahmen von R6 zusammenfalten und leicht füllen, sodass sie nicht ganz flach ist.

HINTERE FLOSSEN (2 STÜCK)

R1 **In Rosa** mit einem Fadenring beginnen, 4 fM in den Ring häkeln. (4)
R2 Rundum 2 fM in jede M. (8)
R3 *1 fM, 2 fM in die folg M*, rundum wdh. (12)
R4–R5 Rundum 1 fM in jede M. (12)
R6 3 fM in jede der folg 2 M, 10 fM. (16)
R7–R8 Rundum 1 fM in jede M. (16)
R9 *2 fM, 2 fM zus*, rundum wdh. (12)
R10 Rundum 1 fM in jede M. (12)

Den Faden abschneiden, durch die letzte Schlinge ziehen und die Fadenenden vernähen. Die Flosse zwischen den Zunahmen von R6 zusammenfalten und leicht füllen, sodass sie nicht ganz flach ist.

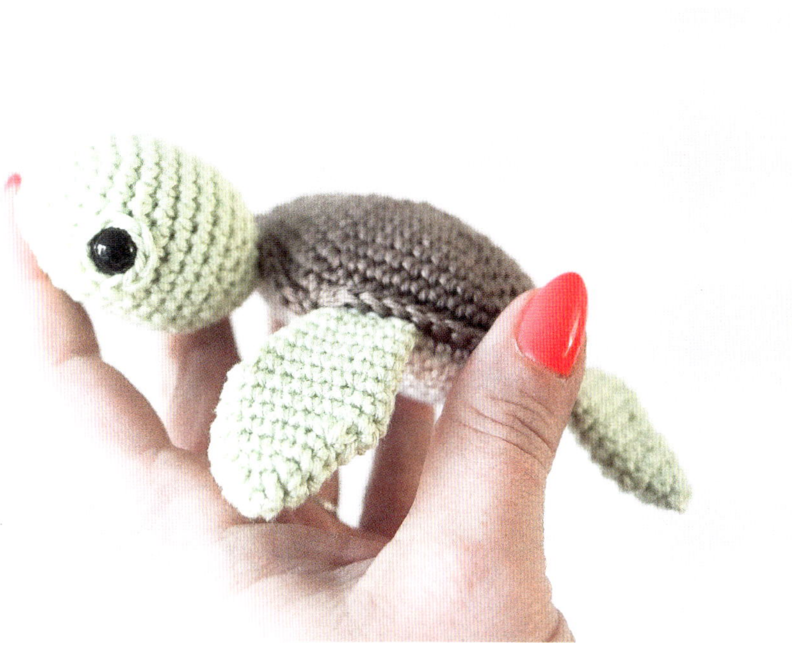

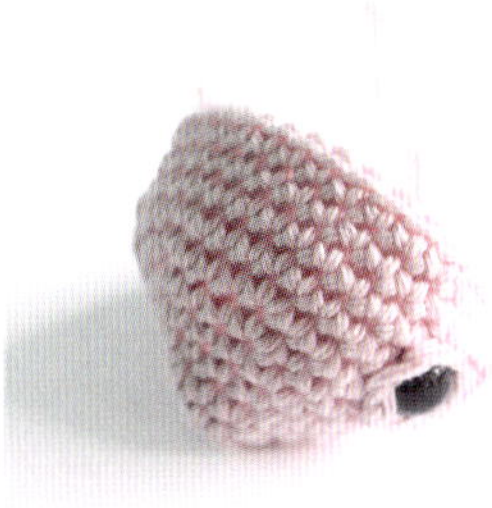

Kopf

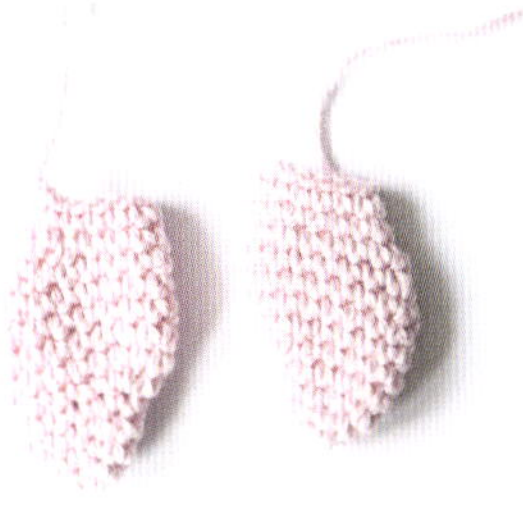

Vorderflossen

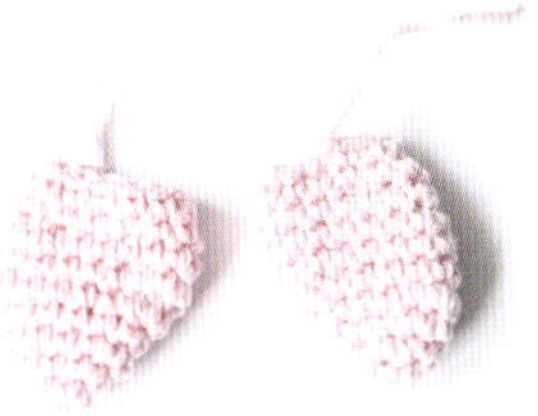

Hintere Flossen

SCHWANZ

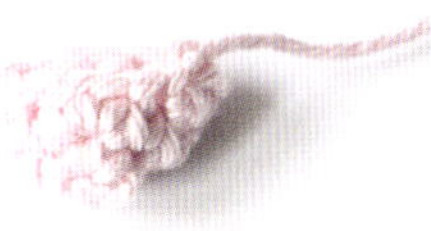

Schwanz

R1 **In Rosa** mit einem Fadenring beginnen, 4 fM in den Ring häkeln. (4)
R2 Rundum 2 fM in jede M. (8)
R3 *1 fM, 2 fM in die folg M*, rundum wdh. (12)

Den Faden abschneiden, durch die letzte Schlinge ziehen und das Fadenende vernähen.

PANZER

R1 **In Braun** mit einem Fadenring beginnen, 6 fM in den Ring häkeln. (6)
R2 Rundum 2 fM in jede M. (12)
R3 *1 fM, 2 fM in die folg M*, rundum wdh. (18)
R4 *2 fM, 2 fM in die folg M*, rundum wdh. (24)
R5 *3 fM, 2 fM in die folg M*, rundum wdh. (30)
R6 *4 fM, 2 fM in die folg M*, rundum wdh. (36)
R7 *5 fM, 2 fM in die folg M*, rundum wdh. (42)
R8 *6 fM, 2 fM in die folg M*, rundum wdh. (48)
R9 *7 fM, 2 fM in die folg M*, rundum wdh. (54)
R10 21 fM, 3 fM in die folg M, 32 fM. (56)
R11 21 fM, 2 fM in jede der folg 3 M, 32 fM. (59)
R12 Nur in die vorderen M-Glieder häkeln, rundum 1 fM in jede M, 1 Km in die erste fM. (59)

Den Faden abschneiden, aber nicht vernähen, und mit der neuen Farbe für den Bauch und Körper weitermachen.

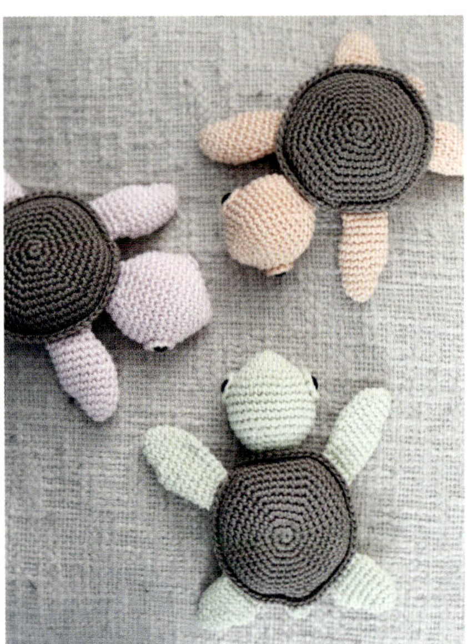

BAUCH UND KÖRPER

R1 **In Creme,** den Panzer nehmen und über die ungehäkelten hinteren M-Glieder von R11 weiterhäkeln. Eine Vorderflosse mit der runden Seite (ohne Ausstülpung) zur Häkelnadel hin halten. Jetzt 6 fM durch beide Lagen der Vorderflosse und den Panzer häkeln (siehe Fotos), 7 fM. Jetzt eine hintere Flosse mit der runden Seite (ohne Ausstülpung) zur Häkelnadel hin halten, 6 fM durch beide Lagen der hinteren Flosse und den Panzer häkeln, 2 fM. Jetzt 6 fM durch beide Lagen des Schwanzes und den Panzer häkeln, 2 fM. Nun die zweite hintere Flosse mit der Ausstülpung zur Häkelnadel hin halten. 6 fM durch beide Lagen der hinteren Flosse und den Panzer häkeln, 7 fM. Nun die zweite Vorderflosse mit der Ausstülpung zur Häkelnadel hin halten. 6 fM durch beide Lagen der Vorderflosse und den Panzer häkeln, 3 fM. Jetzt den Kopf nehmen (die Öffnung flach falten, sodass die Augen genau horizontal sind) und 5 fM durch beide Lagen des Kopfs und den Panzer häkeln, 3 fM. (59)
R2–R3 Rundum 1 fM in jede M. (59)
R4 *8 fM, 2 fM zus*, noch 4× wdh, 7 fM, 2 fM zus. (53)
R5 *7 fM, 2 fM zus*, noch 4× wdh, 6 fM, 2 fM zus. (47)
R6 *6 fM, 2 fM zus*, noch 4× wdh, 5 fM, 2 fM zus. (41)
R7 *5 fM, 2 fM zus*, noch 4× wdh, 4 fM, 2 fM zus. (35)
R8 *4 fM, 2 fM zus*, noch 4× wdh, 3 fM, 2 fM zus. (29)
R9 *3 fM, 2 fM zus*, noch 4× wdh, 2 fM, 2 fM zus. (23)

Den Panzer füllen.

R10 *2 fM, 2 fM zus*, noch 4× wdh, 1 fM, 2 fM zus. (17)
R11 *1 fM, 2 fM zus*, noch 4× wdh, 2 fM zus. (11)

Den Faden abschneiden, dabei ein langes Ende stehen lassen, durch die vorderen M-Glieder der übrigen Maschen ziehen und fest anziehen. Das Fadenende vernähen. Das Schildkröten-Onesiegurumi ist fertig!

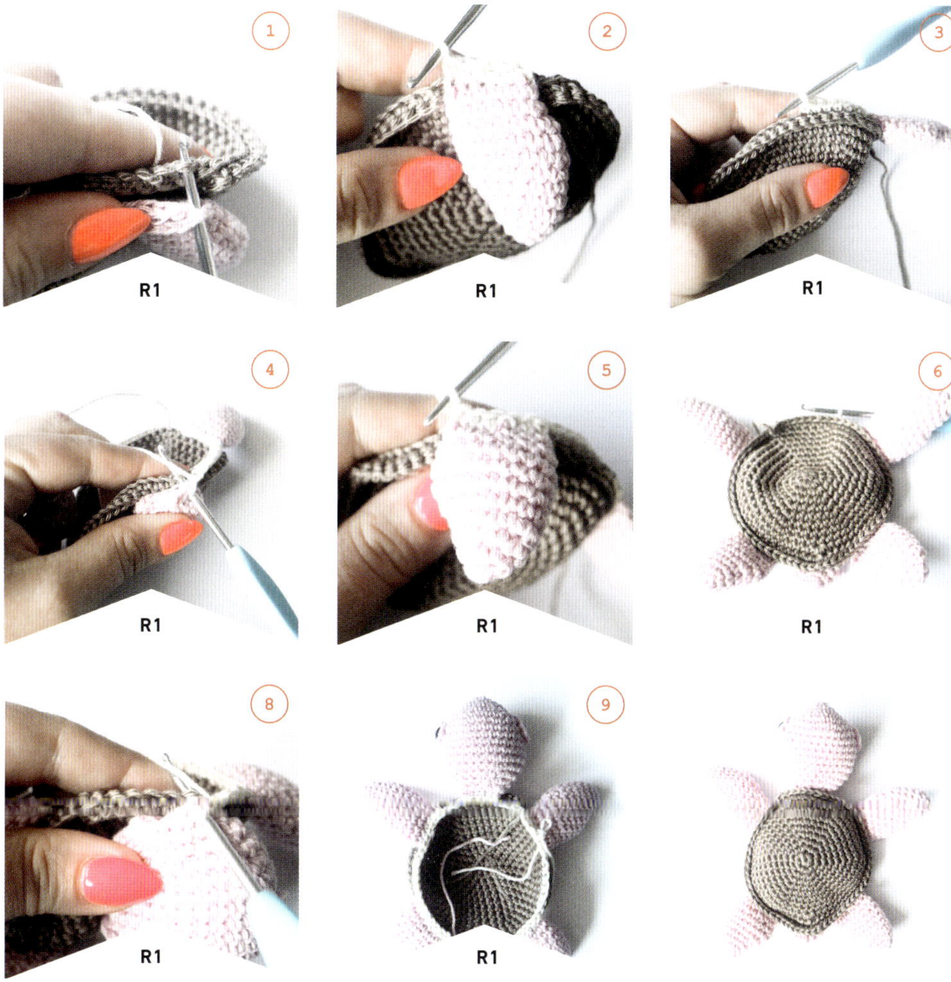
1
R1
2
R1
3
R1
4
R1
5
R1
6
R1
8
R1
9
R1

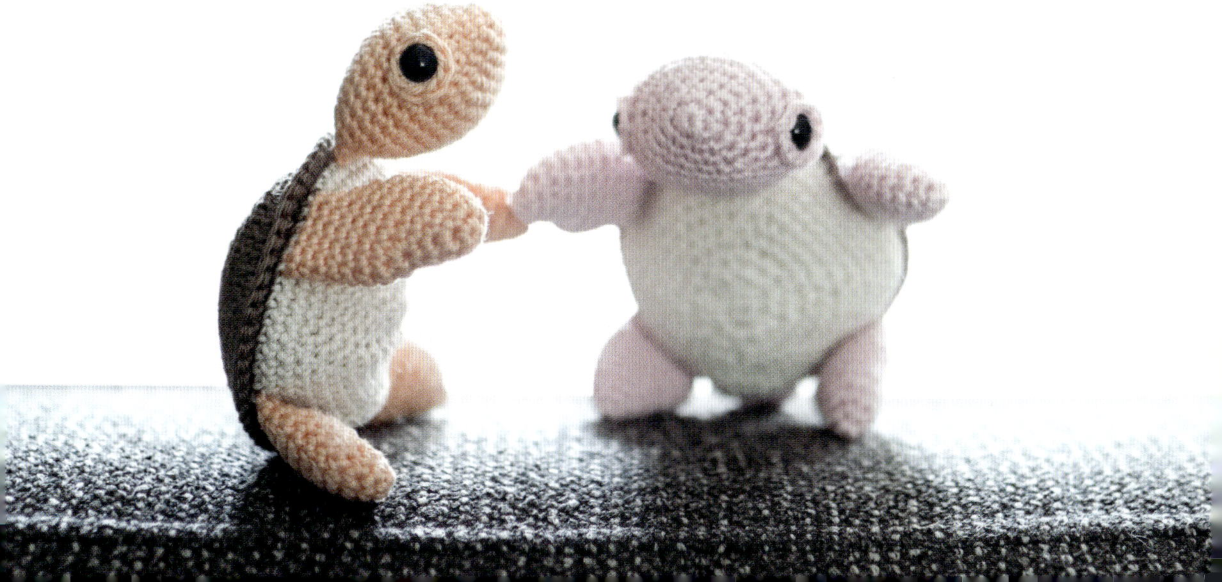

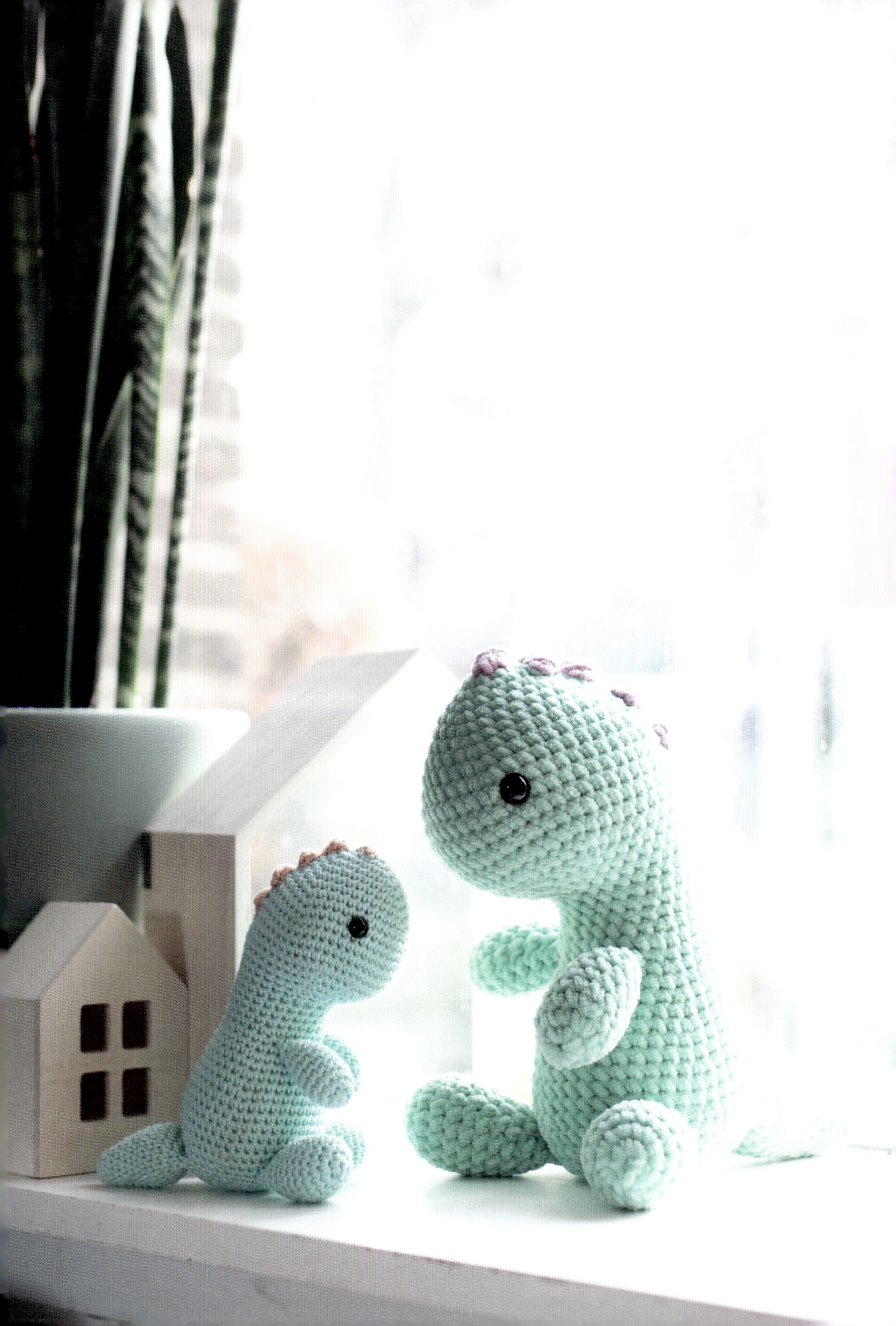

DINOSAURIER

Schwierigkeitsgrad: 3 von 5

FÜR DEN KLEINEN DINOSAURIER
(± 14 CM)

- Garn für Nadelstärke 2,5–3 mm. Ich habe Scheepjes Catona (Lauflänge 125 m/50 g) verwendet, je 1 Knäuel in Mint #385 (Crystalline) und Lachs #414 (Vintage Peach) oder Grün #212 (Sage Green) und Rosa #246 (Icy Pink).
- Schwarze Sicherheitsaugen 8 mm
- Häkelnadel 2,5 mm
- Polyester-Füllwatte
- Maschenmarkierer, Stopfnadel und Schere

FÜR DEN GROSSEN DINOSAURIER
(± 24 CM)

- Garn für Nadelstärke 3–5 mm.
- Ich habe Durable Velvet (Lauflänge 180 m/100 g) verwendet, je 1 Knäuel in Mintgrün #2137 (Mint) und Lila #396 (Lavender).
- Dunkelbraune, transparente Sicherheitsaugen 15 mm
- Häkelnadel 4,5 mm
- Polyester-Füllwatte
- Maschenmarkierer, Stopfnadel und Schere

TIPP Beachte auch die Tipps auf den Seiten 12 und 13: Allgemeines, Abnehmen und Häkeln mit mehreren Farben.

SCHWANZ

R1 **In Mint** mit einem Fadenring beginnen, 6 fM in den Ring häkeln. (6)
R2 *1 fM, 2 fM in die folg M*, rundum wdh. (9)
R3 Rundum 1 fM in jede M. (9)
R4 *2 fM, 2 fM in die folg M*, rundum wdh. (12)
R5 Rundum 1 fM in jede M. (12)
R6 *3 fM, 2 fM in die folg M*, rundum wdh. (15)
R7 Rundum 1 fM in jede M. (15)
R8 *4 fM, 2 fM in die folg M*, rundum wdh. (18)
R9 Rundum 1 fM in jede M. (18)
R10 *5 fM, 2 fM in die folg M*, rundum wdh. (21)
R11 Rundum 1 fM in jede M. (21)
R12 *6 fM, 2 fM in die folg M*, rundum wdh. (24)

Den Schwanz füllen, aber nur so fest, dass er seine Form behält. Der obere Teil des Schwanzes kann leer bleiben. Den Faden abschneiden, durch die letzte Schlinge ziehen und das Fadenende vernähen.

Dies ist die Anleitung für den Dinosaurier in Mint und Lachsrosa.
Für den kleinen grünen Dino ersetzt du Mint durch Grün und Lachsrosa durch Rosa.
Für den großen, mintgrünen Dino ersetzt du Lachsrosa durch Lila.

VORDERBEINE (2 STÜCK)

R1 **In Mint** mit einem Fadenring beginnen, 6 fM in den Ring häkeln. (6)
R2 Rundum 2 fM in jede M. (12)
R3 *3 fM, 2 fM in die folg M*, rundum wdh. (15)
R4 Rundum 1 fM in jede M. (15)
R5 2 fM zus, 1 fM in jede M bis zum Ende. (14)
R6 2 fM zus, 1 fM in jede M bis zum Ende. (13)
R7 2 fM zus, 1 fM in jede M bis zum Ende. (12)

Das Vorderbein füllen, aber nur so fest, dass es seine Form behält. Der obere Teil des Beines kann leer bleiben.

R8 *2 fM zus, 4 fM*, noch 1 × wdh. (10)
R9 *2 fM zus, 3 fM*, noch 1 × wdh. (8)

Den Faden abschneiden, durch die letzte Schlinge ziehen und die Fadenenden vernähen.

HINTERBEINE (2 STÜCK)

R1 **In Mint** mit einem Fadenring beginnen, 6 fM in den Ring häkeln. (6)
R2 Rundum 2 fM in jede M. (12)
R3 *1 fM, 2 fM in die folg M*, rundum wdh. (18)
R4–R5 Rundum 1 fM in jede M. (18)
R6 *7 fM, 2 fM zus*, rundum wdh. (16)
R7 Rundum 1 fM in jede M. (16)
R8 *6 fM, 2 fM zus*, rundum wdh. (14)
R9 Rundum 1 fM in jede M. (14)
R10 *5 fM, 2 fM zus*, rundum wdh. (12)
R11 Rundum 1 fM in jede M. (12)

Das Hinterbein füllen, aber nur so fest, dass es seine Form behält. Der obere Teil des Beines kann leer bleiben. Den Faden abschneiden, durch die letzte Schlinge ziehen und die Fadenenden vernähen.

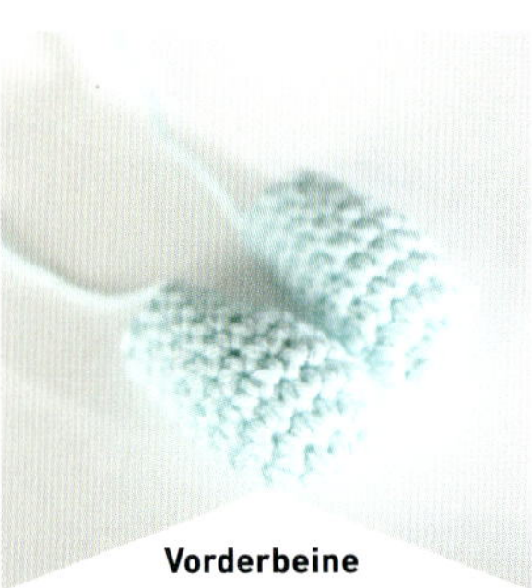
Vorderbeine

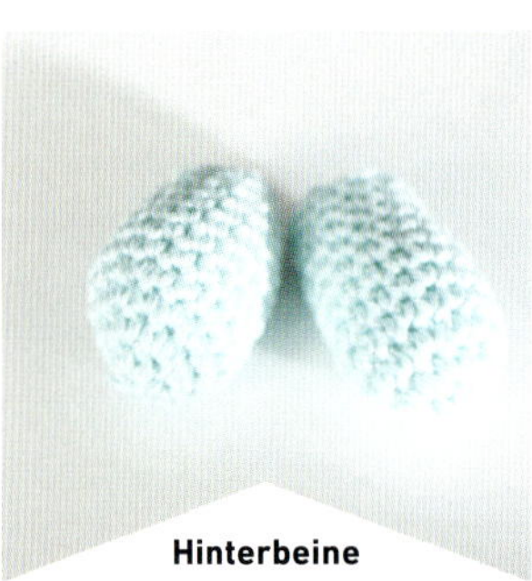
Hinterbeine

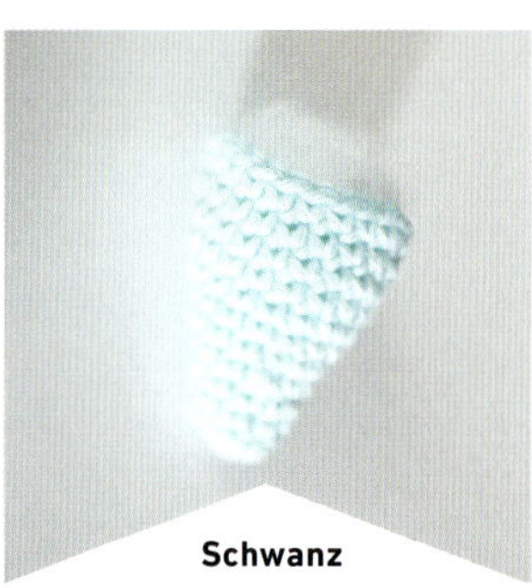
Schwanz

KOPF

R1 **In Lachs** mit einem Fadenring anfangen, 1 Lm, 6 hStb in den Ring häkeln. (6)
Diese Runde nicht schließen, sondern einfach über das erste hStb weiterhäkeln.

R2 **In Mint** *2 fM, 4 fM in das folg hStb*, noch 1 × wdh. (12)

Den lachsfarbenen Faden kannst du hängen lassen und bei jeder Runde wieder aufnehmen. Achte darauf, den Faden fest genug anzuziehen, damit keine Löcher entstehen, aber auch nicht so fest, dass sich die Arbeit zusammenzieht.

R3 3 fM, 2 fM in die folg M, 1 fM, 2 fM in die folg M, 3 fM, 2 fM in die folg M, **in Lachs:** 5 Stb in die folg fM, **in Mint** weiterhäkeln: 2 fM in die folg M. (20)

R4 4 fM, 2 fM in die folg M, 2 fM, 2 fM in die folg M, 4 fM, 2 fM in die folg M, **in Lachs:** 5 Stb zus, **in Mint:** 1 fM, 2 fM in die folg M. (20)

R5 5 fM, 2 fM in die folg M, 3 fM, 2 fM in die folg M, 5 fM, 2 fM in die folg M, 3 fM, 2 fM in die folg M. (24)

R6 6 fM, 2 fM in die folg M, 4 fM, 2 fM in die folg M, 6 fM, 2 fM in die folg M, 1 fM, **in Lachs:** 5 Stb in die folg fM, **in Mint:** 2 fM, 2 fM in die folg M. (32)

R7 7 fM, 2 fM in die folg M, 5 fM, 2 fM in die folg M, 7 fM, 2 fM in die folg M, 1 fM, **in Lachs:** 5 Stb zus, **in Mint:** 3 fM, 2 fM in die folg M. (32)

R8 8 fM, 2 fM in die folg M, 6 fM, 2 fM in die folg M, 8 fM, 2 fM in die folg M, 6 fM, 2 fM in die folg M. (36)

R9 9 fM, 2 fM in die folg M, 7 fM, 2 fM in die folg M, 9 fM, 2 fM in die folg M, 1 fM, **in Lachs:** 5 Stb in die folg fM, **in Mint:** 5 fM, 2 fM in die folg M. (44)

R10 10 fM, 2 fM in die folg M, 8 fM, 2 fM in die folg M, 10 fM, 2 fM in die folg M, 1 fM, **in Lachs**: 5 Stb zus, **in Mint:** 6 fM, 2 fM in die folg M. (44)

R11 11 fM, 2 fM in die folg M, 9 fM, 2 fM in die folg M, 11 fM, 2 fM in die folg M, 9 fM, 2 fM in die folg M. (48)

R12 38 fM, **in Lachs:** 5 Stb in die folg fM, **in Mint:** 9 fM. (52)

R13 38 fM, **in Lachs:** 5 Stb zus, **in Mint:** 9 fM. (48)

Den lachsfarbenen Faden abschneiden und vernähen.

R14–R16 Rundum 1 fM in jede M. (48)
R17 *3 fM, 2 fM zus*, noch 5× wdh, 18 fM. (42)
R18 *2 fM, 2 fM zus*, noch 5× wdh, 18 fM. (36)
R19 *1 fM, 2 fM zus*, noch 5× wdh, 18 fM. (30)
R20 *2 fM zus*, noch 5× wdh, 18 fM. (24)
R21–R23 Rundum 1 fM in jede M. (24)

Die Sicherheitsaugen zwischen R11 und R12 befestigen, zwischen der 5. und 6. sowie der 24. und 25. M von R11.

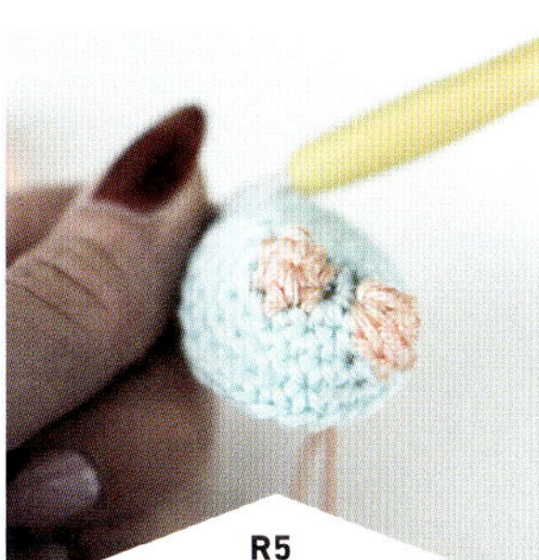

R5

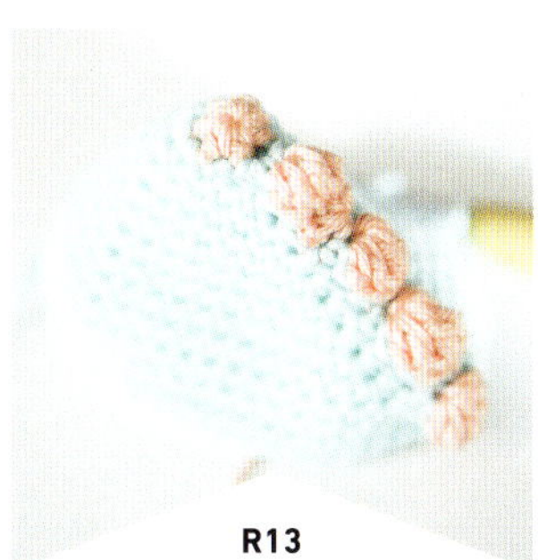

R13

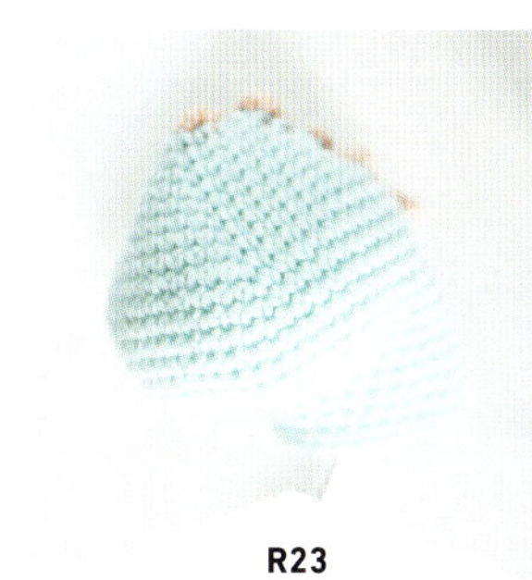

R23

KÖRPER

R24 *5 fM, 2 fM in die folg M*, rundum wdh. (28)

R25 Rundum 1 fM in jede M. (28)

R26 Ein Vorderbein an den Körper halten, das Fadenende sollte soweit wie möglich von der Häkelnadel entfernt sein, 4 fM durch beide Lagen des Beins und den Körper häkeln (siehe Foto), 4 fM, 4 fM durch beide Lagen des zweiten Beins und den Körper wie beim ersten Bein häkeln, dabei ab der M vor und nach dem Fadenende des Beins beginnen, 16 fM. (28)

R27 *6 fM, 2 fM in die folg M*, rundum wdh. (32)

R28 Rundum 1 fM in jede M. (32)

R29 *7 fM, 2 fM in die folg M*, rundum wdh. (36)

R30 Rundum 1 fM in jede M. (36)

R31 *8 fM, 2 fM in die folg M*, rundum wdh. (40)

R32–R33 Rundum 1 fM in jede M. (40)

R34 *9 fM, 2 fM in die folg M*, rundum wdh. (44)

R35–R36 Rundum 1 fM in jede M. (44)

R37 *10 fM, 2 fM in die folg M*, rundum wdh. (48)

R38 Rundum 1 fM in jede M. (48)

R39 *6 fM, 2 fM zus*, rundum wdh. (42)

Kopf und Hals füllen und in Form bringen.

R40 3 fM, ein Hinterbein an den Körper halten, 6 fM durch beide Lagen des Beins und den Körper häkeln wie bei den Vorderbeinen, 5 fM, 6 fM durch beide Lagen des zweiten Hinterbeins und den Körper häkeln wie beim ersten Hinterbein, 6 fM, jetzt 12 fM durch beide Lagen des Schwanzes und den Körper häkeln wie bei den Beinen erklärt, 4 fM. (42)

R41 *5 fM, 2 fM zus*, rundum wdh. (36)

R42 *4 fM, 2 fM zus*, rundum wdh. (30)

R43 *3 fM, 2 fM zus*, rundum wdh. (24)

Den Dinosaurier füllen.

R44 *2 fM, 2 fM zus*, rundum wdh. (18)

R45 *1 fM, 2 fM zus*, rundum wdh. (12)

Den Faden abschneiden, dabei ein langes Ende stehen lassen, durch die vorderen M-Glieder der übrigen M ziehen und fest anziehen. Das Ende vernähen.
Das Dinosaurier-Onesiegurumi ist fertig!

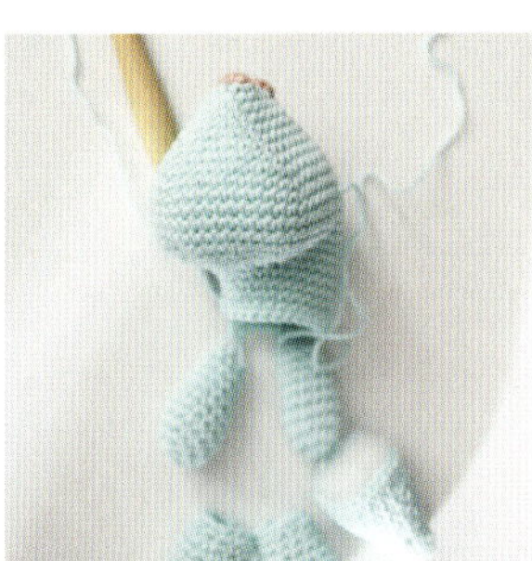

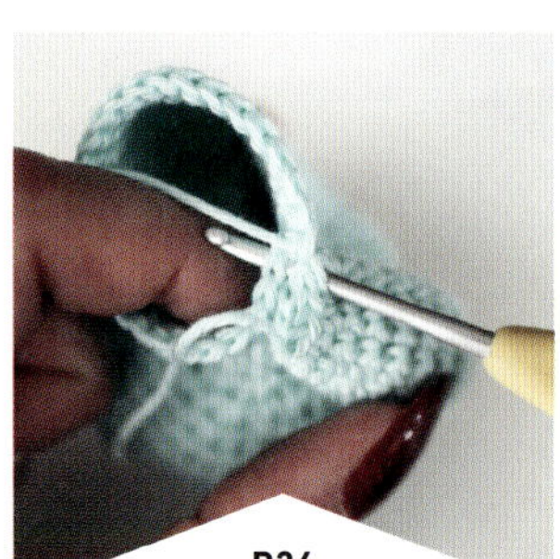

R26

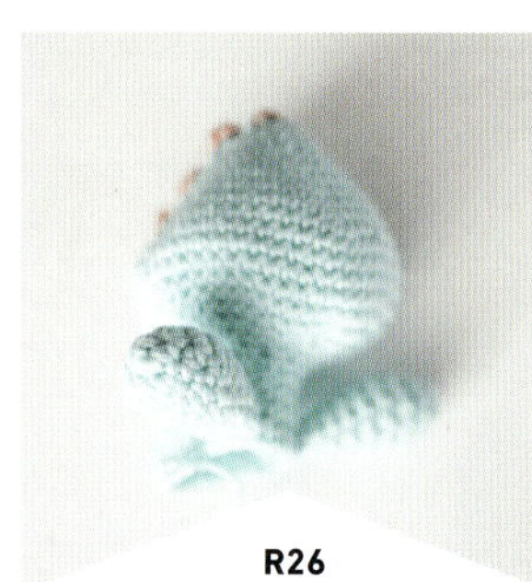

R26

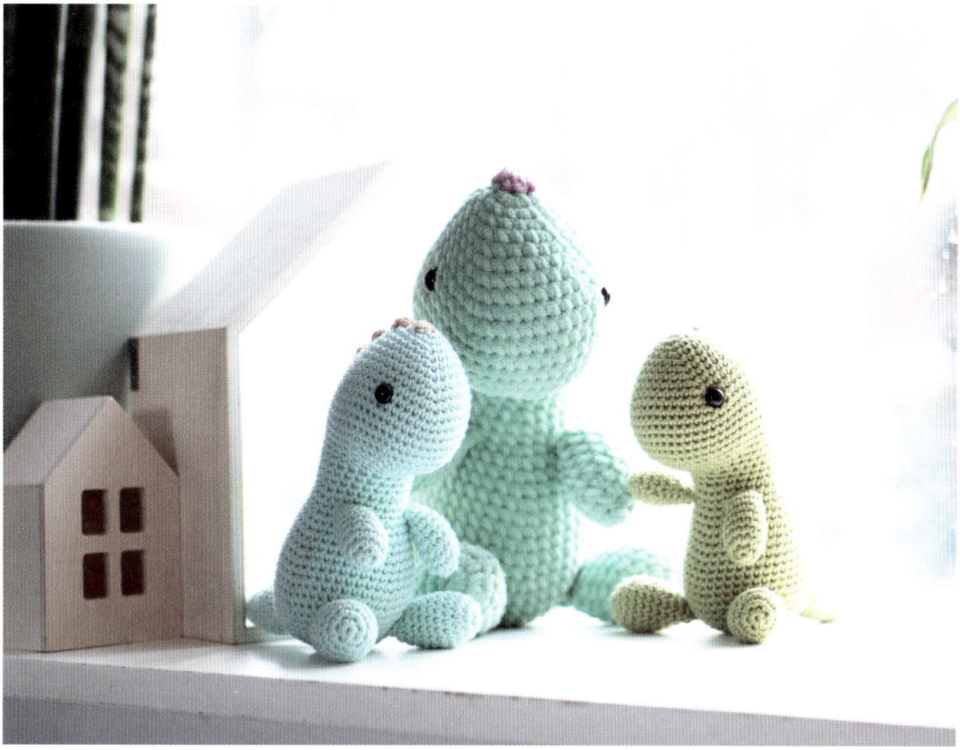

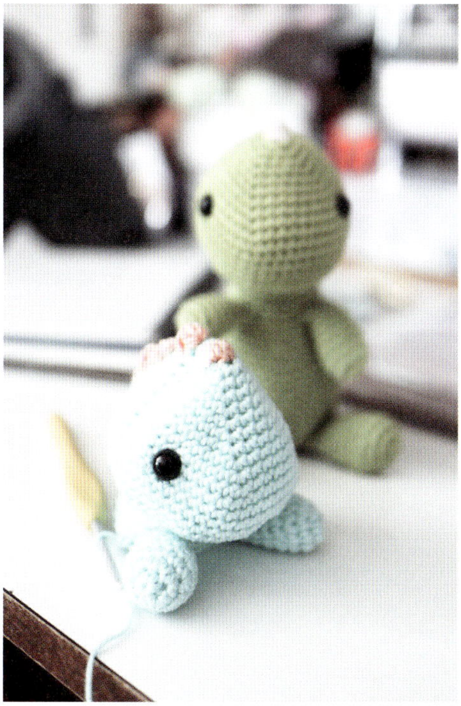

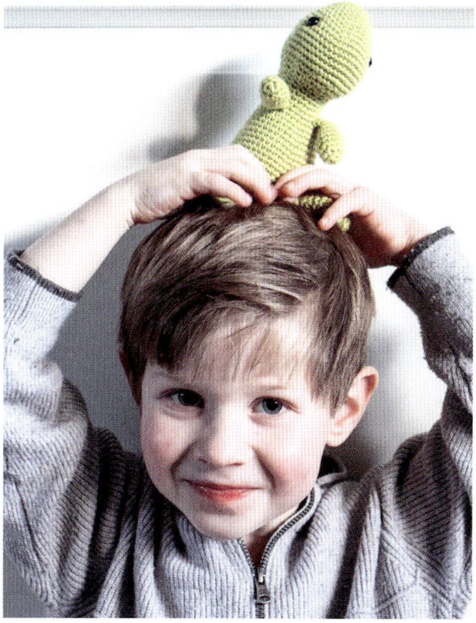

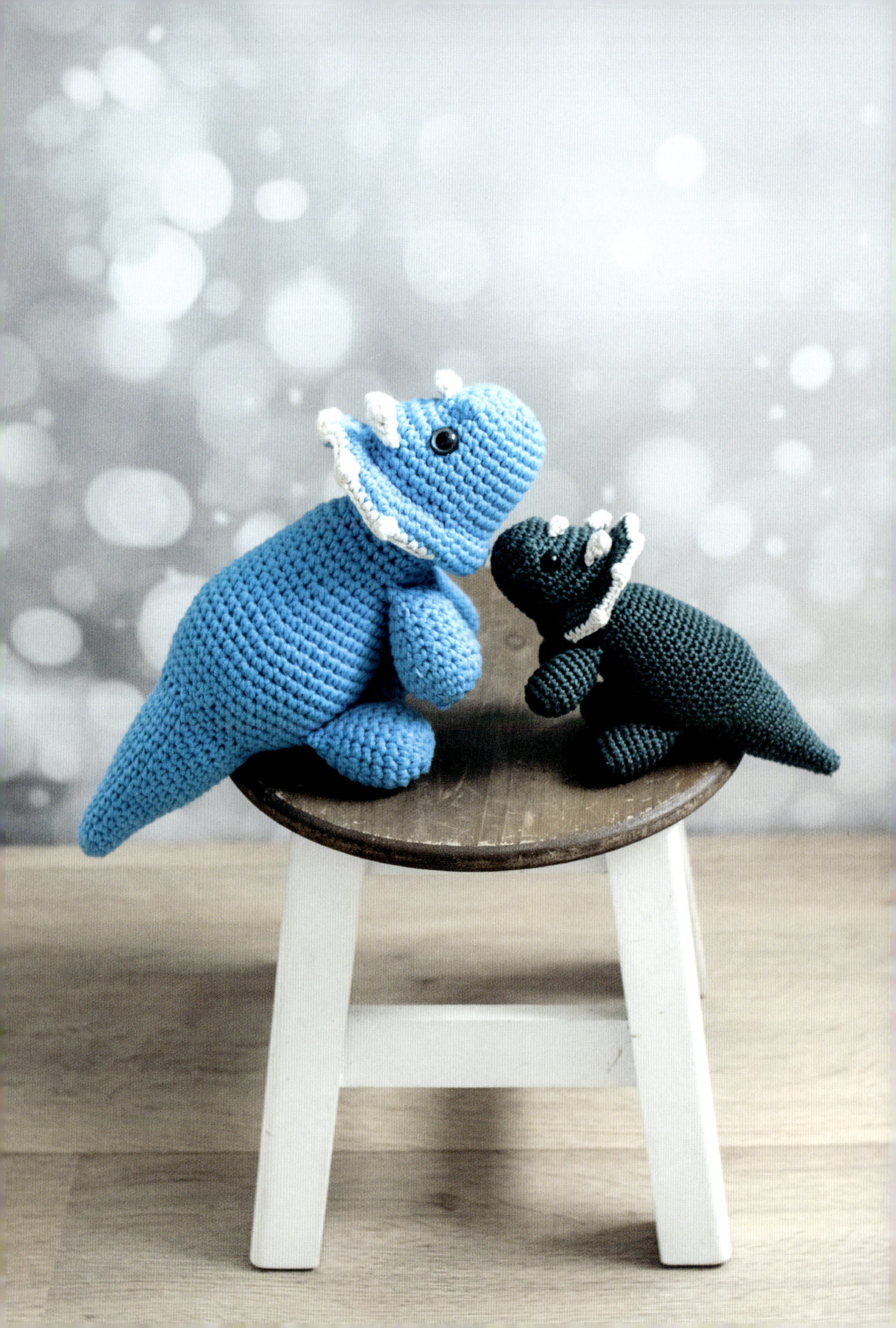

TRICERATOPS

Schwierigkeitsgrad: 4 von 5

FÜR DEN KLEINEN TRICERATOPS
(± 18 CM)

- Garn für Nadelstärke 2,5–3,5 mm. Ich habe Scheepjes Catona (Lauflänge 125 m/50 g) verwendet, je 1 Knäuel in Grün #244 (Spruce) und Weiß #130 (Old Lace).
- Schwarze Sicherheitsaugen 8 mm
- Häkelnadel 2,5 mm
- Polyester-Füllwatte
- Maschenmarkierer, Stopfnadel und Schere

FÜR DEN GROSSEN TRICERATOPS
(± 28 CM)

- Garn für Nadelstärke 4–4,5 mm. Ich habe Durable Cosy Fine (Lauflänge 105 m/50 g) verwendet, 2 Knäuel in Blau #295 (Ocean) und 1 Knäuel in Weiß #326 (Ivory).
- Schwarze Sicherheitsaugen 12 mm
- Häkelnadel 4 mm
- Polyester-Füllwatte
- Maschenmarkierer, Stopfnadel und Schere

TIPP Beachte auch die Tipps auf den Seiten 12 und 13: Allgemeines, Abnehmen und Häkeln mit mehreren Farben.

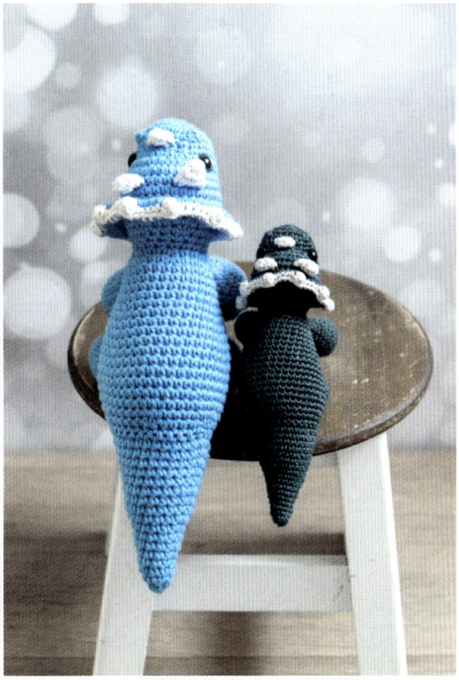

Dies ist die Anleitung für den grünen Triceratops.
Für den blauen Triceratops ersetzt du Grün durch Blau.

Siehe Fotos rechts

NASENHORN

R1 **In Weiß** mit einem Fadenring beginnen, 6 fM in den Ring häkeln. (6)
R2 Rundum 1 fM in jede M. (6)

Den Faden abschneiden, durch die letzte Schlinge ziehen und das Fadenende vernähen.

BEINE (4 STÜCK)

R1 **In Grün** mit einem Fadenring beginnen, 6 fM in den Ring häkeln. (6)
R2 Rundum 2 fM in jede M. (12)
R3 *1 fM, 2 fM in die folg M*, rundum wdh. (18)
R4–R5 Rundum 1 fM in jede M. (18)
R6 *7 fM, 2 fM zus*, rundum wdh. (16)
R7 Rundum 1 fM in jede M. (16)
R8 *6 fM, 2 fM zus*, rundum wdh. (14)
R9 Rundum 1 fM in jede M. (14)
R10 *5 fM, 2 fM zus*, rundum wdh. (12)
R11 Rundum 1 fM in jede M. (12)

Das Bein füllen, aber nur so fest, dass es seine Form behält. Der obere Teil des Beins kann leer bleiben. Den Faden abschneiden, durch die letzte Schlinge ziehen und die Fadenenden vernähen.

ÜBERAUGENHÖRNER (2 STÜCK)

R1 **In Weiß** mit einem Fadenring beginnen, 6 fM in den Ring häkeln. (6)
R2 Rundum 1 fM in jede M. (6)
R3 *2 fM, 2 fM in die folg M*, rundum wdh. (8)

Den Faden abschneiden, durch die letzte Schlinge ziehen und die Fadenenden vernähen.

SCHWANZ

R1 **In Grün** mit einem Fadenring beginnen, 6 fM in den Ring häkeln. (6)
R2 *2 fM, 2 fM in die folg M*, rundum wdh. (8)
R3 *3 fM, 2 fM in die folg M*, rundum wdh. (10)
R4 Rundum 1 fM in jede M. (10)
R5 *4 fM, 2 fM in die folg M*, rundum wdh. (12)
R6 *5 fM, 2 fM in die folg M*, rundum wdh. (14)
R7 Rundum 1 fM in jede M. (14)
R8 *6 fM, 2 fM in die folg M*, rundum wdh. (16)
R9 *7 fM, 2 fM in die folg M*, rundum wdh. (18)
R10 Rundum 1 fM in jede M. (18)
R11 *8 fM, 2 fM in die folg M*, rundum wdh. (20)
R12 *9 fM, 2 fM in die folg M*, rundum wdh. (22)
R13 Rundum 1 fM in jede M. (22)
R14 *10 fM, 2 fM in die folg M*, rundum wdh. (24)
R15 *11 fM, 2 fM in die folg M*, rundum wdh. (26)
R16 *12 fM, 2 fM in die folg M*, rundum wdh. (28)
R17 *13 fM, 2 fM in die folg M*, rundum wdh. (30)

Den Faden abschneiden, durch die letzte Schlinge ziehen und das Fadenende vernähen. Den Schwanz noch nicht füllen.

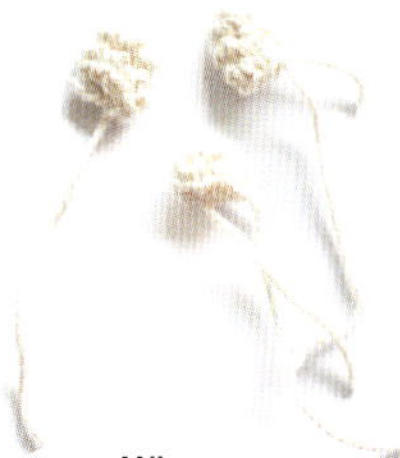

Hörner

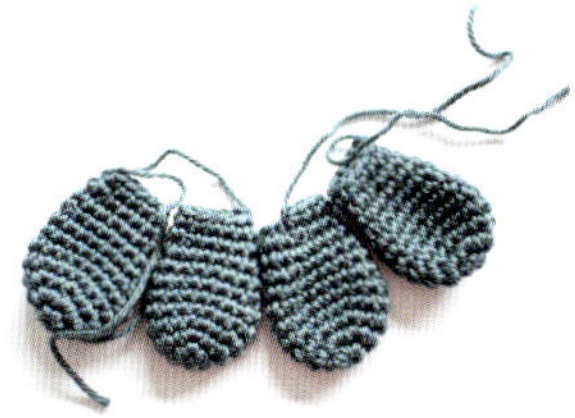

Beine

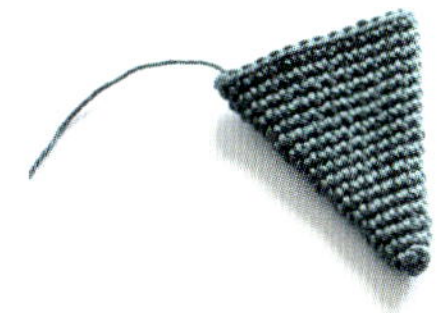

Schwanz

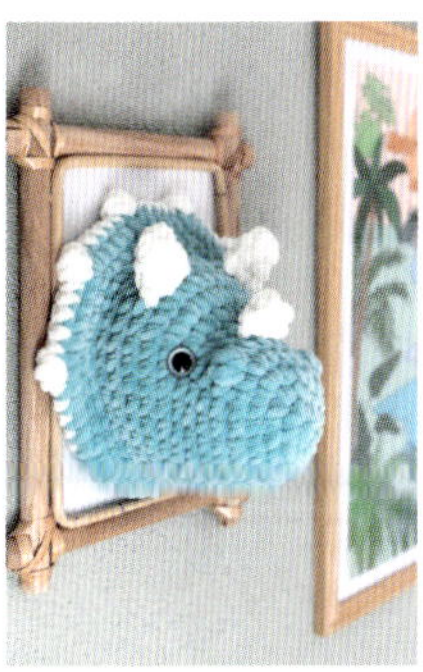

TIPP Für diese starken Triceratops-Köpfe häkelst du die Hörner und dann R1–R24 wie beim Kopf beschrieben.

R25 *2 fM, 2 fM zus*, rundum wdh. (14)
Nun den Kopf füllen. Den Faden abschneiden, dabei ein langes Ende stehen lassen, durch die vorderen M-Glieder der übrigen M ziehen und fest anziehen. Das Ende vernähen. Den Kopf in einen passenden Rahmen kleben.

Für das Beispiel habe ich Lammy Yarns Chenille 6 verwendet, 1 Knäuel pro Farbe, und eine Häkelnadel 6 mm. Die Sicherheitsaugen sind 15 mm groß.

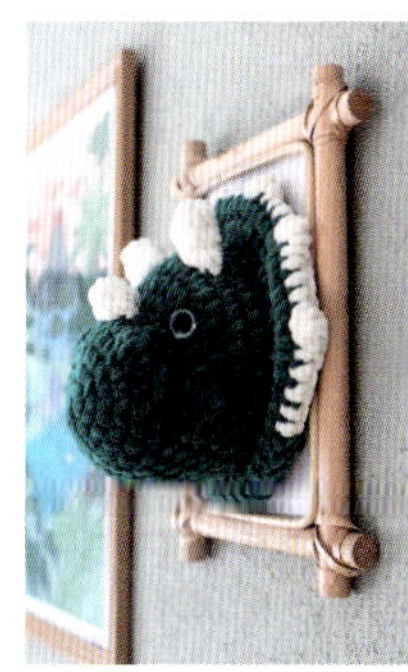

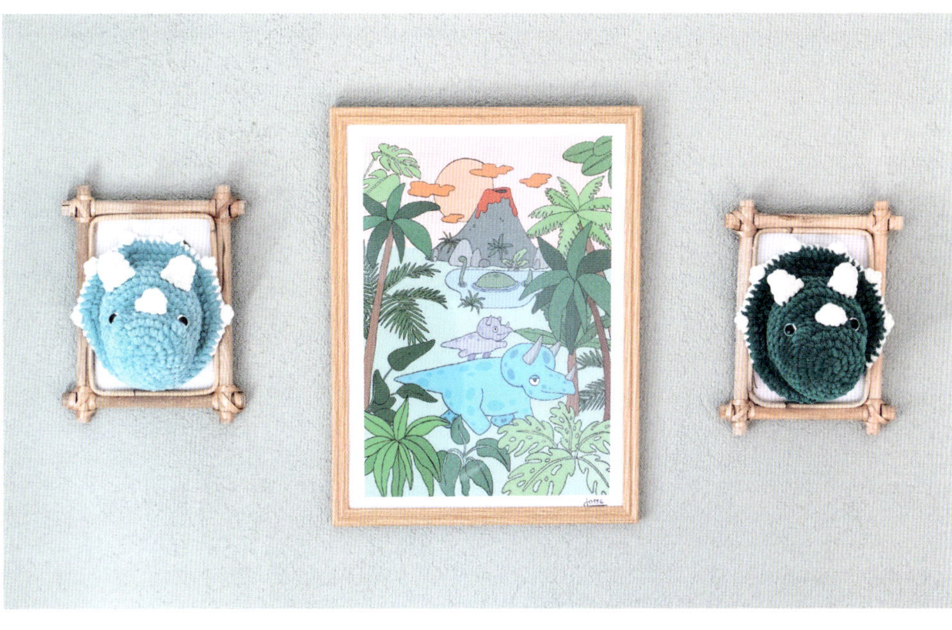

KOPF

R1 **In Grün** mit einem Fadenring beginnen, 6 fM in den Ring häkeln. (6)

R2 Rundum 2 fM in jede M. (12)

R3 *3 fM, 2 fM in jede der folg 3 M*, rundum wdh. (18)

R4 3 fM, *1 fM, 2 fM in die folg M*, noch 2× von * bis * wdh, 3 fM, noch 3× von * bis * wdh. (24)

R5 11 fM, 3er-Noppe (die Noppe neigt sich oft nach innen, deshalb nach dem Häkeln immer nach außen drücken), 6 fM, 3er-Noppe, 5 fM. (24)

R6 14 fM, jetzt das Nasenhorn an den Kopf halten, 3 fM durch beide Lagen des Horns und den Kopf häkeln (siehe Fotos), 7 fM. (24)

R7 Rundum 1 fM in jede M. (24)

R8 13 fM, 2 fM in jede der folg 6 M, 5 fM. (30)

R9 13 fM, *1 fM, 2 fM in die folg M*, noch 5× von * bis * wdh, 5 fM. (36)

R10 Rundum 1 fM in jede M. (36)

R11 18 fM, ein Überaugenhorn an den Kopf halten, 4 fM durch beide Lagen des Horns und den Kopf häkeln wie beim Nasenhorn, 3 fM, das zweite Überaugenhorn an den Kopf halten, 4 fM durch beide Lagen des Horns und den Kopf häkeln, 7 fM. (36)

R12–R13 Rundum 1 fM in jede M. (36)

Die Sicherheitsaugen zwischen R8 und R9 befestigen, zwischen der 13. und 14. sowie der 25. und 26. M von R8.

R14 Nur in die vorderen M-Glieder häkeln: 13 fM, *2 fM, 2 fM in die folg M*, noch 5× von * bis * wdh, 5 fM. (42)

R15 Wieder in beide M-Glieder häkeln: 13 fM, *3 fM, 2 fM in die folg M*, noch 5× von * bis * wdh, 5 fM. (48)

R16 13 fM, *4 fM, 2 fM in die folg M*, noch 5× von * bis * wdh, 5 fM (siehe Foto). (54)

R17 13 fM, **in Weiß** weiterhäkeln, *5 fM, 3er-Noppe*, noch 5× von * bis * wdh, 5 fM (siehe Foto). (54)

Den weißen Faden abschneiden.

In der folg Runde nimmst du ab. Da du in die hinteren M-Glieder häkelst, dürfen es keine unsichtbaren Abnahmen sein. Stattdessen häkelst du eine normale Abnahme in die hinteren M-Glieder: *Mit der Häkelnadel in das hintere M-Glied einstechen, den Faden durch die M ziehen*, von * bis * für die zweite M wdh, dann den Faden durch alle Schlingen auf der Häkelnadel ziehen.

R18 Weiter **in Grün**, 13 fM, nur in die hinteren M-Glieder: 4fM, *2 fM zus*, noch 5× von * bis * wdh, 5 fM. (48)

R19 Wieder in beide M-Glieder häkeln: 13 fM *3 fM, 2 fM zus*, noch 5× von * bis * wdh, 5 fM. (42)

R20 13 fM, *2 fM, 2 fM zus*, von * bis * noch 5× wdh, 5 fM. (36)

R21 Diese Runde häkelst du, indem du sowohl in die M von R20 als auch in die unbehäkelten hinteren M-Glieder von R13 einstichst (siehe Fotos). Auf diese Weise 36 fM häkeln. (36)

Es entsteht ein Lappen unter dem Kinn. Beim Häkeln kannst du ihn einfach in Richtung Nase umklappen. Sobald der Triceratops fertig ist, klappst du den Lappen nach hinten.

R22 *4 fM, 2 fM zus*, rundum wdh. (30)

R23 *3 fM, 2 fM zus*, rundum wdh. (24)

R24 *2 fM, 2 fM zus*, rundum wdh. (18)

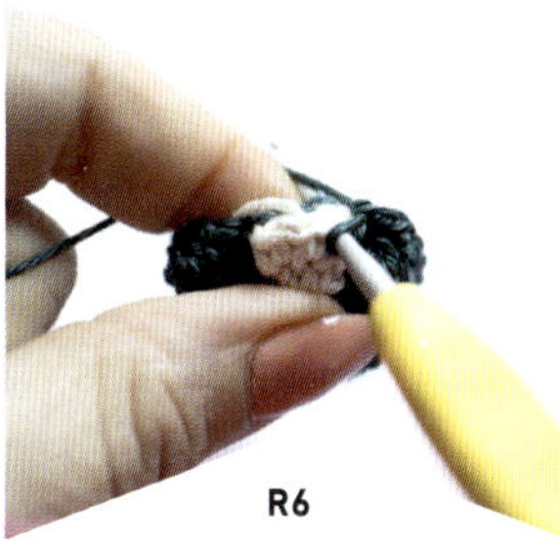

R6

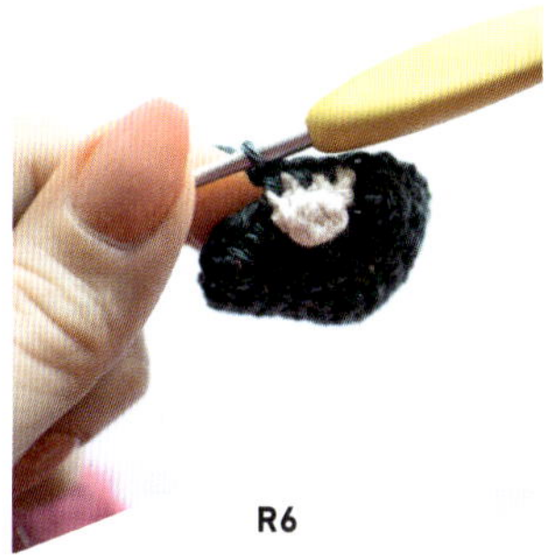

R6

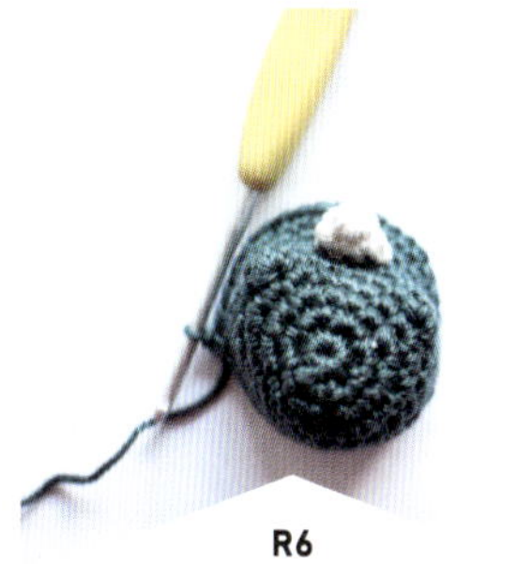

R6

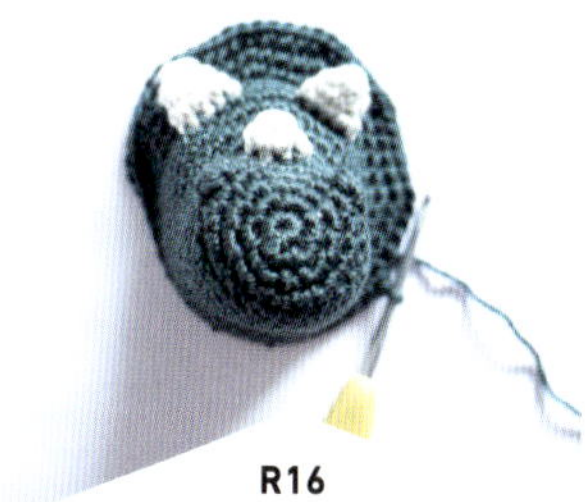

R16

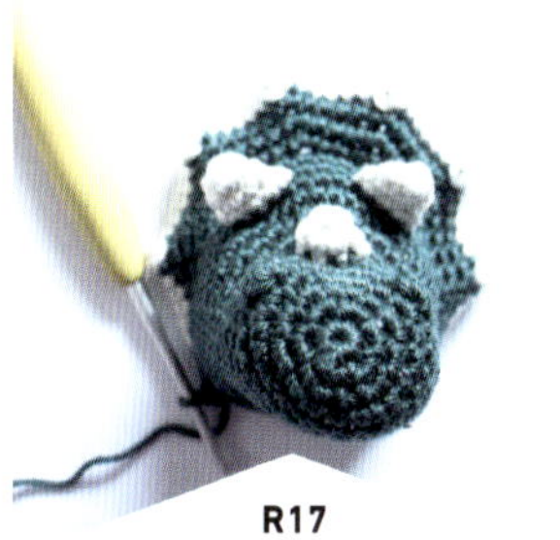

R17

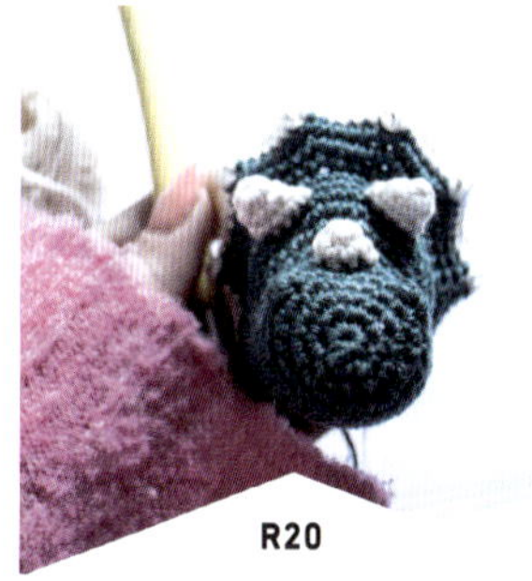

R20

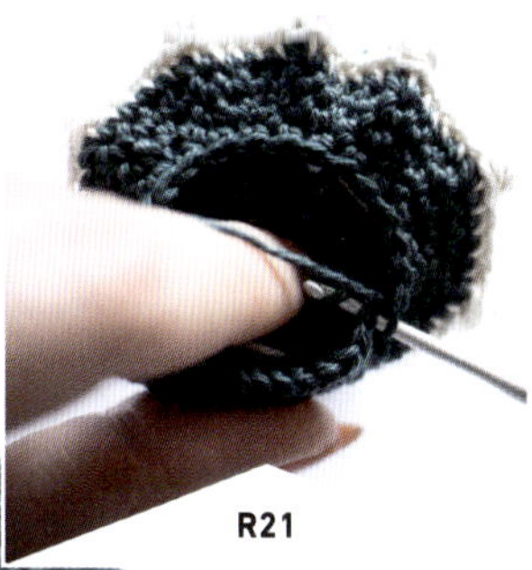

R21

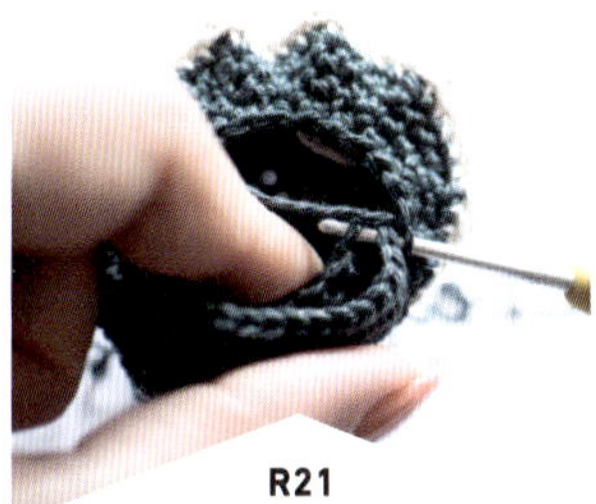

R21

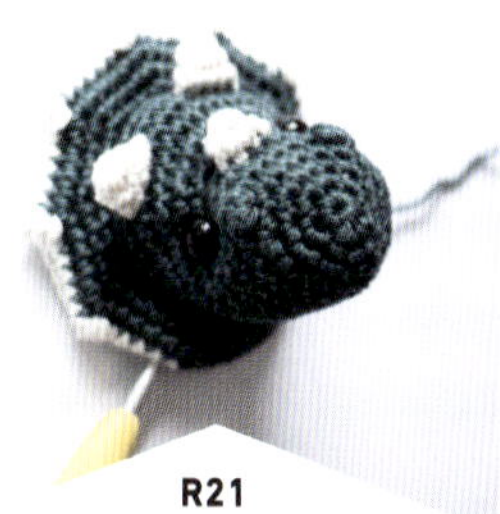

R21

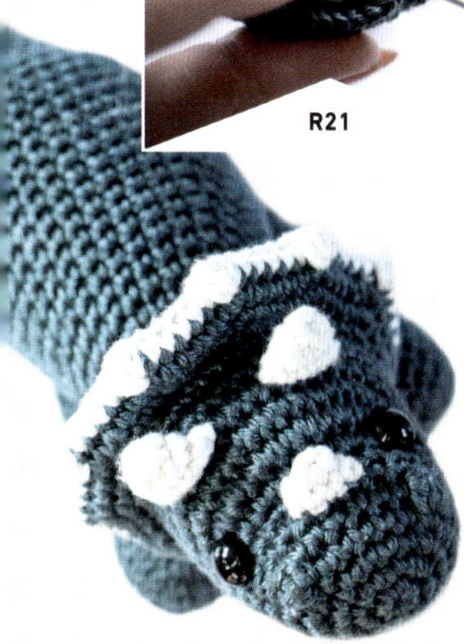

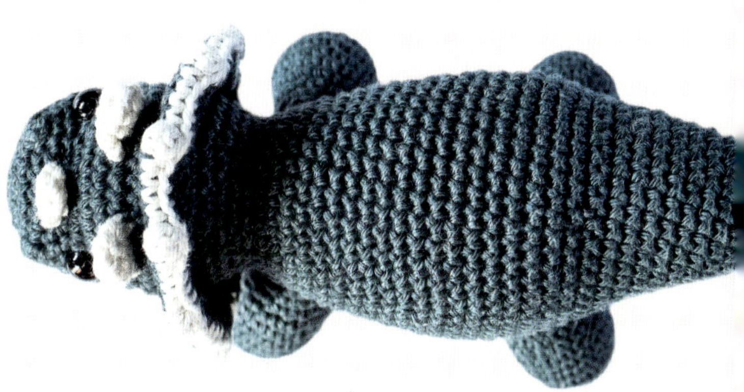

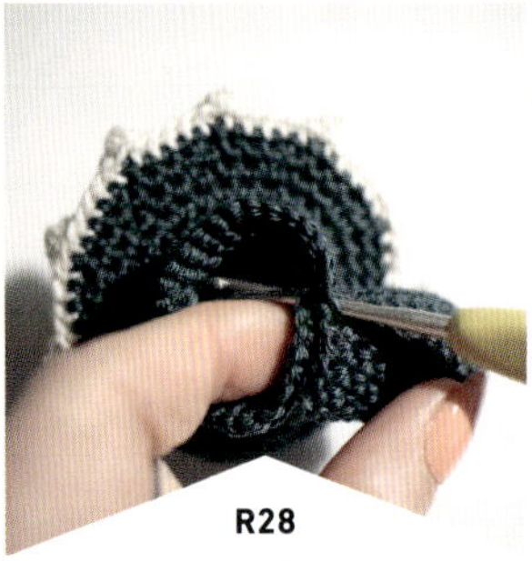

R28

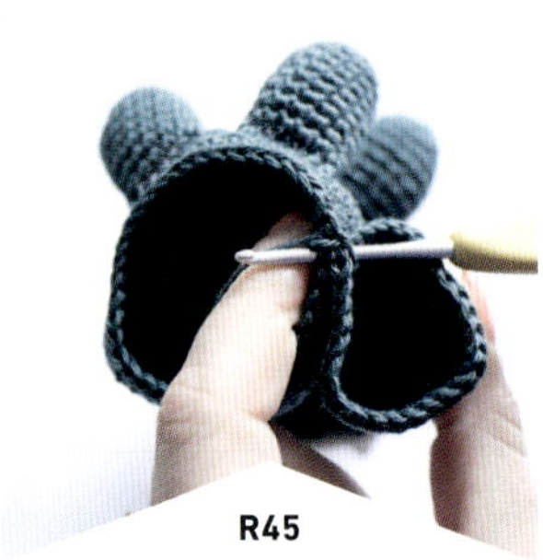

R45

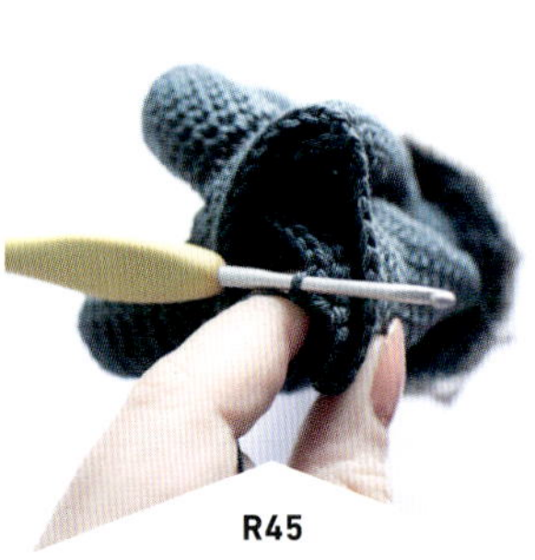

R45

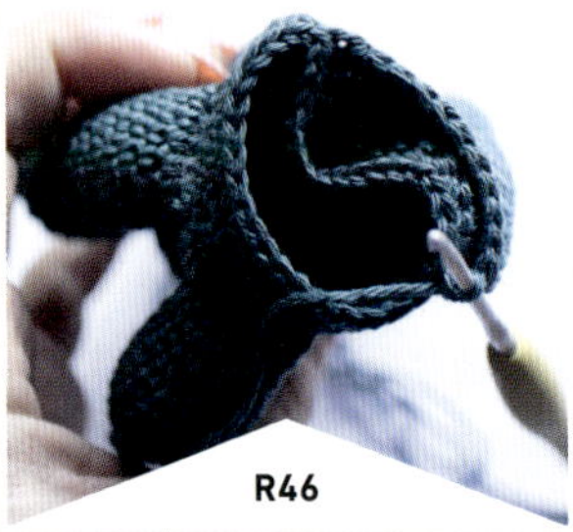

R46

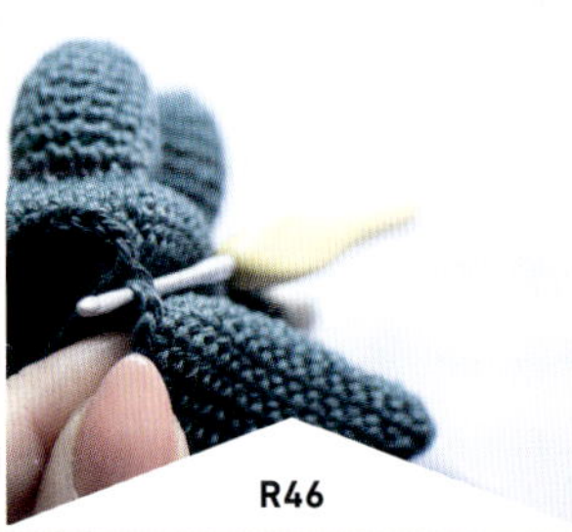

R46

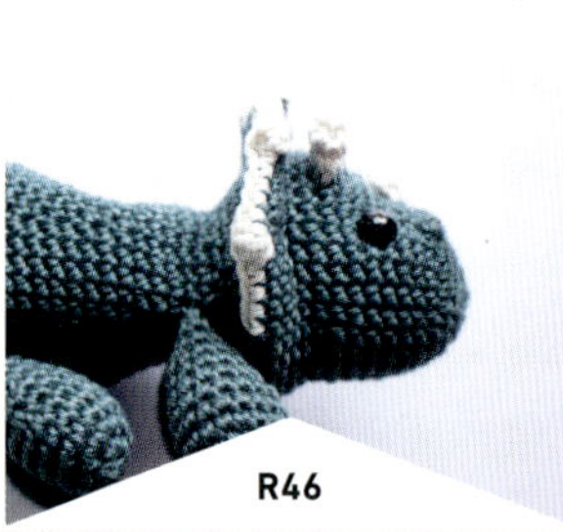

R46

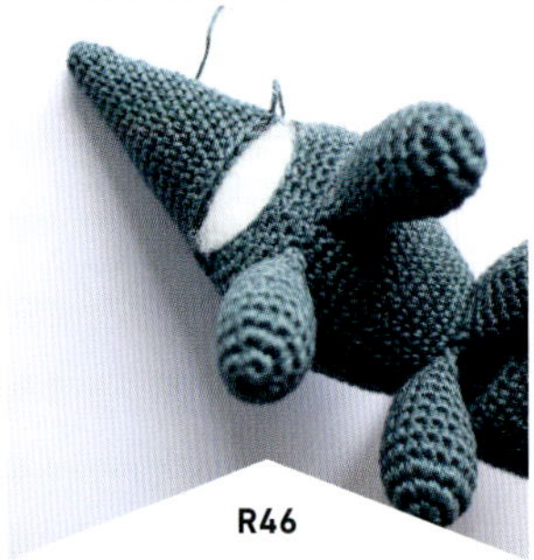

R46

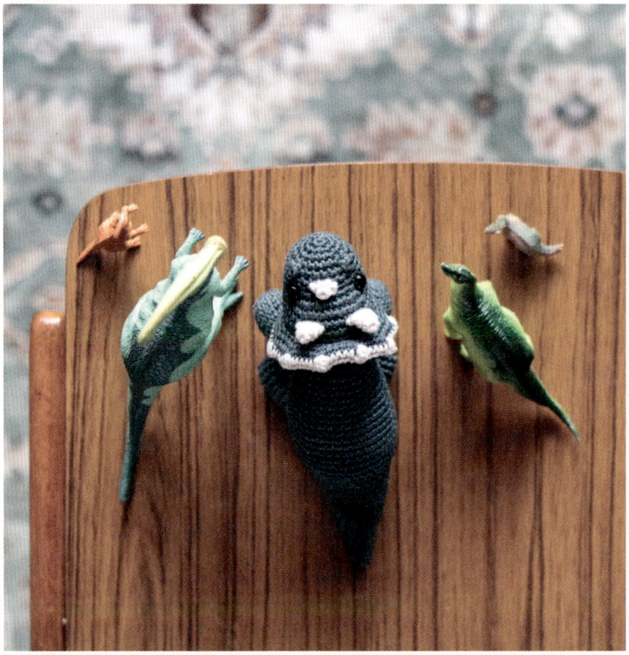

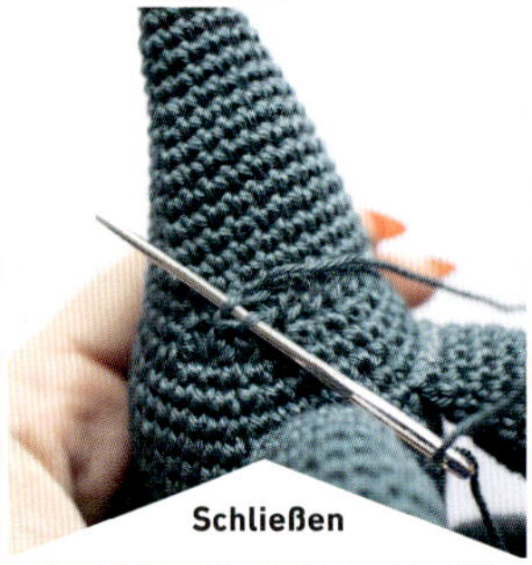

Schließen

KÖRPER

R25 Rundum 1 fM in jede M. (18)

R26 *2 fM, 2 fM in die folg M*, rundum wdh. (24)

R27 *3 fM, 2 fM in die folg M*, rundum wdh. (30)

R28 2 fM, ein Bein an den Körper halten, jetzt 6 fM durch beide Lagen des Beins und den Körper häkeln (siehe Foto), das zweite Bein an den Körper halten, 6 fM durch beide Lagen des Beins und den Körper häkeln, 16 fM. (30)

Den Kopf füllen, dabei mit der Schnauze anfangen.

R29–R30 Rundum 1 fM in jede M. (30)

R31 *9 fM, 2 fM in die folg M*, rundum wdh. (33)

R32 Rundum 1 fM in jede M. (33)

R33 *10 fM, 2 fM in die folg M*, rundum wdh. (36)

R34 Rundum 1 fM in jede M. (36)

R35 *11 fM, 2 fM in die folg M*, rundum wdh. (39)

R36 Rundum 1 fM in jede M. (39)

R37 *12 fM, 2 fM in die folg M*, rundum wdh. (42)

R38 Rundum 1 fM in jede M. (42)

R39 *13 fM, 2 fM in die folg M*, rundum wdh. (45)

R40–R41 Rundum 1 fM in jede M. (45)

R42 7 fM, das dritte Bein an den Körper halten, jetzt 6 fM durch beide Lagen des Beins und den Körper häkeln, 2 fM, das vierte Bein an den Körper halten, 6 fM durch beide Lagen des Beins und den Körper häkeln, 24 fM. (45)

R43 *13 fM, 2 fM zus*, rundum wdh. (42)

R44 *5 fM, 2 fM zus*, rundum wdh. (36)

R45 21 fM, jetzt den Schwanz offen an den Körper halten, von der letzten M des Schwanzes aus 15 fM durch den Schwanz und den Körper häkeln, dabei von der Innenseite des Schwanzes aus in die M einstechen (siehe Fotos). (36)

R46 Noch 4 fM durch den Schwanz und den Körper häkeln wie in der vorigen R. Weil du mehr als die Hälfte der M des Schwanzes nimmst, zieht sich dein Werk dann etwas. Die vorherigen 4 M zählen bei der M-Zahl dieser Runde nicht mit, weil du am Ende auf der anderen Seite des Schwanzes weiterhäkelst. *1 fM, 2 fM zus, von * bis * noch 4× wdh, 2 fM zus, jetzt für die Verbindung zur Vor-R die erste M des Schwanzes häkeln, 11 fM. (22)

Den Faden durch die letzte Schlinge ziehen, abschneiden und ein langes Ende stehen lassen. Jetzt erst den Körper und dann den Schwanz füllen. Das Fadenende mit der Stopfnadel durch alle gegenüberliegenden Maschen ziehen, um die Unterseite zu schließen. Den Faden abschneiden und das Ende vernähen. Das Triceratops-Onesiegurumi ist fertig!

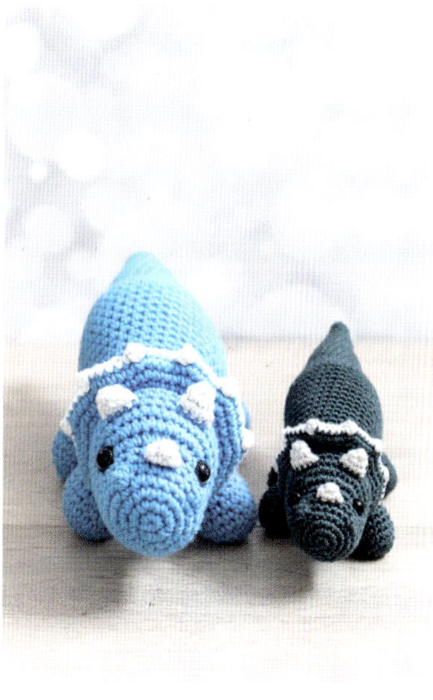

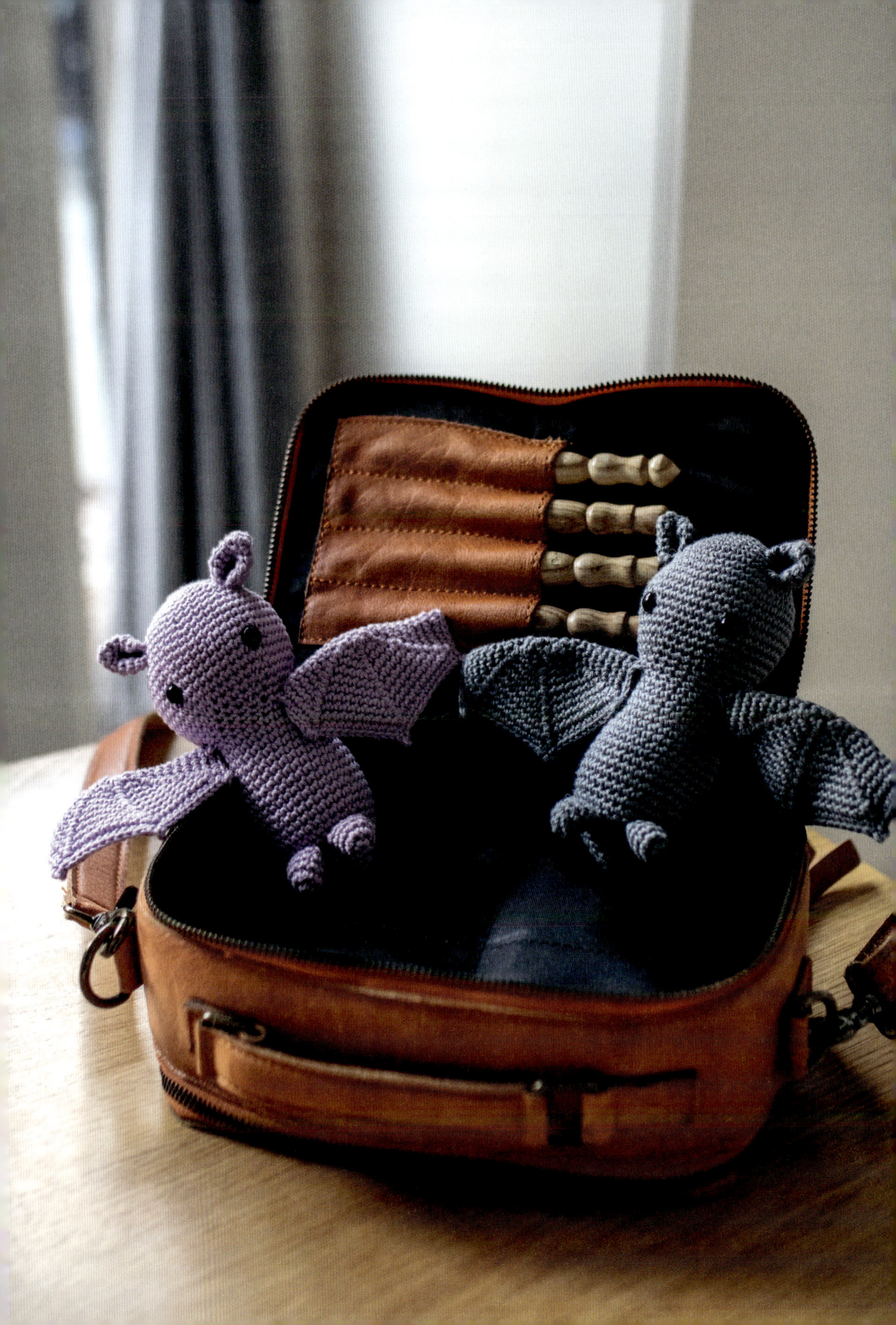

FLEDERMAUS

TIPP Beachte auch die Tipps auf den Seiten 12 und 13: Allgemeines und Abnehmen.

Schwierigkeitsgrad: 3 von 5

FÜR DIE FLEDERMAUS (± 13 CM)

- Garn für Nadelstärke 2,5–3,5 mm. Ich habe Scheepjes Catona (Lauflänge 125 m/50 g) verwendet, 1 Knäuel in Dunkelgrau #393 (Charcoal) oder Lila #520 (Lavender).
- Schwarze Sicherheitsaugen 8 mm
- Häkelnadel 2,5 mm
- Polyester-Füllwatte
- Maschenmarkierer, Stopfnadel und Schere

OHREN (2 STÜCK)

R1 Mit einem Fadenring beginnen, 6 fM in den Ring häkeln. (6)

R2 Rundum 1 fM in jede M. (6)

R3 Rundum 2 fM in jede M. (12)

R4 *1 fM, 2 fM in die folg M*, rundum wdh. (18)

R5 *8 fM, 2 fM in die folg M*, rundum wdh. (20)

R6 Das Ohr flach falten und 10 fM durch beide Lagen häkeln (siehe Fotos). (10)

Den Faden abschneiden, durch die letzte Schlinge ziehen und die Fadenenden vernähen.

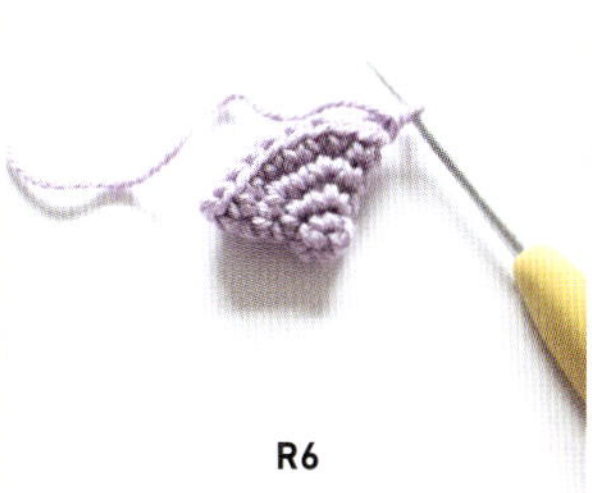
R6

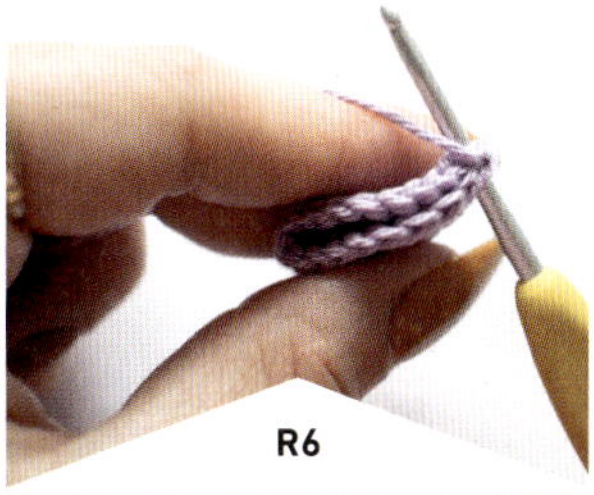
R6

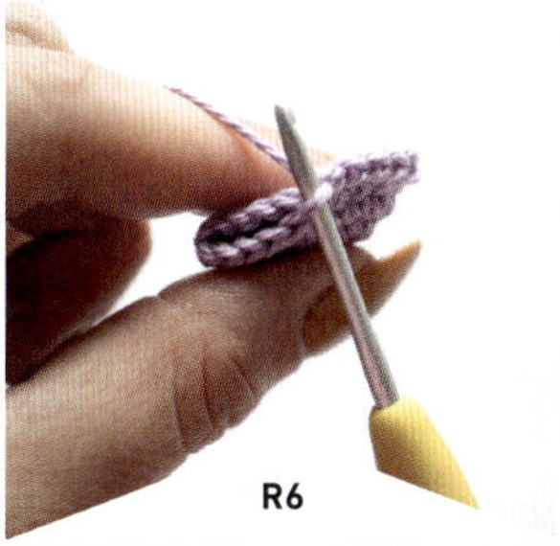
R6

HINTERBEIN (2 STÜCK)

R1 Mit einem Fadenring beginnen, 5 fM in den Ring häkeln. (5)

R2 Rundum 2 fM in jede M. (10)

R3–R5 Rundum 1 fM in jede M. (10)

Das Hinterbein füllen, aber nur so fest, dass es seine Form behält. Der obere Teil des Beins kann leer bleiben. Den Faden abschneiden, durch die letzte Schlinge ziehen und die Fadenenden vernähen.

FLÜGEL (2 STÜCK)

Siehe Fotos rechts

R1 Mit einem Fadenring beginnen, 6 fM in den Ring häkeln. (6)

R2 Rundum 1 fM und 1 Stb in jede M. (12)

R3 *1 fM, in die folg M 1 fM und 1 Stb*, rundum wdh. (18)

R4 *2 fM, in die folg M 1 fM und 1 Stb*, rundum wdh. (24)

R5 *3 fM, in die folg M 1 fM und 1 Stb*, rundum wdh. (30)

R6 *4 fM, in die folg M 1 fM und 1 Stb*, rundum wdh. (36)

R7 *5 fM, in die folg M 1 fM und 1 Stb*, rundum wdh. (42)

R8 *6 fM, in die folg M 1 fM und 1 Stb*, rundum wdh. (48)

R9 *7 fM, in die folg M 1 fM und 1 Stb*, rundum wdh. (54)

R10 *8 fM, in die folg M 1 fM und 1 Stb*, rundum wdh. (60)

Der rechte und der linke Flügel werden unterschiedlich ausgeführt, damit sie am Ende zu beiden Seiten gleich aussehen (siehe Fotos).

Rechter Flügel:

R11 5 fM, dann die Nadel durch die M nach und vor der M stechen, die du zuletzt gehäkelt hast, und 1 fM hineinhäkeln, ab jetzt den ganzen Flügel auf diese Art arbeiten und dabei durch beide Lagen häkeln, 3 fM, *jetzt hast du die beiden Stb erreicht, in diese häkelst du: [1 fM, 3 Lm, 1 Km in die erste der 3 Lm und 1 fM], 9 fM*, von * bis * noch 1× wdh, in die folg beiden Stb: [1 fM, 3 Lm, 1 Km in die erste der 3 Lm und 1 fM], 3 fM, (die letzten 3 M bleiben unbehäkelt).

Den Faden abschneiden, durch die letzte Schlinge ziehen und das Fadenende vernähen.

Linker Flügel:

R11 3 fM, 3 M auslassen (diese bleiben unbehäkelt), dann die Nadel durch die folg M und die M stechen, die du zuletzt gehäkelt hast, und 1 fM hineinhäkeln. Ab jetzt den ganzen Flügel bis zur letzten M auf diese Art arbeiten und dabei durch beide Lagen häkeln, 2 fM, *jetzt hast du die beiden Stb erreicht, in diese häkelst du: [1 fM, 3 Lm, 1 Km in die erste der 3 Lm und 1 fM], 9 fM*, von * bis * noch 1× wdh, in die folg beiden Stb: [1 fM, 3 Lm, 1 Km in die erste der 3 Lm und 1 fM], 4 fM, 1 fM in die letzte übrig gebliebene M.

Den Faden abschneiden, durch die letzte Schlinge ziehen und das Fadenende vernähen.

Rechter Flügel

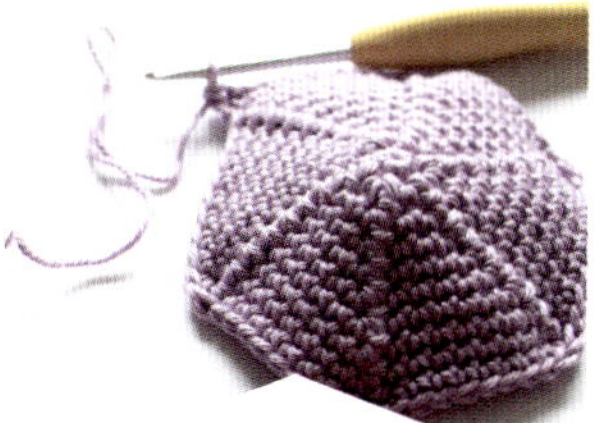

R11

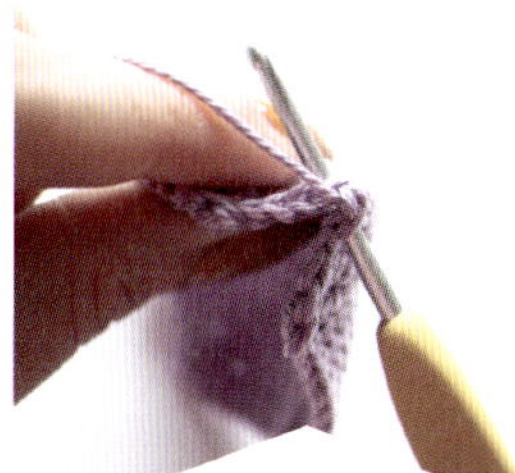

R11

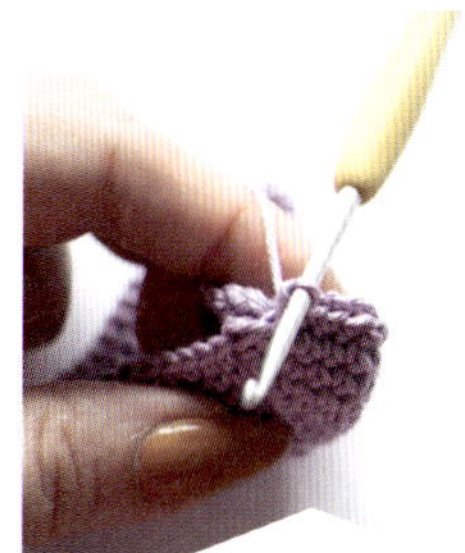

R11

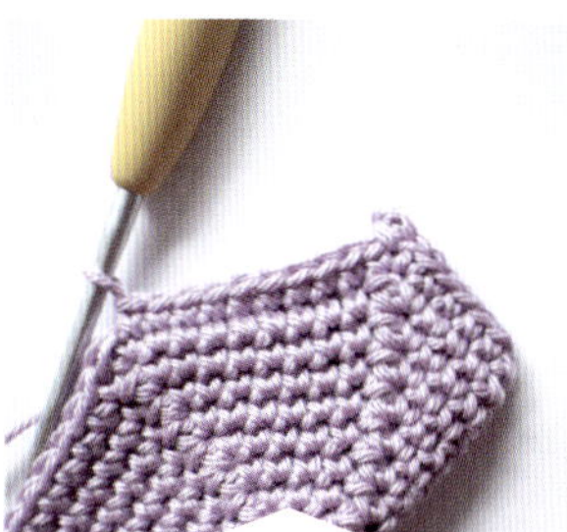

R11

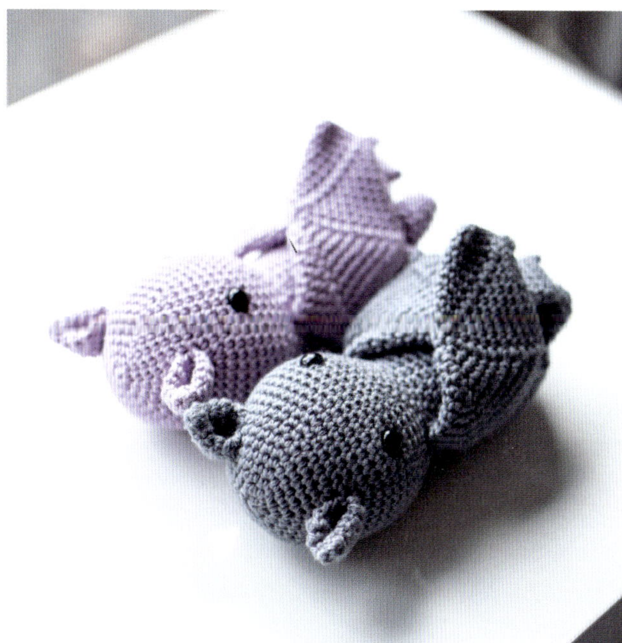

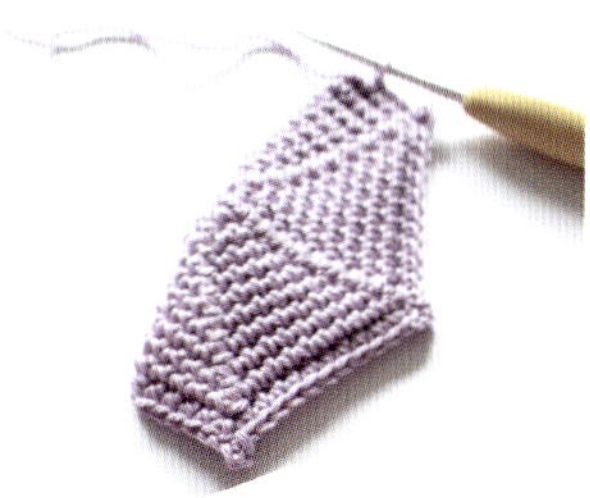

R11

Linker Flügel

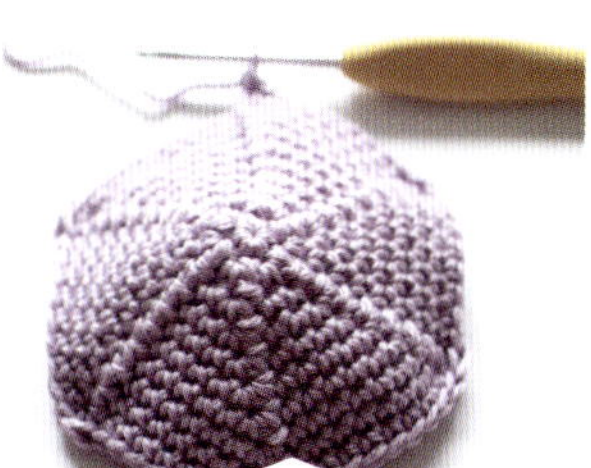

R11

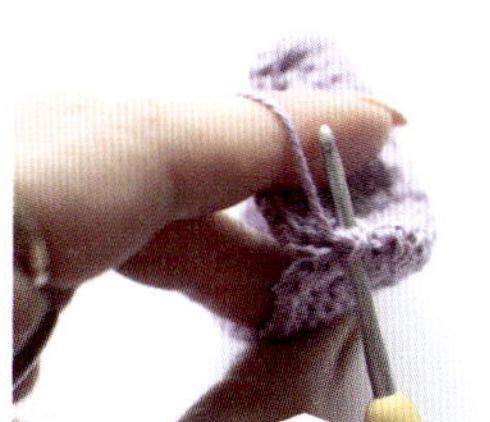

R11

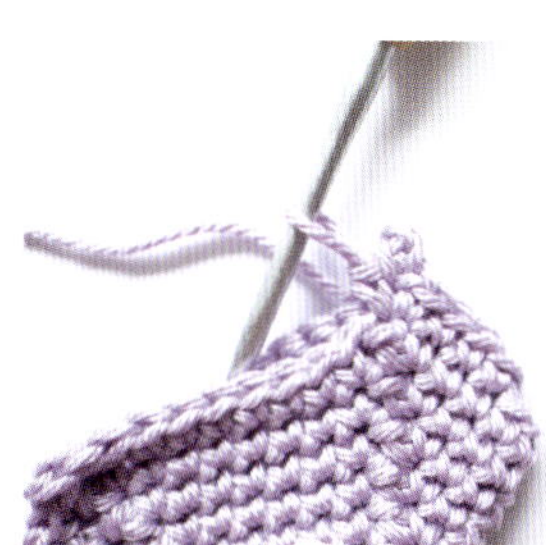

R11

KOPF

R1 Mit einem Fadenring beginnen, 6 fM in den Ring häkeln. (6)
R2 Rundum 2 fM in jede M. (12)
R3 *1 fM, 2 fM in die folg M*, rundum wdh. (18)
R4 *2 fM, 2 fM in die folg M*, rundum wdh. (24)
R5 *3 fM, 2 fM in die folg M*, rundum wdh. (30)
R6 *4 fM, 2 fM in die folg M*, rundum wdh. (36)
R7 11 fM, ein Ohr flach an den Kopf halten, 5 fM durch das Ohr und den Kopf häkeln (siehe Fotos), das Ohr hängen lassen und am Kopf weiterhäkeln, 15 fM, jetzt das zweite Ohr flach an den Kopf halten, dieses Ohr von der 6. bis zur 10. M festhäkeln, also 5 fM durch das Ohr und den Kopf häkeln. (36)

Die Ohren sind jetzt beide zur Hälfte befestigt.

R8 11 fM, jetzt das Ohr am Kopf zusammenfalten, du beginnst also ab der letzten M des Ohrs mit dem Zusammenhäkeln, 5 fM durch beide Lagen des Ohrs und den Kopf häkeln (siehe Fotos), 15 fM, das zweite Ohr zusammenfalten und von der fünften bis zur ersten M festhäkeln, also 5 fM durch beide Lagen des Ohrs und den Kopf häkeln. (36)
R9 *5 fM, 2 fM in die folg M*, rundum wdh. (42)
R10 *6 fM, 2 fM in die folg M*, rundum wdh. (48)
R11–R17 Rundum 1 fM in jede M. (48)
R18 *6 fM, 2 fM zus*, rundum wdh. (42)
R19 *5 fM, 2 fM zus*, rundum wdh. (36)
R20 *4 fM, 2 fM zus*, rundum wdh. (30)
R21 *3 fM, 2 fM zus*, rundum wdh. (24)

Die Sicherheitsaugen zwischen R15 und R16 befestigen, zwischen der 3. und 4. sowie der 14. und 15. M von R15.

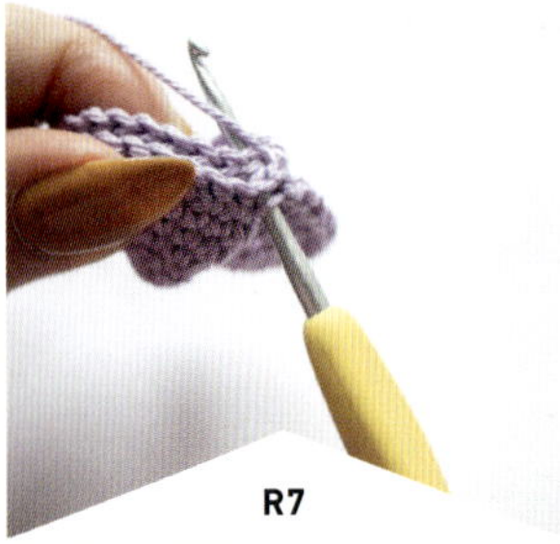
R7

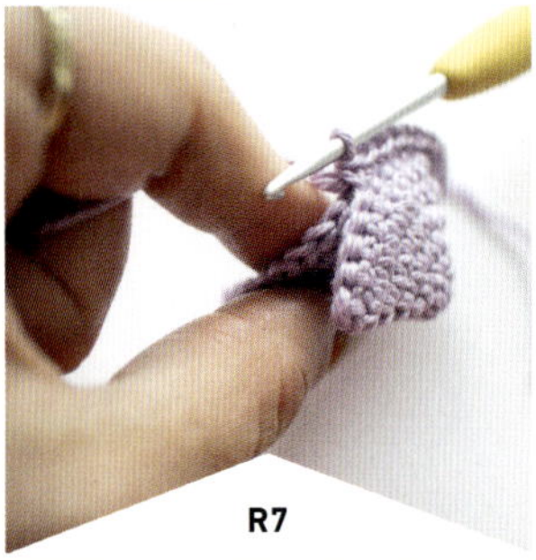
R7

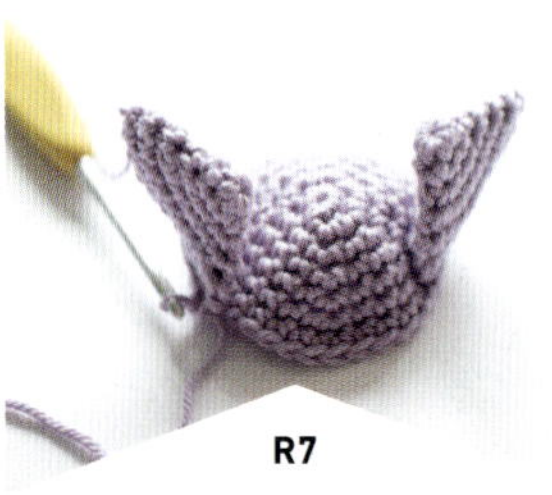
R7

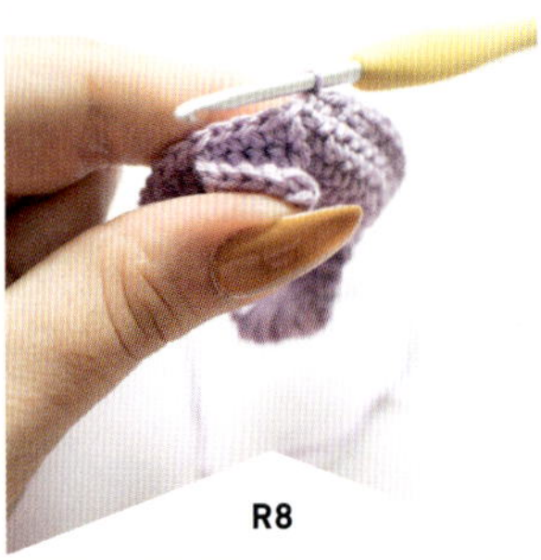
R8

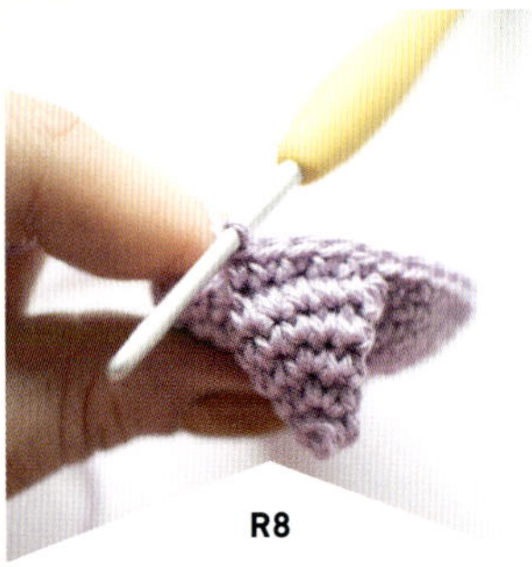
R8

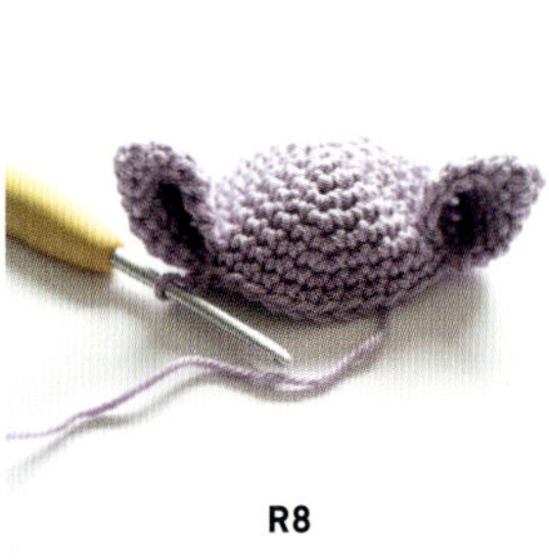
R8

KÖRPER

R22 Den rechten Flügel (den Flügel mit dem Fadenende neben den 3 unbehäkelten M) mit den 3 unbehäkelten fM an den Kopf halten (Achtung: nur durch eine Lage häkeln), jetzt 3 fM durch den Flügel und den Körper häkeln (siehe Foto), 6 fM, 3 fM durch die unbehäkelten 3 fM des zweiten Flügels und den Körper wie beim ersten Flügel beschrieben, 12 fM. (24)
R23 Rundum 1 fM in jede M. (24)
R24 *5 fM, 2 fM in die folg M*, rundum wdh. (28)
R25–R26 Rundum 1 fM in jede M. (28)
R27 *6 fM, 2 fM in die folg M*, rundum wdh. (32)
R28–R29 Rundum 1 fM in jede M. (32)
R30 *7 fM, 2 fM in die folg M*, rundum wdh. (36)
R31–R32 Rundum 1 fM in jede M. (36)
R33 *8 fM, 2 fM in die folg M*, rundum wdh. (40)
R34 Rundum 1 fM in jede M. (40)

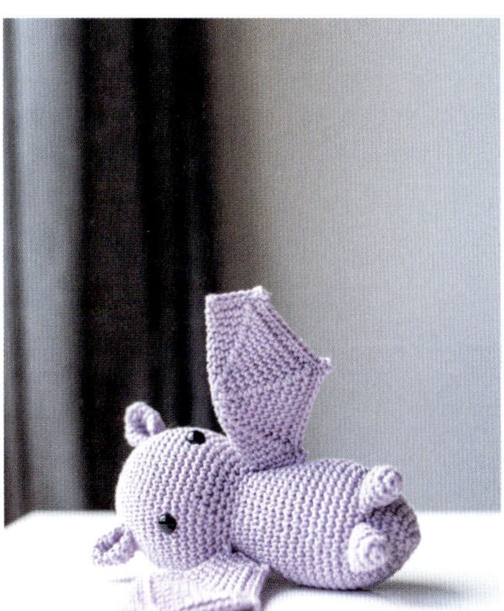

Den Kopf füllen und in Form bringen.

R35 *8 fM, 2 fM zus*, rundum wdh. (36)
R36 Rundum 1 fM in jede M. (36)
R37 *7 fM, 2 fM zus*, rundum wdh. (32)
R38 6 fM, ein Hinterbein an den Körper halten, 5 fM durch beide Lagen des Beins und den Körper häkeln, 1 fM, 5 fM durch beide Lagen des Beins und den Körper, 15 fM. (32)
R39 *6 fM, 2 fM zus*, rundum wdh. (28)
R40 *5 fM, 2 fM zus*, rundum wdh. (24)
R41 *4 fM, 2 fM zus*, rundum wdh. (20)
R42 *3 fM, 2 fM zus*, rundum wdh. (16)

Den Körper füllen und in Form bringen.

R43 *2 fM, 2 fM zus*, rundum wdh. (12)
R44 *1 fM, 2 fM zus*, rundum wdh. (8)

Den Faden abschneiden, dabei ein langes Ende stehen lassen, durch die vorderen M-Glieder der übrigen M ziehen und fest anziehen. Die Fadenenden vernähen. Das Fledermaus-Onesiegurumi ist fertig!

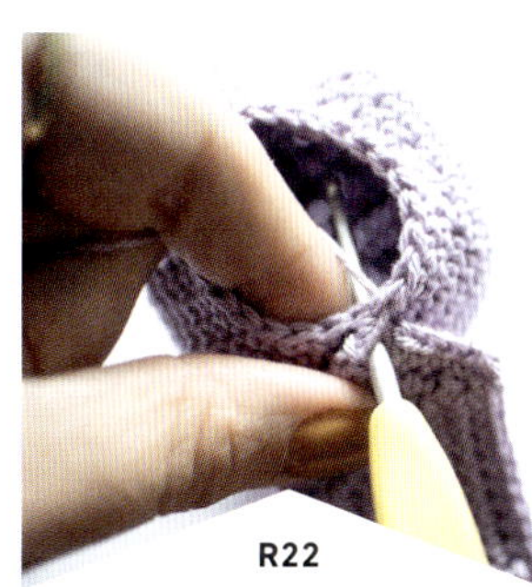

R22

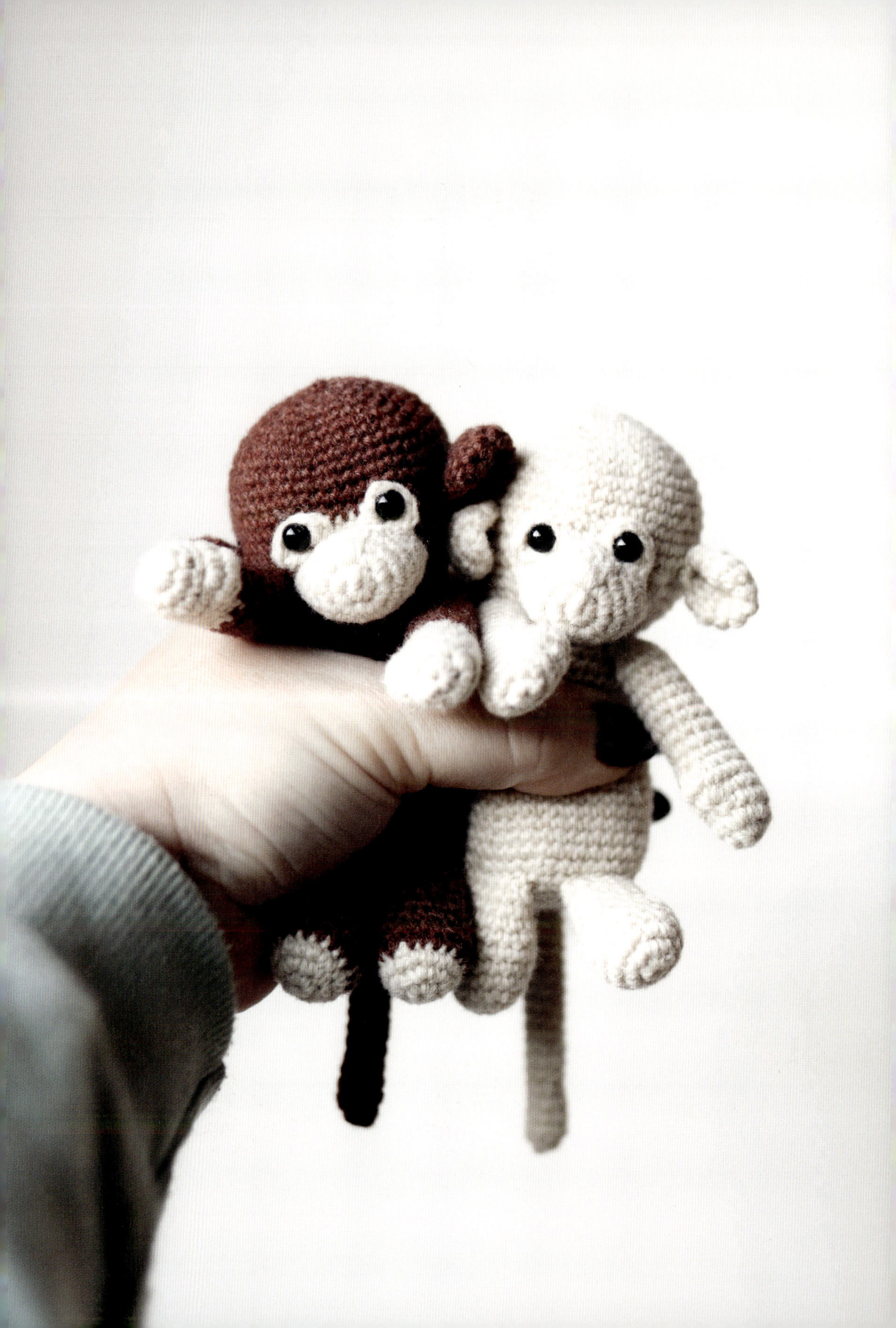

AFFE

TIPP Beachte auch die Tipps auf den Seiten 12 und 13: Allgemeines, Abnehmen und Häkeln mit mehreren Farben.

Schwierigkeitsgrad: 4 von 5

FÜR EINEN AFFEN (± 11 CM)

- Garn für Nadelstärke 2,5–3 mm. Ich habe Scheepjes Metropolis (Lauflänge 200m/50g) verwendet, je 1 Knäuel in Braun #062 (Valencia) und Creme #078 (Lyon) oder nur Creme #078 (Lyon).
- Schwarze Sicherheitsaugen 6 mm
- Häkelnadel 2 mm
- Polyester-Füllwatte
- Maschenmarkierer, Stopfnadel und Schere

OHREN (2 STÜCK)

R1 **In Braun** mit einem Fadenring beginnen, 6 fM in den Ring häkeln. (6)

R2 Rundum 2 fM in jede M. (12)

R3 *1 fM, 2 fM in die folg M*, rundum wdh. (18)

R4 Rundum 1 fM in jede M. (18)

R5 *1 fM, 2 fM zus*, rundum wdh. (12)

R6 Das Ohr nun von der Häkelnadel aus zusammenfalten und 6 fM durch beide Lagen häkeln (siehe Fotos). (6)

Den Faden abschneiden, durch die letzte Schlinge ziehen und die Fadenenden vernähen.

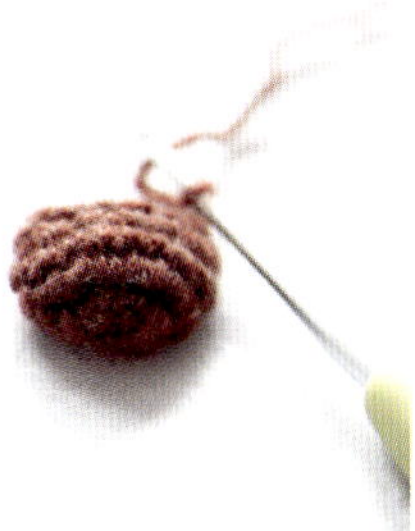

R6

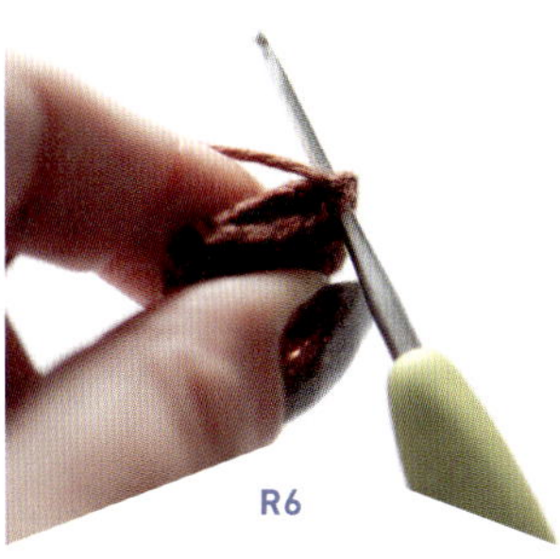

R6

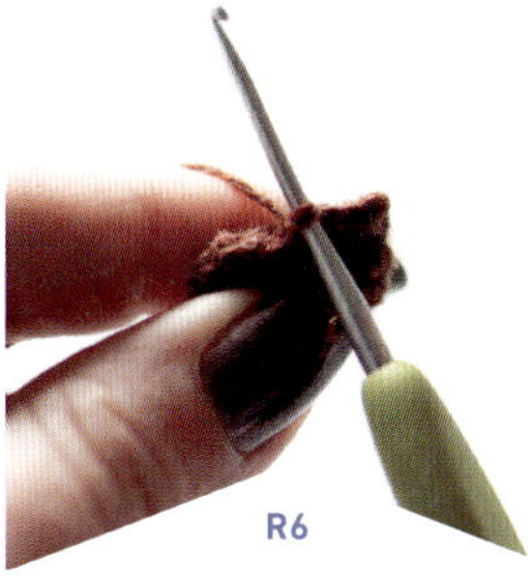

R6

Dies ist die Anleitung für den braunen Affen.
Für den cremefarbenen Affen ersetzt du Braun durch Creme.

SCHWANZ

R1 **In Braun** mit einem Fadenring beginnen, 6 fM in den Ring häkeln. (6)

R2 *2 fM, 2 fM in die folg M*, rundum wdh. (8)

R3–R20 Rundum 1 fM in jede M. (8)

Den Faden abschneiden, durch die letzte Schlinge ziehen und das Fadenende vernähen.

MAUL

Siehe Fotos unten

R1 **In Creme** mit einem Fadenring beginnen, 6 fM in den Ring häkeln. (6)

R2 Rundum 2 fM in jede M. (12)

R3 *1 fM, 2 fM in die folg M*, rundum wdh. (18)

R4 Jetzt 5 Stb in 1 M häkeln und dabei in die erste fM von R1 einstechen, also 2 Runden tiefer einstechen. Dabei um die ersten 2 fM von R3 herumhäkeln (du lässt sie also aus), dann bis zum Ende 1 fM in jede M häkeln. (21)

R5 Rundum 1 fM in jede M. (21)

R6 Nur in die vorderen M-Glieder: 5 Stb in die erste fM, 4 fM, 5 Stb in die folg fM, weiterhäkeln in beide M-Glieder: Bis zum Ende 1 fM in jede M häkeln, 1 Km ins erste Stb. (29)

Den Faden abschneiden, durch die letzte Schlinge ziehen und das Fadenende vernähen.

ARME (2 STÜCK)

R1 **In Creme** mit einem Fadenring beginnen, 6 fM in den Ring häkeln. (6)

R2 Rundum 2 fM in jede M. (12)

R3–R4 Rundum 1 fM in jede M. (12)

R5 4 fM in jede der folg 2 M, bis zum Ende 1 fM in jede M. (18)

R6 Rundum 1 fM in jede M. (18)

R7 2× 4 M zus, bis zum Ende 1 fM in jede M. (12)

In Braun weiterhäkeln, den cremefarbenen Faden abschneiden und vernähen.

R8–R9 Rundum 1 fM in jede M. (12)

Die Hand schon füllen, dabei auch etwas Füllung in den Daumen stopfen.

R10–R16 Rundum 1 fM in jede M. (12)

Den Arm füllen, aber nur so fest, dass er seine Form behält. Der obere Teil des Arms kann leer bleiben.

R17 *1 fM, 2 fM zus*, rundum wdh. (8)

Den Faden abschneiden, durch die letzte Schlinge ziehen und die Fadenenden vernähen.

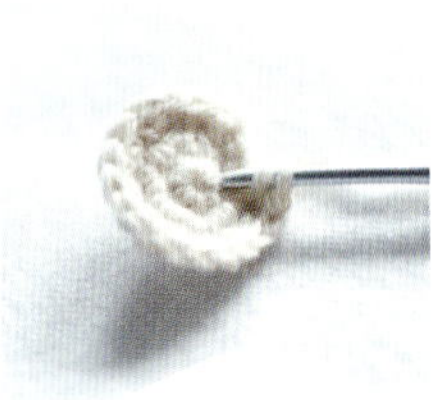
R5

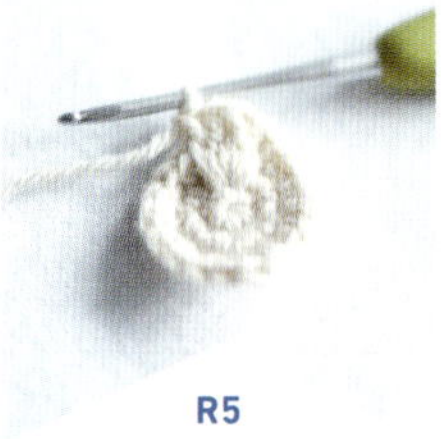
R5

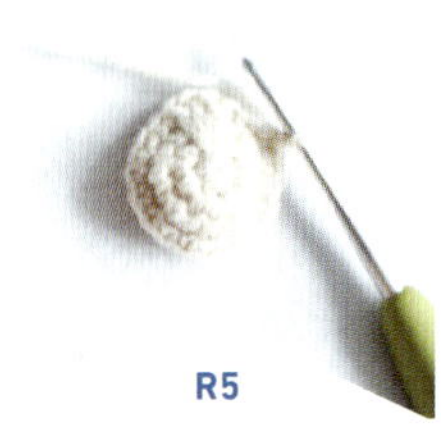
R5

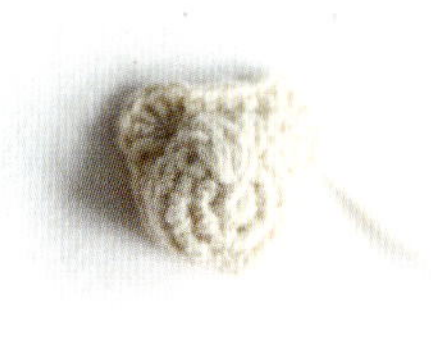
R6

Achtung: Nachfolgend findest du zwei Varianten der Beine. Die einfarbige Version wird in einem Stück in Spiralrunden gehäkelt. Die zweifarbige Variante wird nach jeder Runde mit einer Kettmasche geschlossen, sodass ein unauffälliger, weicher Übergang zwischen den zwei Farben entsteht. Wenn dir das Schließen der Runden zu kompliziert ist, kannst du für die zweifarbige Variante auch die Anleitung für die einfarbige Version nehmen. Dann ist der Farbübergang allerdings deutlich zu sehen.

ZWEIFARBIGE BEINE (2 STÜCK)

R1 **In Creme** mit einem Fadenring beginnen, 6 fM in den Ring häkeln, 1 Km in die erste fM. (6)

R2 1 Lm (diese zählt nicht als erste M, die erste fM wird also in dieselbe M gehäkelt, das gilt für das gesamte Modell), rundum 2 fM in jede M, 1 Km in die erste fM. (12)

R3 1 Lm, *1 fM, 2 fM in die folg M*, rundum wdh, 1 Km in die erste fM. (18)

In Braun weiterhäkeln, den cremefarbenen Faden abschneiden und vernähen.

R4–R5 1 Lm, rundum 1 fM in jede M, 1 Km in die erste fM. (18)

R6 1 Lm, *7 fM, 2 fM zus*, rundum wdh, 1 Km in die erste fM. (16)

R7 1 Lm, rundum 1 fM in jede M, 1 Km in die erste fM. (16)

R8 1 Lm, *6 fM, 2 fM zus*, rundum wdh, 1 Km in die erste fM. (14)

R9 1 Lm, rundum 1 fM in jede M, 1 Km in die erste fM. (14)

R10 1 Lm, *5 fM, 2 fM zus*, rundum wdh, 1 Km in die erste fM. (12)

R11 1 Lm, rundum 1 fM in jede M, 1 Km in die erste fM. (12)

Das Bein füllen, aber nur so fest, dass es seine Form behält. Der obere Teil des Beins kann leer bleiben. Den Faden abschneiden, durch die letzte Schlinge ziehen und die Fadenenden vernähen.

EINFARBIGE BEINE (2 STÜCK)

R1 **In Braun** mit einem Fadenring beginnen, 6 fM in den Ring häkeln. (6)

R2 Rundum 2 fM in jede M. (12)

R3 *1 fM, 2 fM in die folg M*, rundum wdh. (18)

R4–R5 Rundum 1 fM in jede M. (18)

R6 *7 fM, 2 fM zus*, rundum wdh. (16)

R7 Rundum 1 fM in jede M. (16)

R8 *6 fM, 2 fM zus*, rundum wdh. (14)

R9 Rundum 1 fM in jede M. (14)

R10 *5 fM, 2 fM zus*, rundum wdh. (12)

R11 Rundum 1 fM in jede M. (12)

Das Bein füllen, aber nur so fest, dass es seine Form behält. Der obere Teil des Beins kann leer bleiben. Den Faden abschneiden, durch die letzte Schlinge ziehen und die Fadenenden vernähen.

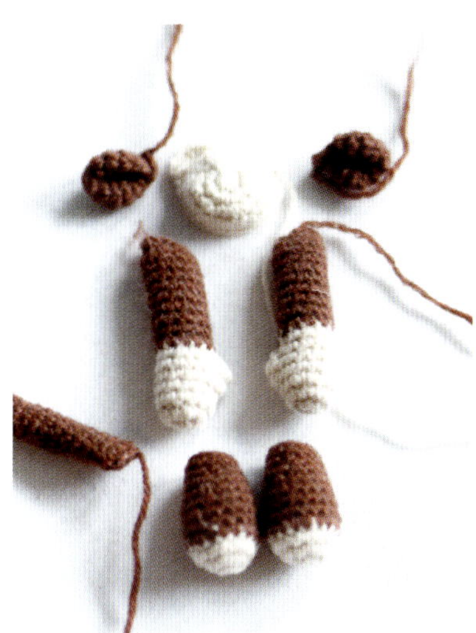

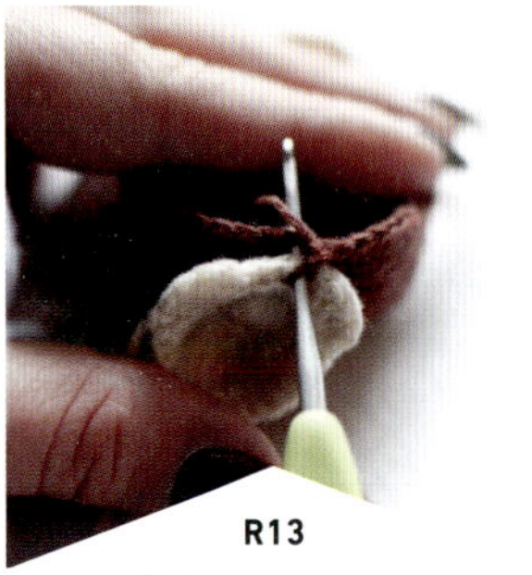
R13

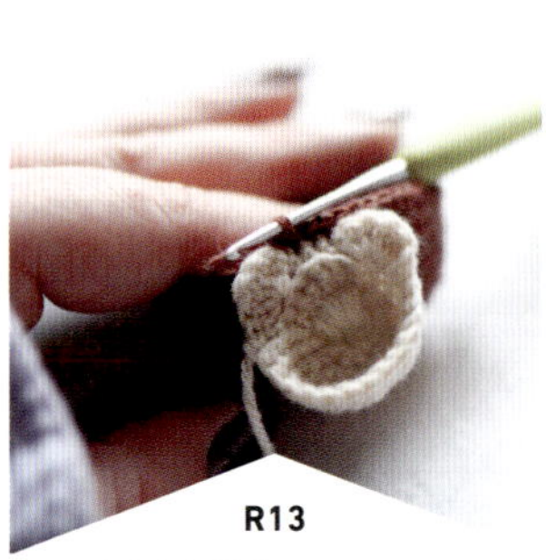
R13

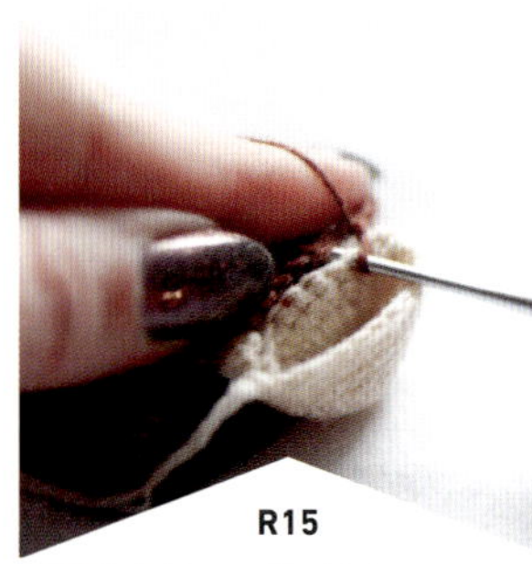
R15

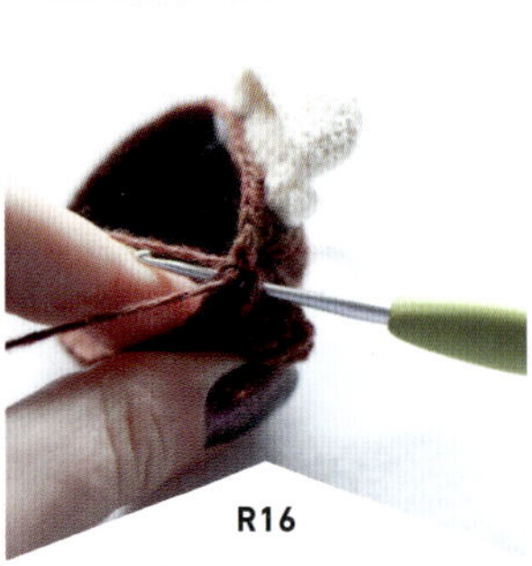
R16

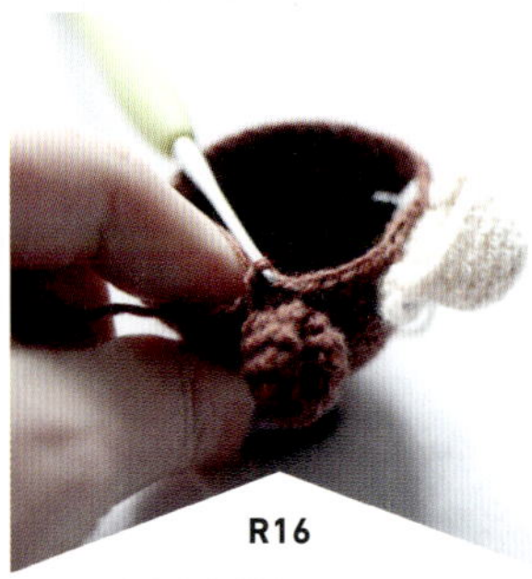
R16

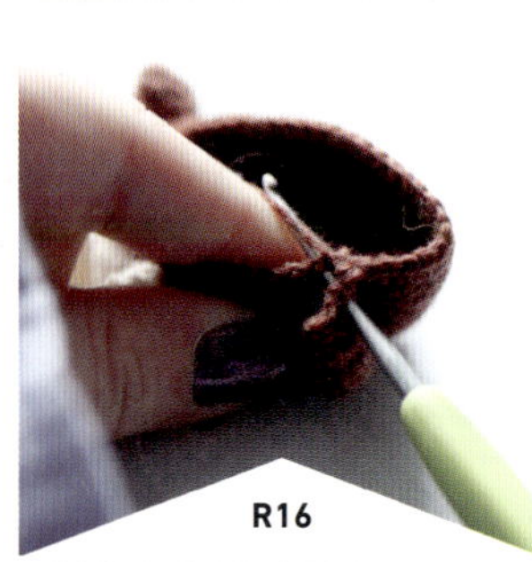
R16

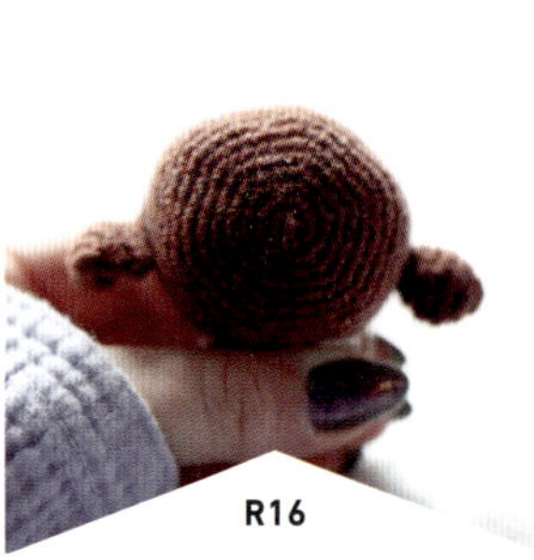
R16

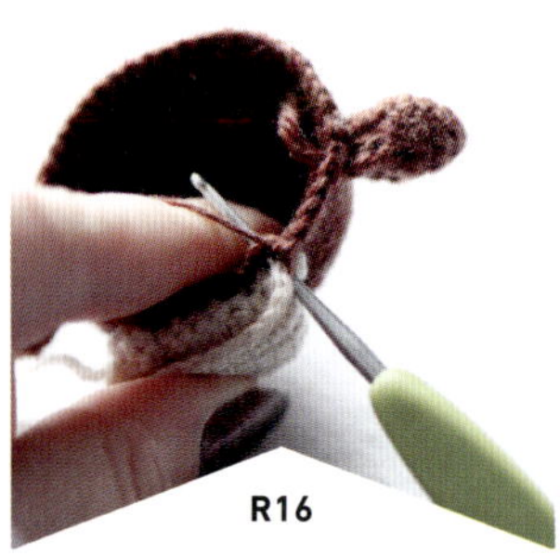
R16

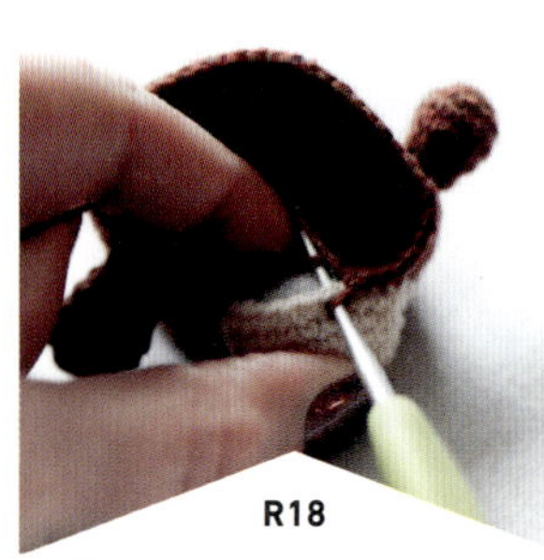
R18

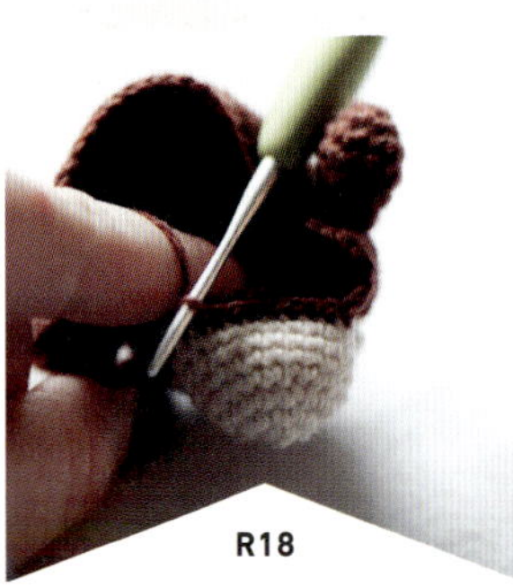
R18

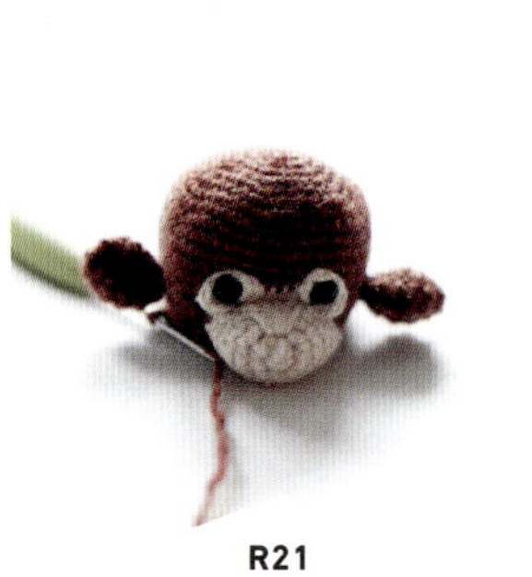
R21

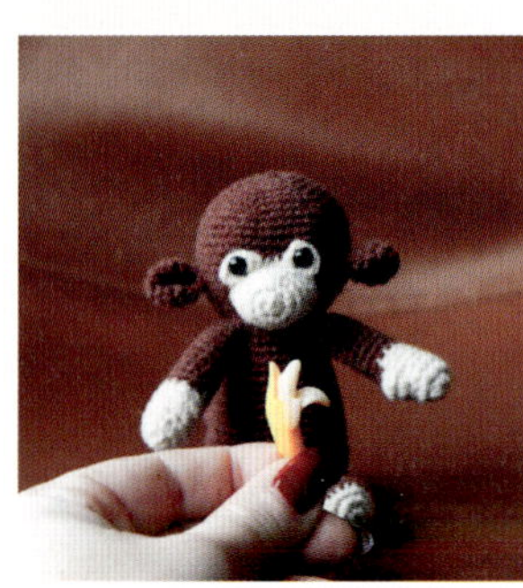

KOPF

R1 **In Braun** mit einem Fadenring beginnen, 6 fM in den Ring häkeln. (6)

R2 Rundum 2 fM in jede M. (12)

R3 *1 fM, 2 fM in die folg M*, rundum wdh. (18)

R4 *2 fM, 2 fM in die folg M*, rundum wdh. (24)

R5 *3 fM, 2 fM in die folg M*, rundum wdh. (30)

R6 *4 fM, 2 fM in die folg M*, rundum wdh. (36)

R7 *5 fM, 2 fM in die folg M*, rundum wdh. (42)

R8 *6 fM, 2 fM in die folg M*, rundum wdh. (48)

R9–R12 Rundum 1 fM in jede M. (48)

R13 7 fM, dann das Maul mit den Augenformen nach unten an den Kopf halten, 4 fM durch die 4 fM an der Oberseite des Mauls (zwischen den beiden Gruppen von je 5 Stb) und den Kopf häkeln, dabei sollten das Maul und der Kopf rechts auf rechts liegen. Danach über R12 weiterhäkeln, 37 fM (siehe Fotos). (48)

R14 Rundum 1 fM in jede M. (48)

R15 6 fM, dann 6 fM durch die unbehäkelten hinteren M-Glieder des Mauls und durch den Kopf häkeln (die Augenlider aus den 5 Stb kurz umknicken, damit sie nicht im Weg sind), über R14 weiterhäkeln, 5 fM, jetzt ein Ohr zusammenfalten, mit der Öffnung zur Häkelnadel an den Kopf halten, 3 fM durch beide Lagen des Ohrs und den Kopf häkeln, 25 fM, dann das zweite Ohr zusammenfalten, mit der geschlossenen Seite zur Häkelnadel an den Kopf halten, 3 fM durch beide Lagen des Ohrs und den Kopf häkeln (siehe Foto). (48)

R16 5 fM, 1 fM durch die erste fM des Mauls nach den 5 Stb und die folg fM des Kopfs von der Außenseite des Mauls aus häkeln (die Augenlider aus den 5 Stb kurz umknicken, damit sie nicht im Weg sind), über R15 weiterhäkeln, 6 fM, 1 fM durch die erste fM des Mauls vor den 5 Stb und die folg fM des Kopfs von der Innenseite des Mauls aus, 35 fM (siehe Fotos). (48)

R17 5 fM, 1 fM durch die folg fM des Mauls (von der Außenseite aus) und die folg fM des Kopfs häkeln, weiter über R16 häkeln, 7 fM, 1 fM durch die folg fM des Mauls (von der Innenseite aus) und die folgende fM des Kopfs häkeln, 34 fM. (48)

R18 3 fM, 2 fM zus, jetzt 10 fM durch die Unterseite des Mauls und den Kopf häkeln, um das Maul zu schließen, und zwischendurch das Maul füllen, 2 fM zus, 5 fM, 2 fM zus, *6 fM, 2 fM zus*, bis zum Ende von * bis * wdh. (42)

R19 *5 fM, 2 fM zus*, rundum wdh. (36)

R20 *4 fM, 2 fM zus*, rundum wdh. (30)

R21 *3 fM, 2 fM zus*, rundum wdh. (24)

Die Sicherheitsaugen in den Gruppen aus 5 Stb oben im Gesicht befestigen, auf der einen Seite zwischen der 2. und 3. M und auf der anderen Seite zwischen der 3. und 4. M. Dabei darauf achten, dass das Augenlid über dem Sicherheitsauge liegt. Gegebenenfalls kleinere Augen nehmen. Eventuell mit der Häkelnadel oder einer Stecknadel das Lid beim Befestigen der Augen an seinem Platz halten.

KÖRPER

R22 Einen Arm an den Kopf halten, 4 fM durch beide Lagen des Arms und den Körper häkeln, beim Befestigen darauf achten, dass die Daumen zueinander zeigen (siehe Fotos), 5 fM, 4 fM durch beide Lagen des zweiten Arms und den Körper wie beim ersten Arm, 11 fM. (24)

R23 *5 fM, 2 fM in die folg M*, rundum wdh. (28)

R24 Rundum 1 fM in jede M. (28)

R25 *6 fM, 2 fM in die folg M*, rundum wdh. (32)

R26–R27 Rundum 1 fM in jede M. (32)

R28 *7 fM, 2 fM in die folg M*, rundum wdh. (36)

R29–R30 Rundum 1 fM in jede M. (36)

R31 *8 fM, 2 fM in die folg M*, rundum wdh. (40)

R32–R33 Rundum 1 fM in jede M. (40)

Den Kopf füllen und in Form bringen.

R34 *9 fM, 2 fM in die folg M*, rundum wdh. (44)

R35–R36 Rundum 1 fM in jede M. (44)

R37 *10 fM, 2 fM in die folg M*, rundum wdh. (48)

R38 Rundum 1 fM in jede M. (48)

R39 *6 fM, 2 fM zus*, rundum wdh. (42)

R40 7 fM, ein Bein an den Körper halten, 6 fM durch beide Lagen des Beins und den Körper häkeln wie bei den Armen beschrieben, 2 fM, 6 fM durch beide Lagen des zweiten Beins und den Körper häkeln wie beim ersten Bein, 12 fM, jetzt 4 fM durch beide Lagen des Schwanzes und den Körper häkeln wie bei den Beinen beschrieben, 5 fM. (42)

R41 *5 fM, 2 fM zus*, rundum wdh. (36)

R42 *4 fM, 2 fM zus*, rundum wdh. (30)

R43 *3 fM, 2 fM zus*, rundum wdh. (24)

R44 *2 fM, 2 fM zus*, rundum wdh. (18)

Den Körper füllen und in Form bringen.

R45 *1 fM, 2 fM zus*, rundum wdh. (12)

Den Faden abschneiden, dabei ein langes Ende stehen lassen, durch die vorderen M-Glieder der übrigen M ziehen und fest anziehen. Das Fadenende vernähen. Das Affen-Onesiegurumi ist fertig!

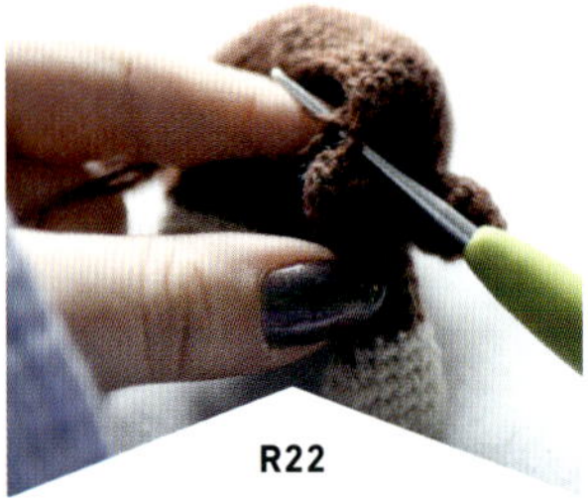

R22

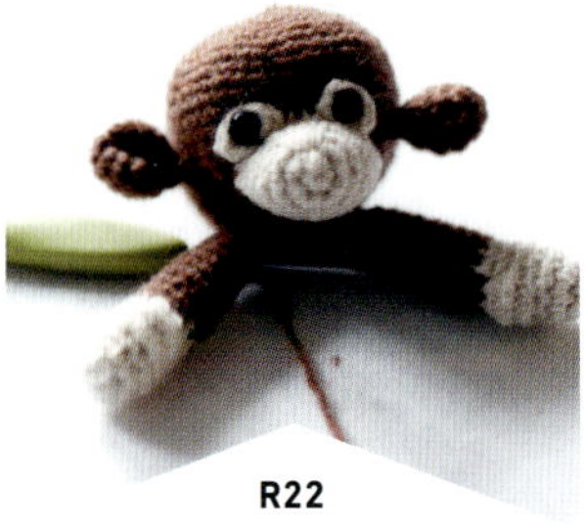

R22

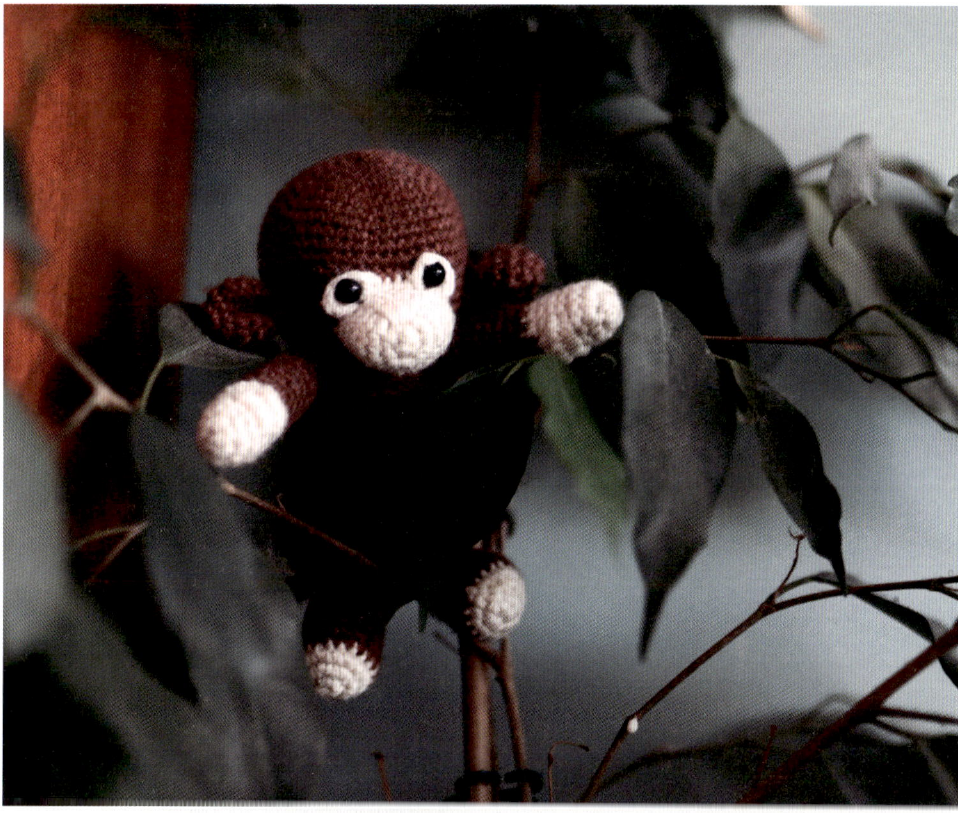

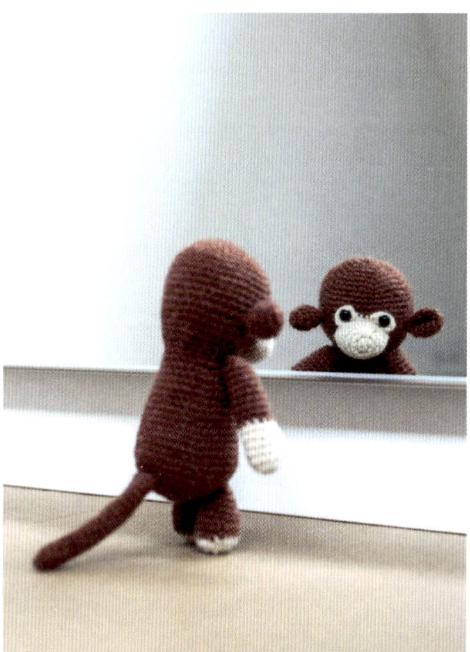

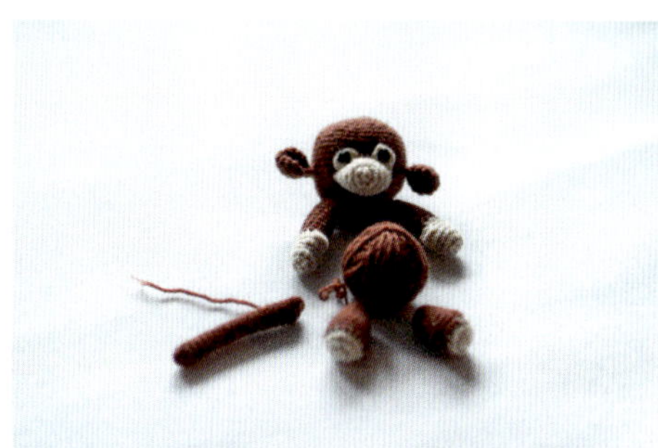

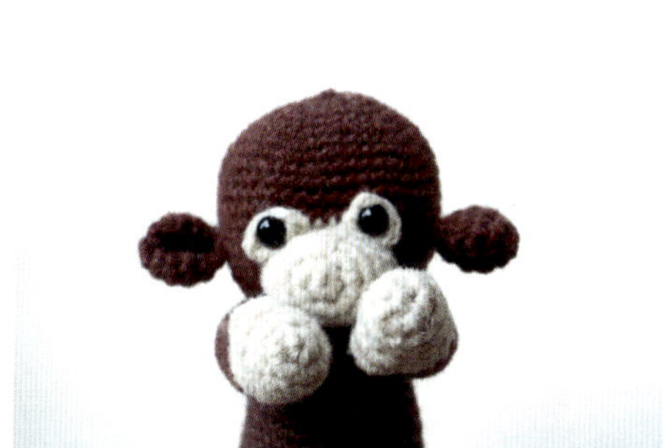

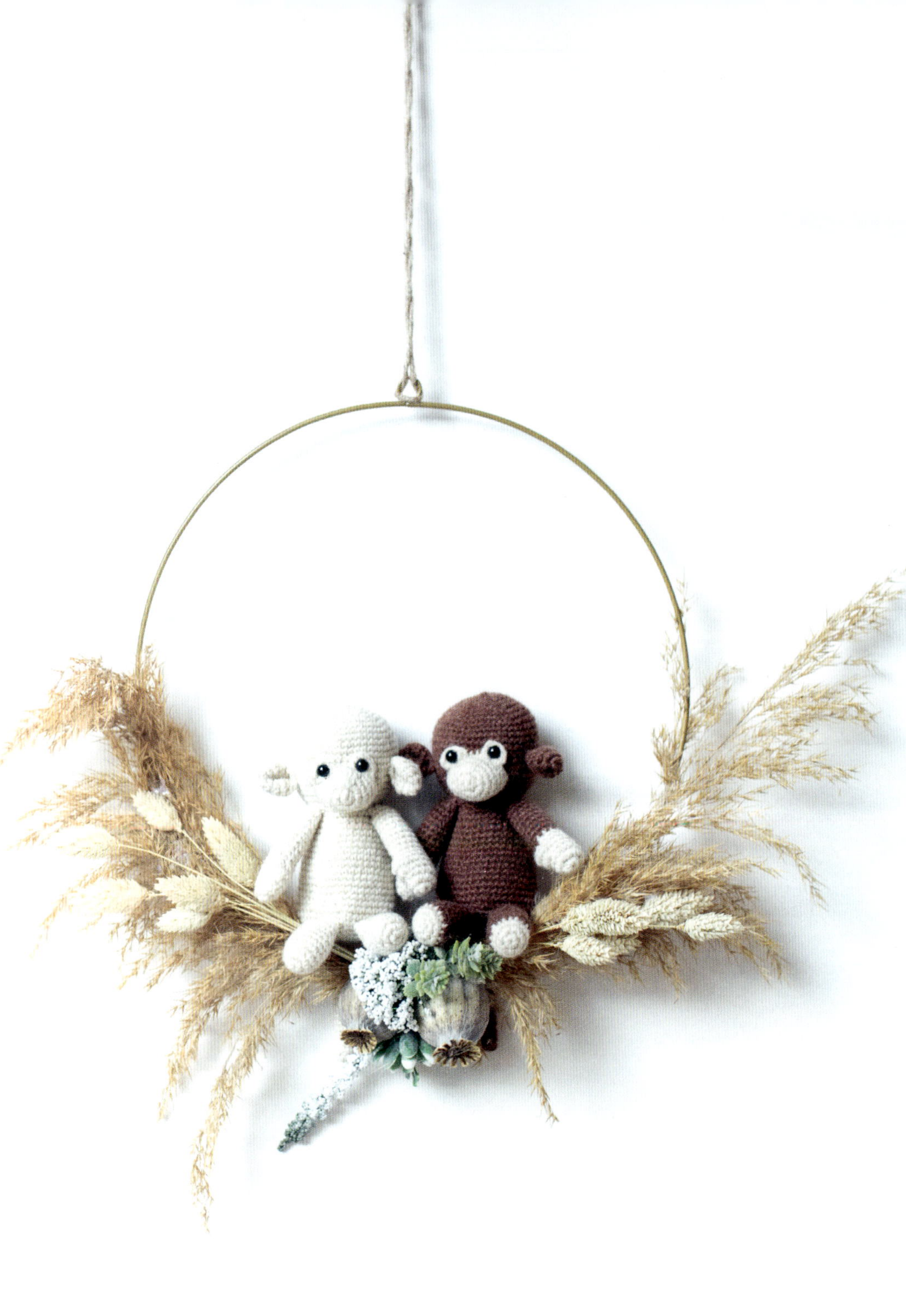

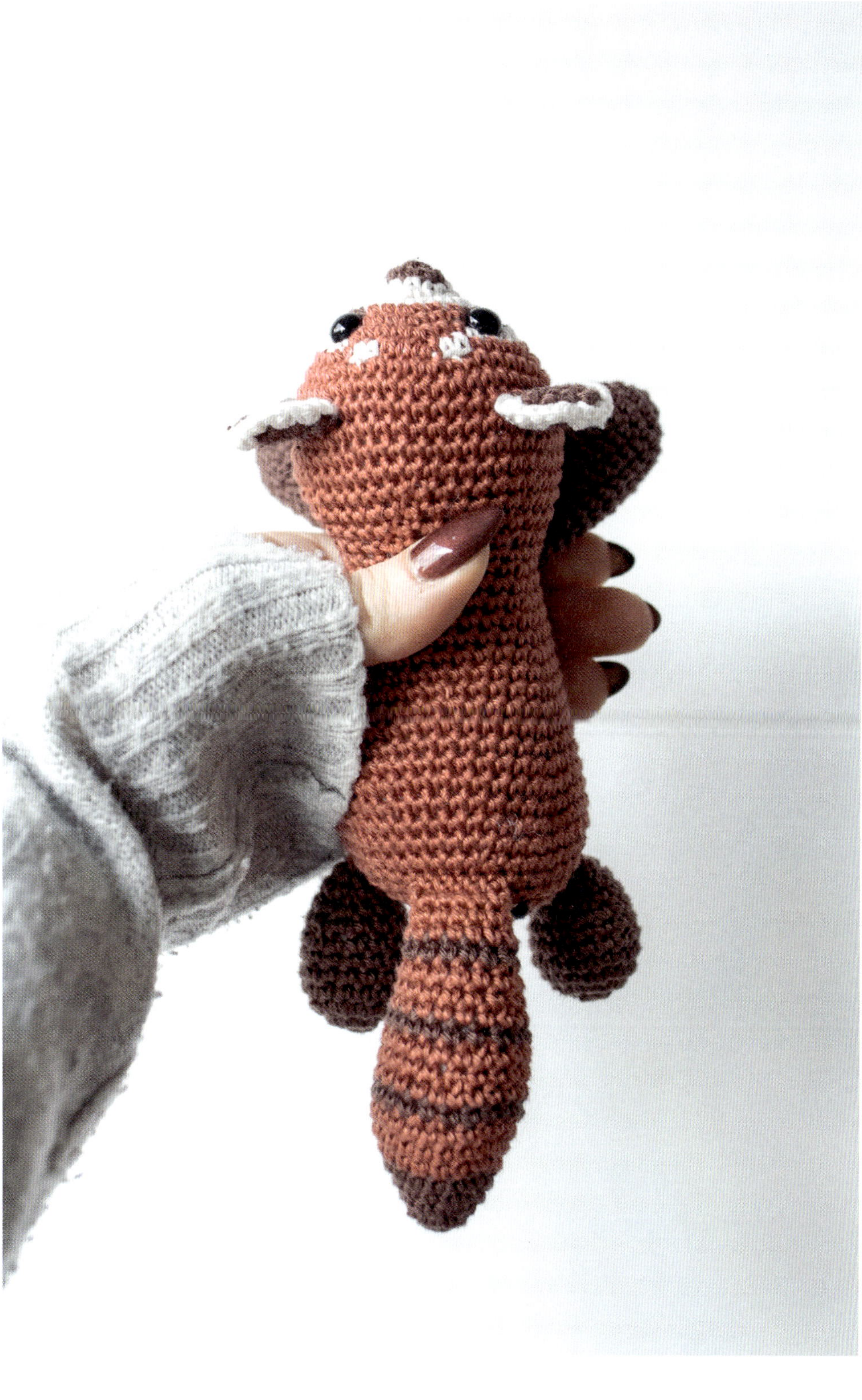

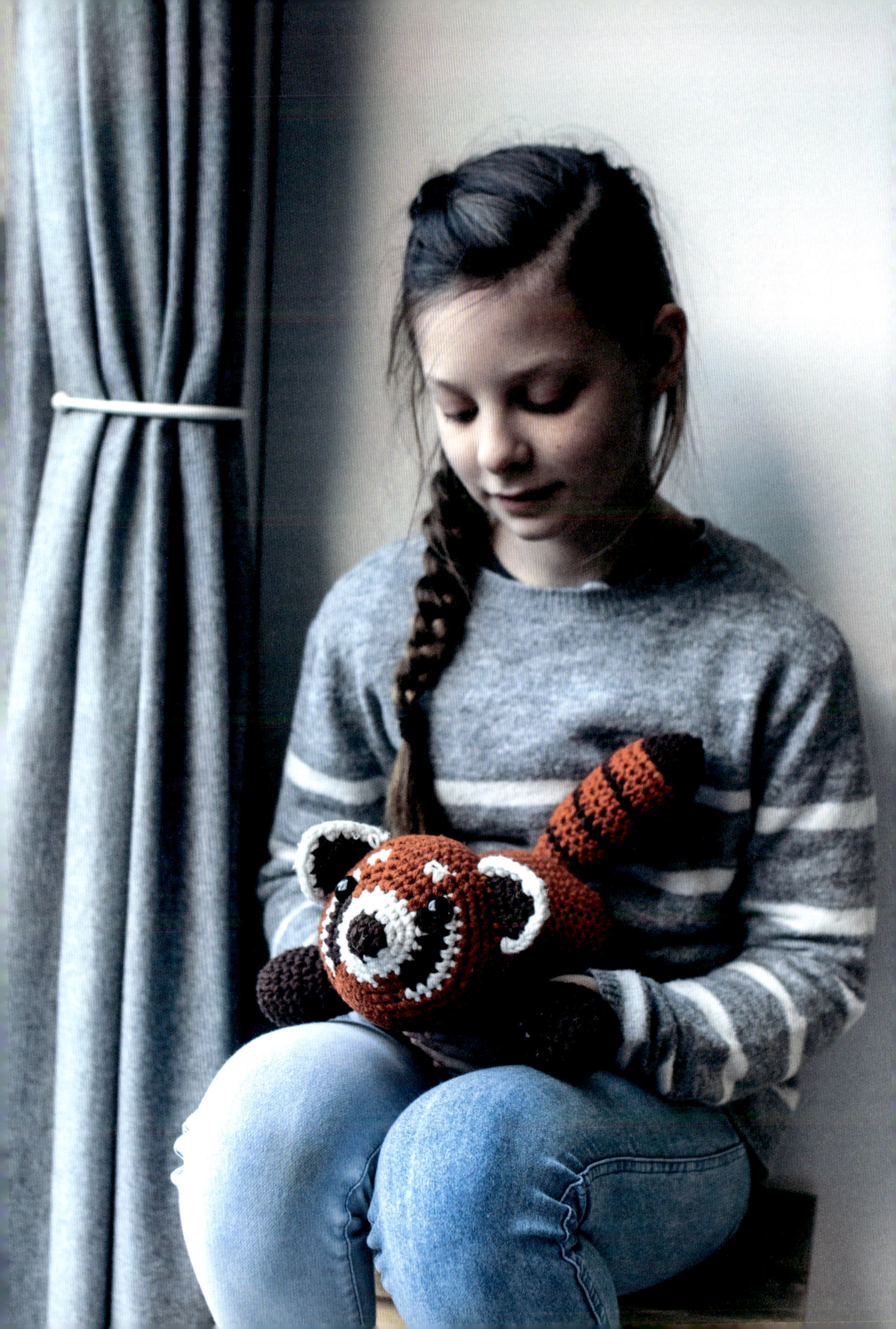

ROTER PANDA

Schwierigkeitsgrad: 4 von 5

FÜR DEN KLEINEN ROTEN PANDA
(± 20 CM EINSCHLIESSLICH SCHWANZ)

- Garn für Nadelstärke 2,5–3,5 mm. Ich habe Durable Coral (Lauflänge 125m/50g) verwendet, je 1 Knäuel in Rot #2207 (Ginger), Dunkelbraun #2229 (Chocolate) und Weiß #326 (Ivory).
- Schwarze Sicherheitsaugen 8 mm
- Häkelnadel 2,5 mm
- Polyester-Füllwatte
- Maschenmarkierer, Stopfnadel und Schere

FÜR DEN GROSSEN ROTEN PANDA
(± 37 CM EINSCHLIESSLICH SCHWANZ)

- Garn für Nadelstärke 5–7 mm. Ich habe Durable Cosy (Lauflänge 66m/50g) verwendet, je 1 Knäuel in Dunkelbraun #2230 (Dark Brown) und Weiß #326 (Ivory) sowie 2 Knäuel in Rot #2239 (Brick).
- Schwarze Sicherheitsaugen 15 mm
- Häkelnadel 5 mm
- Polyester-Füllwatte
- Maschenmarkierer, Stopfnadel und Schere

TIPP Beachte auch die Tipps auf den Seiten 12 und 13: Allgemeines, Abnehmen und Häkeln mit mehreren Farben.

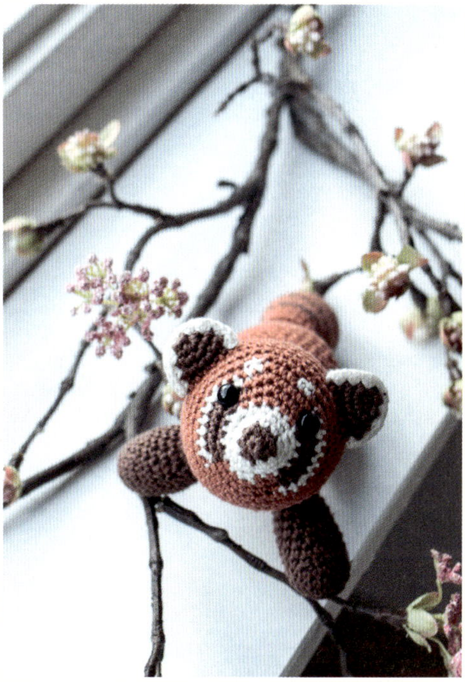

OHREN (2 STÜCK)

R1 **In Braun** mit einem Fadenring beginnen, 6 fM in den Ring häkeln. (6)
Den Fadenring nicht zu fest anziehen, sodass du später noch mit einer Häkelnadel hineinstechen kannst.

R2 *1 fM, 2 fM in die folg M*, rundum wdh. (9)

R3 *2 fM, 2 fM in die folg M*, rundum wdh. (12)

R4 Rundum 1 fM in jede M. (12)

R5 Den braunen Faden abschneiden und vernähen. Das Ohr flach falten. **In Weiß** mit einer Km in der untersten M auf der Seite des Ohrs anschlingen. Jetzt über die ganze Oberseite des Ohrs arbeiten (siehe Fotos). Hier siehst du immer eine M zwischen den Runden, in diese M häkelst du jedes Mal 2 fM – und das insgesamt 3×. Oben am Ohr die Häkelnadel durch die Mitte des Fadenrings stechen und wieder nach außen in die M darunter, hier 3 fM hineinhäkeln, jetzt an der anderen Seite 3× 2 fM in 1 M häkeln und 1 fM in die letzte M an der Ecke.

Den Faden abschneiden, durch die letzte Schlinge ziehen und das Fadenende vernähen.

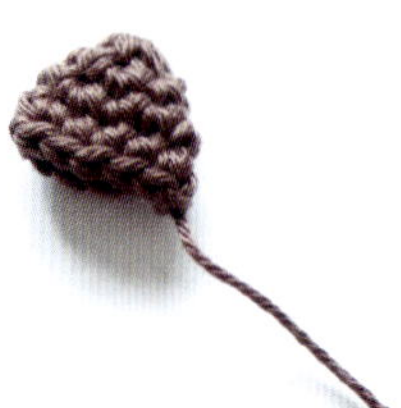
R4

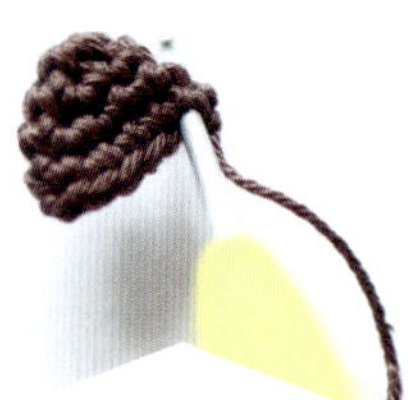
R5

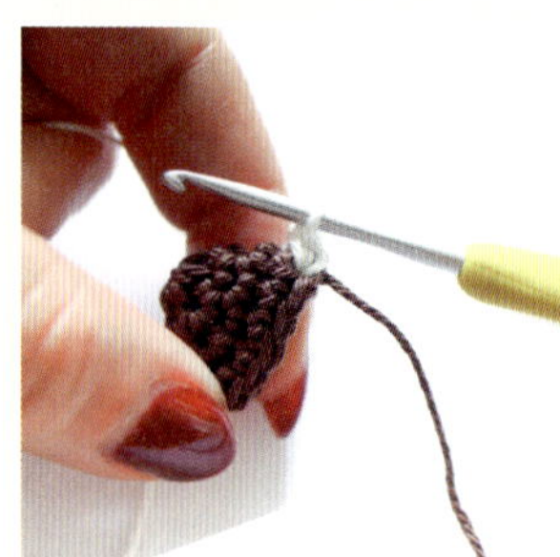
R5

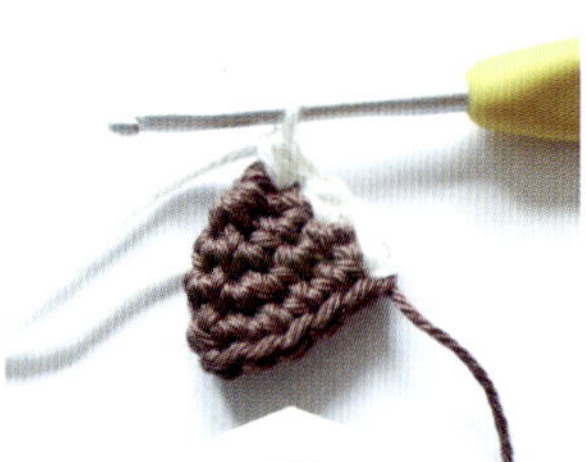
R5

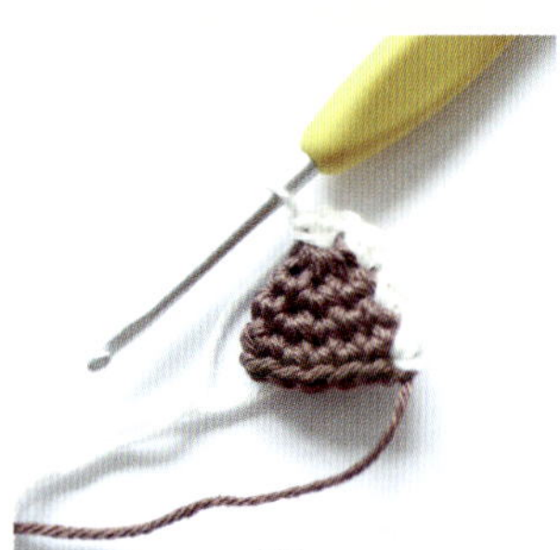
R5

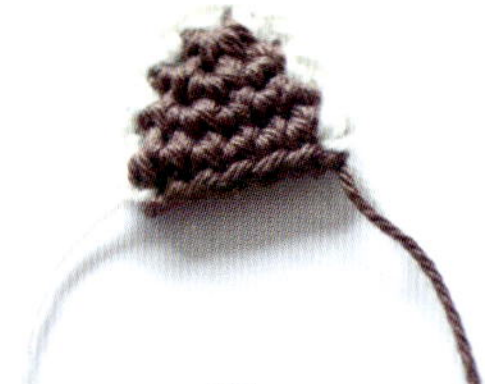
R5

SCHWANZ

R1 **In Braun** mit einem Fadenring beginnen, 6 fM in den Ring häkeln. (6)
R2 *1 fM, 2 fM in die folg M*, rundum wdh. (9)
R3 *2 fM, 2 fM in die folg M*, rundum wdh. (12)
R4 *3 fM, 2 fM in die folg M*, rundum wdh. (15)
R5 *4 fM, 2 fM in die folg M*, rundum wdh. (18)
R6 **In Rot** *5 fM, 2 fM in die folg M*, rundum wdh. (21)
R7 *6 fM, 2 fM in die folg M*, rundum wdh. (24)
R8 Rundum 1 fM in jede M. (24)
R9 **In Braun** *10 fM, 2 fM zus*, rundum wdh. (22)
R10 **In Rot** rundum 1 fM in jede M. (22)
R11 *9 fM, 2 fM zus*, rundum wdh. (20)
R12 Rundum 1 fM in jede M. (20)
R13 **In Braun** *8 fM, 2 fM zus*, rundum wdh. (18)
R14 **In Rot** rundum 1 fM in jede M. (18)
R15 *7 fM, 2 fM zus*, rundum wdh. (16)
R16 Rundum 1 fM in jede M. (16)
R17 **In Braun** *6 fM, 2 fM zus*, rundum wdh. (14)
R18 **In Rot** (den braunen Faden abschneiden) rundum 1 fM in jede M. (14)
R19 *5 fM, 2 fM zus*, rundum wdh. (12)
R20 Rundum 1 fM in jede M. (12)

Den Schwanz füllen, aber nur so fest, dass er seine Form behält. Der obere Teil des Schwanzes kann leer bleiben. Den Faden abschneiden, durch die letzte Schlinge ziehen und das Fadenende vernähen.

VORDERBEINE (2 STÜCK)

R1 **In Braun** mit einem Fadenring beginnen, 6 fM in den Ring häkeln. (6)
R2 Rundum 2 fM in jede M. (12)
R3 *1 fM, 2 fM in die folg M*, rundum wdh. (18)
R4–R5 Rundum 1 fM in jede M. (18)
R6 *7 fM, 2 fM zus*, rundum wdh. (16)
R7 Rundum 1 fM in jede M. (16)
R8 *6 fM, 2 fM zus*, rundum wdh. (14)
R9 Rundum 1 fM in jede M. (14)
R10 *5 fM, 2 fM zus*, rundum wdh. (12)
R11 Rundum 1 fM in jede M. (12)
R12 *4 fM, 2 fM zus*, rundum wdh. (10)
R13 Rundum 1 fM in jede M. (10)

Das Vorderbein füllen, aber nur so fest, dass es seine Form behält. Der obere Teil des Beins kann leer bleiben.

R14 *3 fM, 2 fM zus*, rundum wdh. (8)

Den Faden abschneiden, durch die letzte Schlinge ziehen und die Fadenenden vernähen.

HINTERBEINE (2 STÜCK)

R1–R11 wie beim Vorderbein beschrieben häkeln. Das Hinterbein füllen, aber nur so fest, dass es seine Form behält. Der obere Teil des Beins kann leer bleiben. Den Faden abschneiden, durch die letzte Schlinge ziehen und das Fadenende vernähen.

KOPF

R1 **In Braun** mit einem Fadenring beginnen, 6 fM in den Ring häkeln. (6)

R2 *1 fM, 2 fM in die folg M*, rundum wdh. (9)

R3 **In Weiß** *2 fM, 2 fM in die folg M*, rundum wdh. (12)

R4 *3 fM, 2 fM in die folg M*, rundum wdh. (15)

R5 *4 fM, 2 fM in die folg M*, rundum wdh. (18)

R6 **In Rot** 2 fM, **in Braun** 2 fM in die folg M, 2 fM, 2 fM in die folg M, **in Rot** 2 fM, 2 fM in die folg M, 2 fM, **in Braun** 2 fM in die folg M, 2 fM, 2 fM in die folg M, **in Rot** 2 fM, 2 fM in die folg M. (24)

R7 **In Rot** 2 fM, **in Braun** 1 fM, 2 fM in die folg M, 3 fM, 2 fM in die folg M, **in Rot** 3 fM, 2 fM in die folg M, 2 fM, **in Braun** 1 fM, 2 fM in die folg M, 3 fM, 2 fM in die folg M, **in Rot** 3 fM, 2 fM in die folg M. (30) Den braunen Faden abschneiden, durch die letzte Schlinge ziehen und vernähen.

R8 **In Rot** 2 fM, **in Weiß** 2 fM, 2 fM in die folg M, 4 fM, 2 fM in die folg M, **in Rot** 4 fM, 2 fM in die folg M, 2 fM, **in Weiß** 2 fM, 2 fM in dic folg M, 4 fM, 2 fM in die folg M, **in Rot** 4 fM, 2 fM in die folg M. (36)

R9 **In Rot** 5 fM, 2 fM in die folg M, 5 fM, 2 fM in die folg M, 1 fM, **in Weiß** 2 fM, **in Rot** 2 fM, 2 fM in die folg M, **in Weiß** 2 fM, **in Rot** 3 fM, 2 fM in die folg M, 5 fM, 2 fM in die folg M, 6 fM. (41) Den weißen Faden abschneiden, durch die letzte Schlinge ziehen und vernähen (siehe Foto).

R10 6 fM, 2 fM in die folg M, 6 fM, 2 fM in die folg M, 1 fM, nur in die hinteren M-Glieder: 2 fM, in beide M-Glieder weiterhäkeln, 3 fM, 2 fM in die folg M, nur in die hinteren M-Glieder: 2 fM, in beide M-Glieder weiterhäkeln, 4 fM, 2 fM in die folg M, 6 fM, 2 fM in die folg M, 6 fM. (46)

R11 Rundum 1 fM in jede M. (46)

R12 11 fM, ein Ohr rechts auf rechts an den Kopf halten, 6 fM durch beide Lagen des Ohrs und den Kopf häkeln (siehe Fotos), 10 fM, dann das zweite Ohr rechts auf rechts an den Kopf halten, 6 fM durch beide Lagen des Ohrs und den Kopf häkeln, 13 fM. (46)

R13–R15 Rundum 1 fM in jede M. (46)

R16 *6 fM, 2 fM zus*, noch 4× wdh, 6 fM. (41)

R17 *5 fM, 2 fM zus*, noch 4× wdh, 6 fM. (36)

R18 *4 fM, 2 fM zus*, rundum wdh. (30)

R19 *3 fM, 2 fM zus*, rundum wdh. (24)

Die Sicherheitsaugen zwischen R7 und R8 befestigen, zwischen der 10. und 11. sowie der 18. und 19. M von R7.

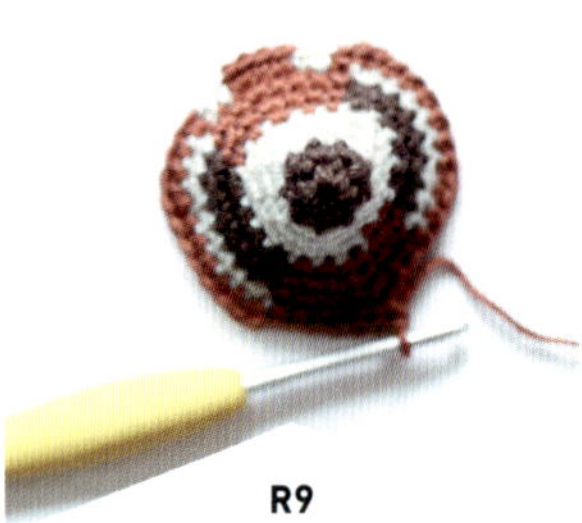
R9

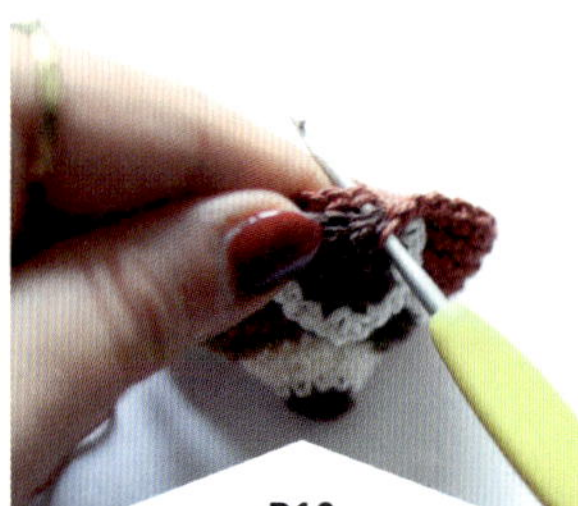
R12

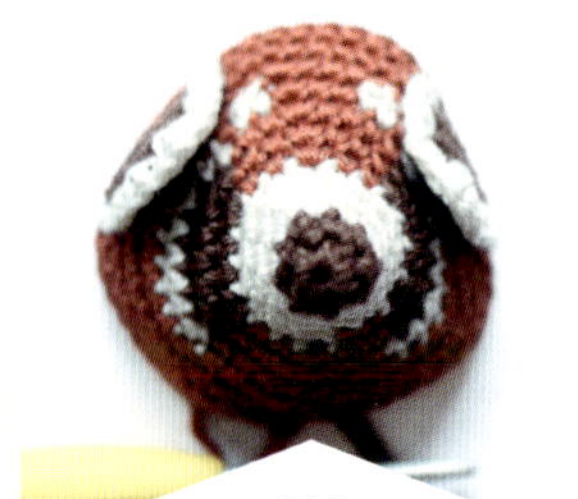
R12

KÖRPER

R20 2 fM, ein Vorderbein an den Kopf halten, 4 fM durch beide Lagen des Beins und den Körper häkeln (siehe Fotos), 14 fM, 4 fM durch beide Lagen des zweiten Vorderbeins und den Körper wie beim ersten Bein. (24)
R21 *5 fM, 2 fM in die folg M*, rundum wdh. (28)
R22 Rundum 1 fM in jede M. (28)
R23 *6 fM, 2 fM in die folg M*, rundum wdh. (32)
R24–R25 Rundum 1 fM in jede M. (32)
R26 *7 fM, 2 fM in die folg M*, rundum wdh. (36)
R27–R28 Rundum 1 fM in jede M. (36)
R29 *8 fM, 2 fM in die folg M*, rundum wdh. (40)
R30–R31 Rundum 1 fM in jede M. (40)

Den Kopf füllen und in Form bringen.

R32 *9 fM, 2 fM in die folg M*, rundum wdh. (44)
R33–R34 Rundum 1 fM in jede M. (44)
R35 *10 fM, 2 fM in die folg M*, rundum wdh. (48)
R36 Rundum 1 fM in jede M. (48)
R37 *6 fM, 2 fM zus*, rundum wdh. (42)
R38 10 fM, ein Hinterbein an den Körper halten, 6 fM durch beide Lagen des Beins und den Körper häkeln wie bei den Vorderbeinen beschrieben, 7 fM, 6 fM durch beide Lagen des Schwanzes und den Körper häkeln wie beim Hinterbein beschrieben, 7 fM, dann 6 fM durch beide Lagen des zweiten Hinterbeins und den Körper häkeln wie beim ersten Bein beschrieben. (42)
R39 *5 fM, 2 fM zus*, rundum wdh. (36)
R40 *4 fM, 2 fM zus*, rundum wdh. (30)
R41 *3 fM, 2 fM zus*, rundum wdh. (24)
R42 *2 fM, 2 fM zus*, rundum wdh. (18)

Den Körper füllen und in Form bringen.

R43 *1 fM, 2 fM zus*, rundum wdh. (12)

Den Faden abschneiden, dabei ein langes Ende stehen lassen, durch die vorderen M-Glieder der übrigen M ziehen und fest anziehen. Das Fadenende vernähen. Das Panda-Onesiegurumi ist fertig!

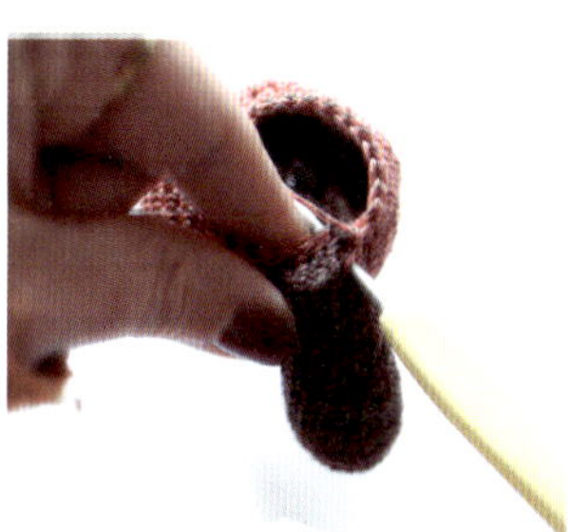

R20

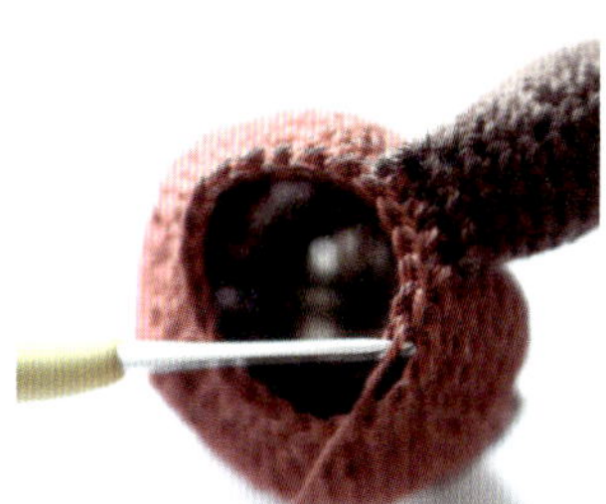

R20

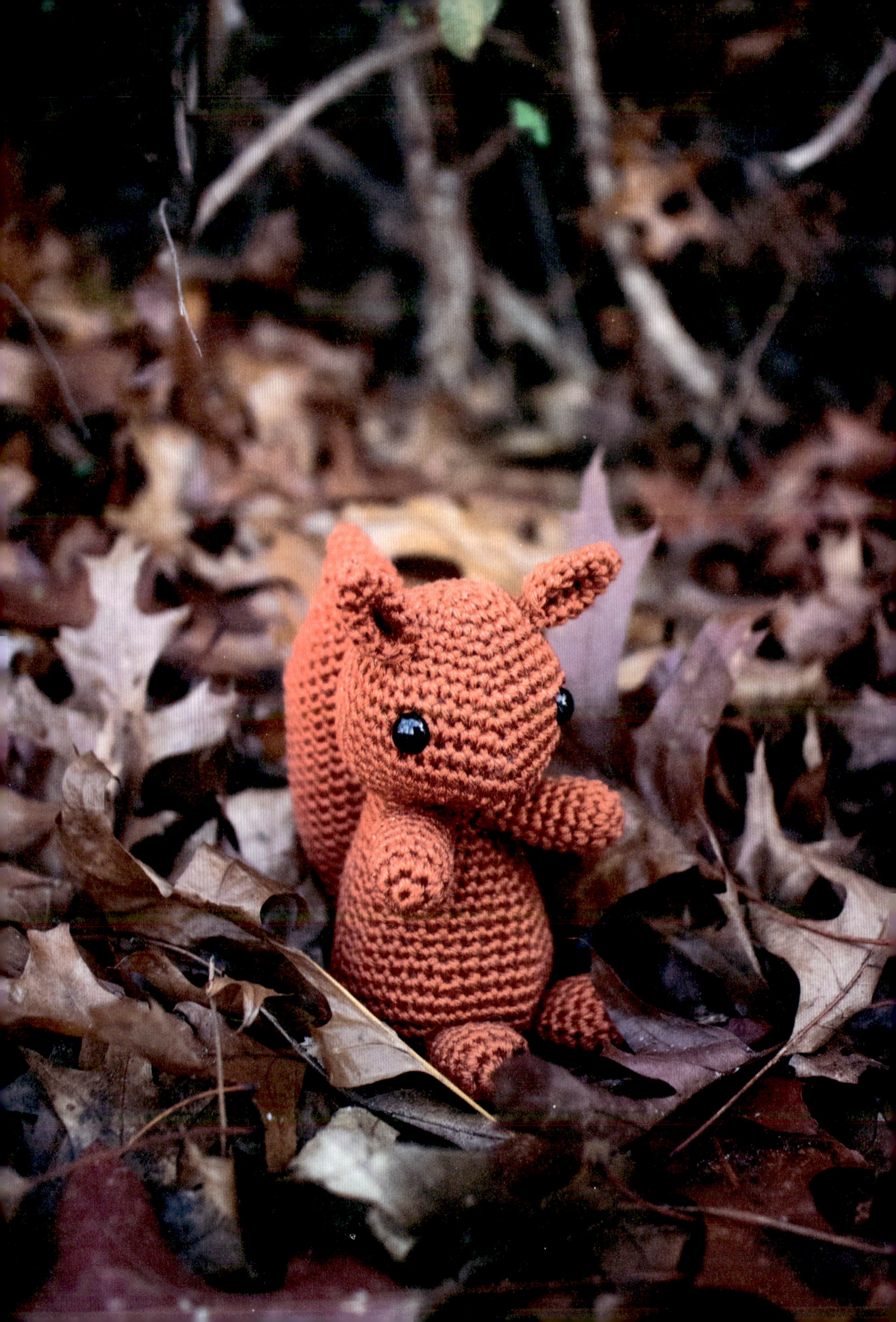

EICHHÖRNCHEN

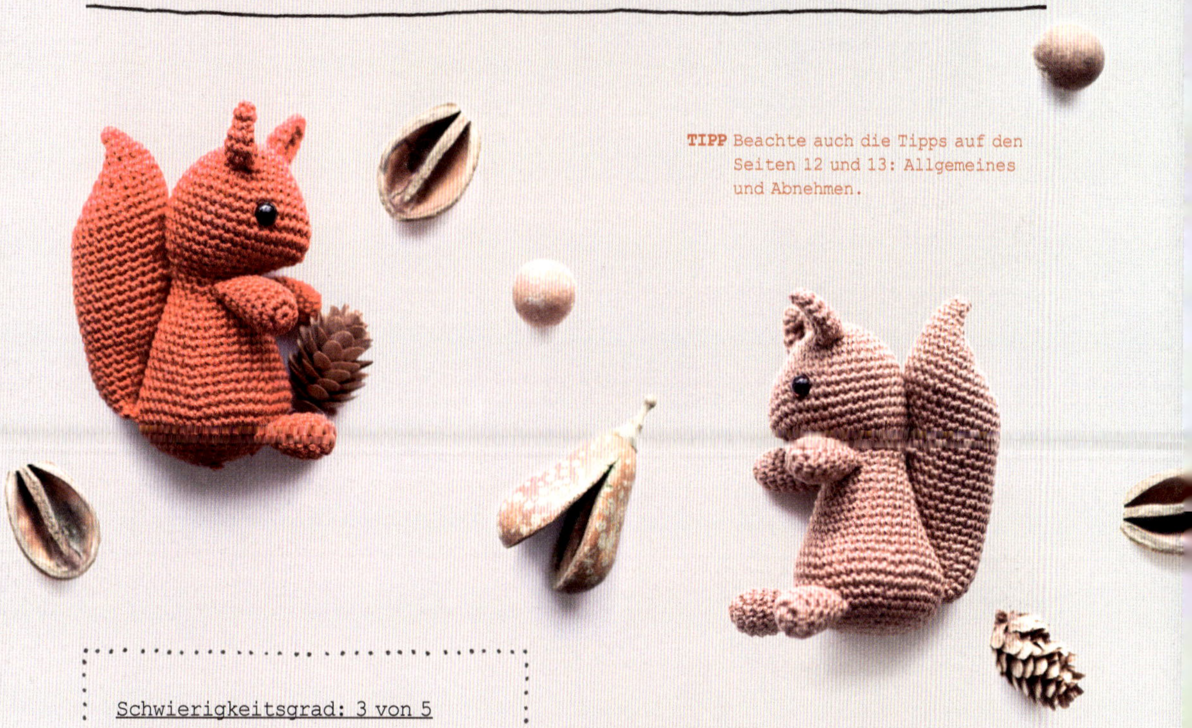

TIPP Beachte auch die Tipps auf den Seiten 12 und 13: Allgemeines und Abnehmen.

Schwierigkeitsgrad: 3 von 5

FÜR DAS EICHHÖRNCHEN (± 11,5 CM)

- Garn für Nadelstärke 2,5–3,5 mm. Ich habe Durable Coral (Lauflänge 125 m/50 g) verwendet, 1 Knäuel in Rotbraun #2239 (Brick) oder Braun #2223 (Liver).
- Schwarze Sicherheitsaugen 8 mm
- Häkelnadel 2,5 mm
- Polyester-Füllwatte
- Maschenmarkierer, Stopfnadel und Schere

OHREN (2 STÜCK)

R1 Mit einem Fadenring beginnen, 6 fM in den Ring häkeln. (6)

R2 Rundum 1 fM in jede M. (6)

R3 *1 fM, 2 fM in die folg M*, rundum wdh. (9)

R4 *2 fM, 2 fM in die folg M*, rundum wdh. (12)

R5 Rundum 1 fM in jede M. (12)

R6 Das Ohr flach falten und 6 fM durch beide Lagen häkeln. (6)

Den Faden abschneiden, durch die letzte Schlinge ziehen und die Fadenenden vernähen.

SCHWANZ

R1 Mit einem Fadenring beginnen, 6 fM in den Ring häkeln. (6)
R2 Rundum 1 fM in jede M. (6)
R3 *1 fM, 2 fM in die folg M*, rundum wdh. (9)
R4 *2 fM, 2 fM in die folg M*, rundum wdh. (12)
R5 6 hStb, 6 fM (12)
R6 2 fM in jede der folg 6 M, 6 fM. (18)
R7 12 hStb, 6 fM. (18)
R8 3 fM, 2 fM in jede der folg 6 M, 9 fM. (24)
R9 3 fM, 12 hStb, 9 fM. (24)
R10 6 fM, 2 fM in jede der folg 6 M, 12 fM. (30)
R11 6 fM, 12 hStb, 12 fM. (30)
R12 Rundum 1 fM in jede M. (30)
R13 24 fM, 3× 2 fM zus. (27)
R14–R15 Rundum 1 fM in jede M. (27)
R16 2 fM zus, 21 fM, 2× 2 fM zus. (24)
R17 Rundum 1 fM in jede M. (24)
R18 22 fM, 2 fM nur in die hinteren M-Glieder häkeln. (24)
R19 1 fM nur in das hintere M-Glied häkeln, dann weiter in beide M-Glieder, 23 fM. (24)
R20 Rundum 1 fM in jede M. (24)
R21 22 fM, 2 fM zus. (23)
R22 2 fM zus, 21 fM. (22)
R23 20 fM, 2 fM zus. (21)
R24 2 fM zus, 19 fM. (20)
R25 18 fM, 2 fM zus. (19)
R26 2 fM zus, 17 fM. (18)

Den oberen Teil des Schwanzes füllen und in Form bringen.

R27 16 fM, 2 fM zus. (17)
R28 2 fM zus, 15 fM. (16)
R29 14 fM, 2 fM zus. (15)
R30 2 fM zus, 13 fM. (14)
R31 12 fM, 2 fM zus. (13)
R32 2 fM zus, 6 fM, nun einen M-Markierer zusammen in die fünfte und sechste fM einhängen, 5 fM. (12)

Den Faden abschneiden, durch die letzte Schlinge ziehen und das Fadenende vernähen. Nun auch den unteren Teil des Schwanzes füllen. Der Markierer zeigt an, wo der Schwanz später am Körper befestigt werden soll, und wird darum noch nicht entfernt.

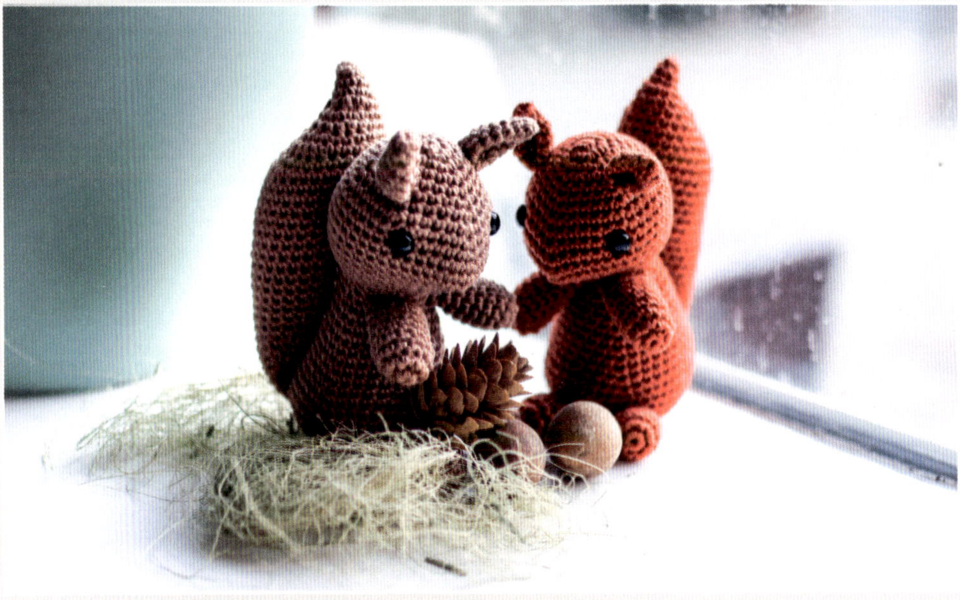

VORDERBEINE (2 STÜCK)

R1 Mit einem Fadenring beginnen, 6 fM in den Ring häkeln. (6)
R2 Rundum 2 fM in jede M. (12)
R3–R8 Rundum 1 fM in jede M. (12)

Das Vorderbein füllen, aber nur so fest, dass es seine Form behält. Der obere Teil des Beins kann leer bleiben.

R9 *1 fM, 2 fM zus*, rundum wdh. (8)

Den Faden abschneiden, durch die letzte Schlinge ziehen und die Fadenenden vernähen.

HINTERBEINE (2 STÜCK)

R1 Mit einem Fadenring beginnen, 6 fM in den Ring häkeln. (6)
R2 Rundum 2 fM in jede M. (12)
R3–R6 Rundum 1 fM in jede M. (12)

Das Hinterbein füllen, aber nur so fest, dass es seine Form behält. Der obere Teil des Beins kann leer bleiben.

R7 *1 fM, 2 fM zus*, rundum wdh. (8)

Den Faden abschneiden, durch die letzte Schlinge ziehen und die Fadenenden vernähen.

KOPF

R1 Mit einem Fadenring beginnen, 6 fM in den Ring häkeln. (6)
R2 Rundum 2 fM in jede M. (12)
R3 *1 fM, 2 fM in die folg M*, rundum wdh. (18)
R4 *2 fM, 2 fM in die folg M*, rundum wdh. (24)
R5 7 fM, ein Ohr zusammenfalten, mit der Öffnung zur Häkelnadel an den Kopf halten, 3 fM durch beide Lagen des Ohrs und den Kopf häkeln (siehe Foto), 11 fM, dann das zweite Ohr zusammenfalten, mit der geschlossenen Seite zur Häkelnadel an den Kopf halten (siehe Foto), 3 fM durch beide Lagen des Ohrs und den Kopf häkeln. (24)
R6 *3 fM, 2 fM in die folg M*, rundum wdh. (30)
R7 *4 fM, 2 fM in die folg M*, rundum wdh. (36)
R8 4 fM, 2 fM in die folg M, 31 fM. (37)
R9 5 fM, 2 fM in die folg M, 31 fM. (38)
R10 6 fM, 2 fM in die folg M, 31 fM. (39)
R11 7 fM, 2 fM in die folg M, 31 fM. (40)
R12 8 fM, 2 fM in die folg M, 31 fM. (41)
R13 Rundum 1 fM in jede M. (41)
R14 5 fM, 5× 2 fM zus, 26 fM. (36)
R15 1 fM, 6× 2 fM zus, 23 fM. (30)
R16 *3 fM, 2 fM zus*, rundum wdh. (24)
R17 *2 fM, 2 fM zus*, rundum wdh. (18)

Die Sicherheitsaugen zwischen R10 und R11 befestigen, zwischen der 1. und 2. sowie der 13. und 14. M von R10.

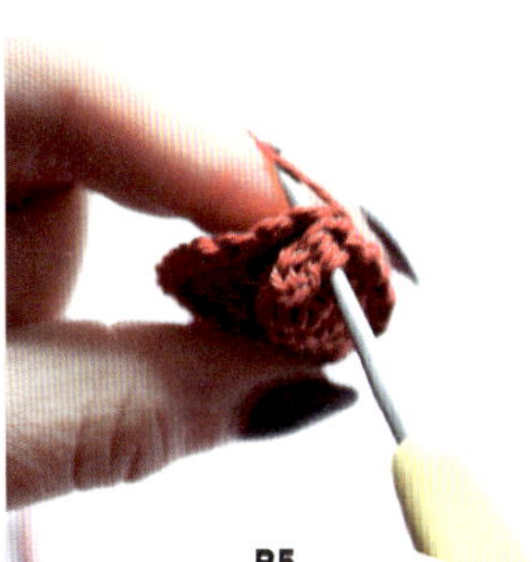
R5

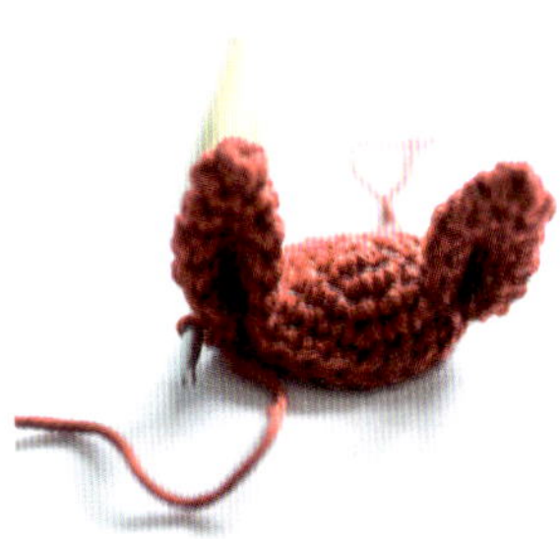
R5

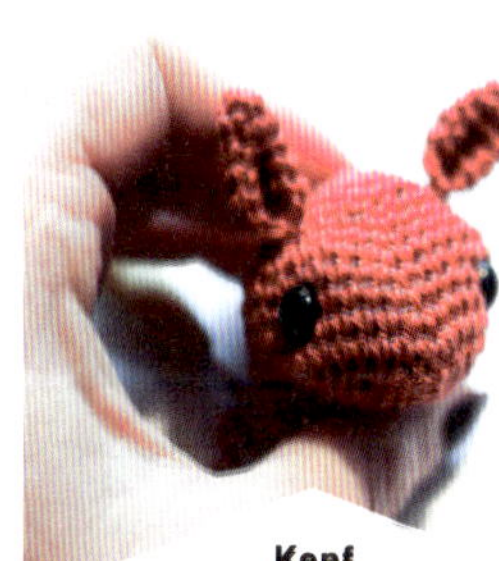
Kopf

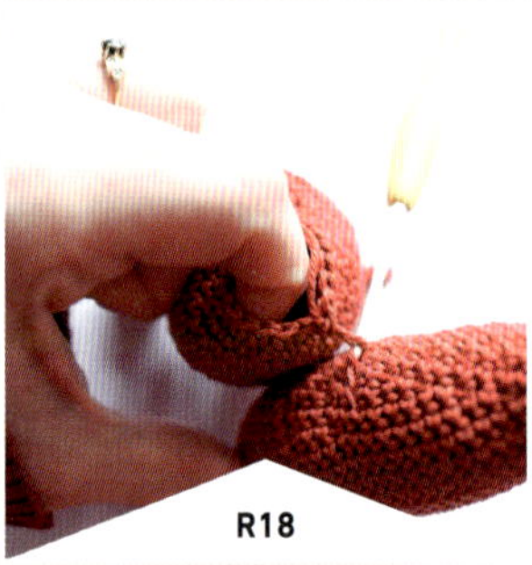
R18

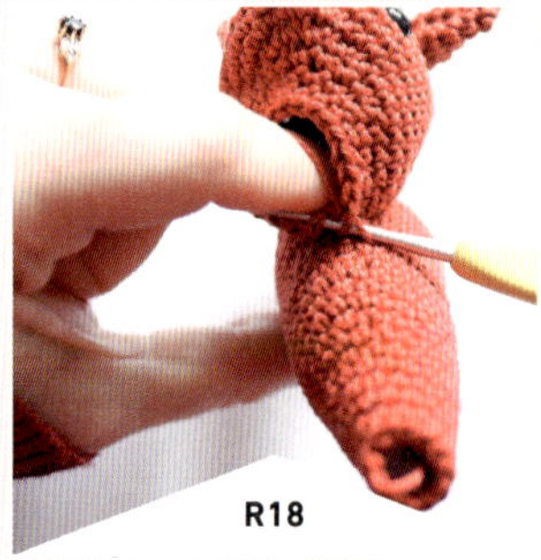
R18

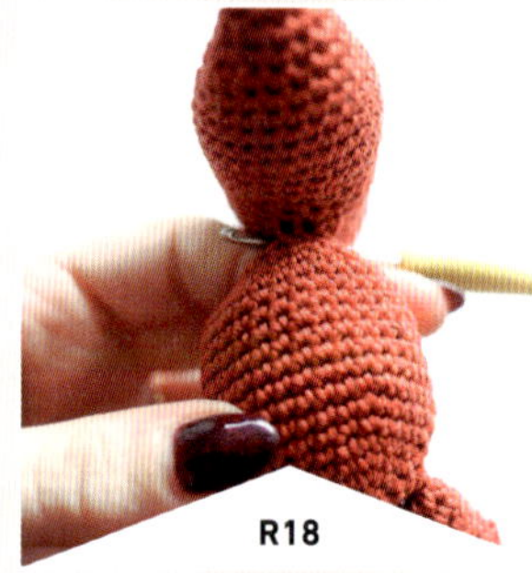
R18

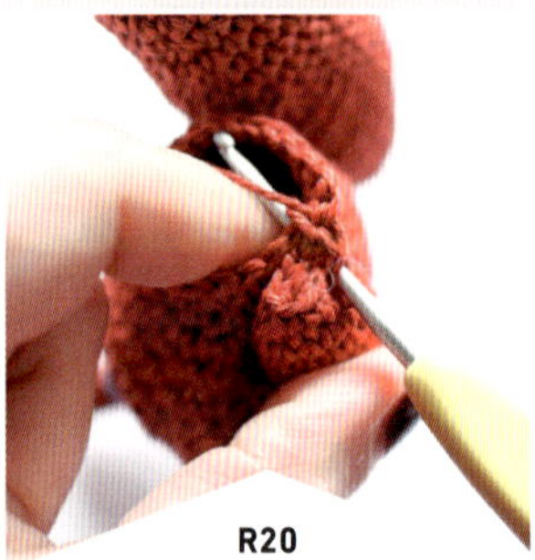
R20

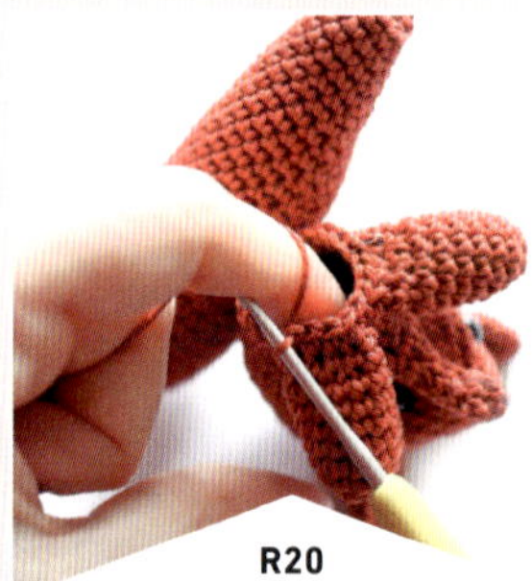
R20

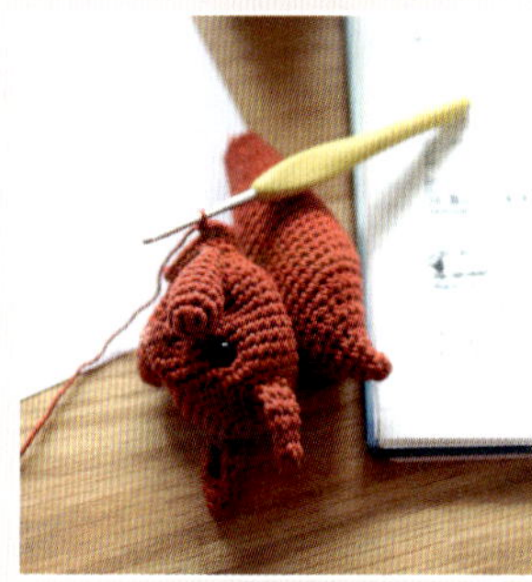

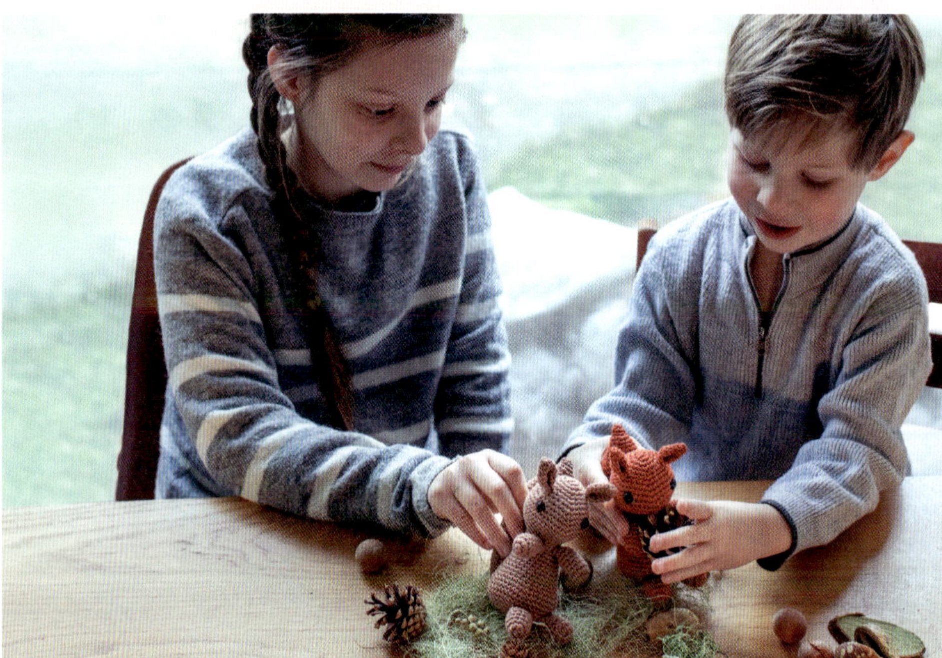

KÖRPER

R18 11 fM, den Schwanz mit der Öffnung zu dir an den Körper halten, 3 fM durch die 3 ungehäkelten vorderen M-Glieder des Schwanzes (R16/R17) und den Körper häkeln (siehe Fotos), 4 fM. (18)
R19 *5 fM, 2 fM in die folg M*, rundum wdh. (21)
R20 Ein Vorderbein an den Körper halten, 4 fM durch beide Lagen des Beins und den Körper häkeln (siehe Fotos), 1 fM, 4 fM durch beide Lagen des zweiten Vorderbeins und den Körper wie beim ersten Bein, 12 fM. (21)
R21 *6 fM, 2 fM in die folg M*, rundum wdh. (24)
R22 Rundum 1 fM in jede M. (24)
R23 *7 fM, 2 fM in die folg M*, rundum wdh. (27)
R24 Rundum 1 fM in jede M. (27)

Den Kopf füllen und in Form bringen.

R25 *8 fM, 2 fM in die folg M*, rundum wdh. (30)
R26 Rundum 1 fM in jede M. (30)
R27 *9 fM, 2 fM in die folg M*, rundum wdh. (33)
R28 Rundum 1 fM in jede M. (33)
R29 *10 fM, 2 fM in die folg M*, rundum wdh. (36)
R30 *5 fM, 2 fM in die folg M*, rundum wdh. (42)
R31 *6 fM, 2 fM in die folg M*, rundum wdh. (48)
R32 Rundum 1 fM in jede M. (48)
R33 33 fM, jetzt den Schwanz an den Körper halten und ab der (markierten) fünften und sechsten M des Schwanzes 6 fM durch beide Lagen der letzten Schwanz-R und den Körper häkeln, 9 fM. (48) Der M-Markierer kann jetzt entfernt werden.
R34 *6 fM, 2 fM zus*, rundum wdh. (42)
R35 6 fM, ein Hinterbein an den Körper halten, 4 fM durch beide Lagen des Beins und den Körper häkeln wie bei den Vorderbeinen beschrieben, 3 fM, dann 4 fM durch beide Lagen des zweiten Hinterbeins und den Körper wie beim ersten Hinterbein, 25 fM. (42)
R36 *5 fM, 2 fM zus*, rundum wdh. (36)
R37 *4 fM, 2 fM zus*, rundum wdh. (30)
R38 *3 fM, 2 fM zus*, rundum wdh. (24)
R39 *2 fM, 2 fM zus*, rundum wdh. (18)

Den Körper füllen und in Form bringen.

R40 *1 fM, 2 fM zus*, rundum wdh. (12)

Den Faden abschneiden, dabei ein langes Ende stehen lassen, durch die vorderen M-Glieder der übrigen M ziehen und fest anziehen. Das Fadenende vernähen. Das Eichhörnchen-Onesiegurumi ist fertig!

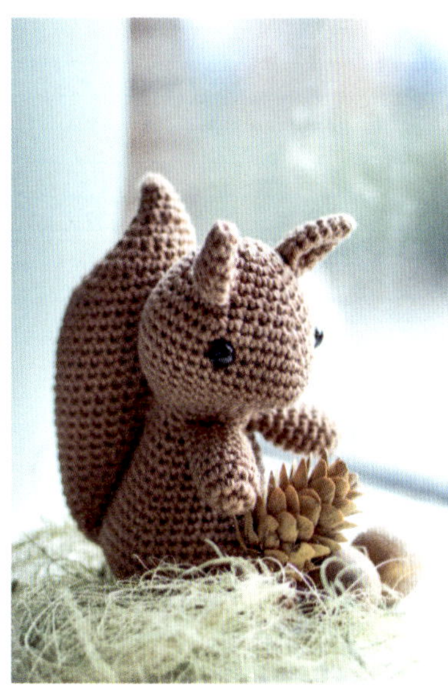

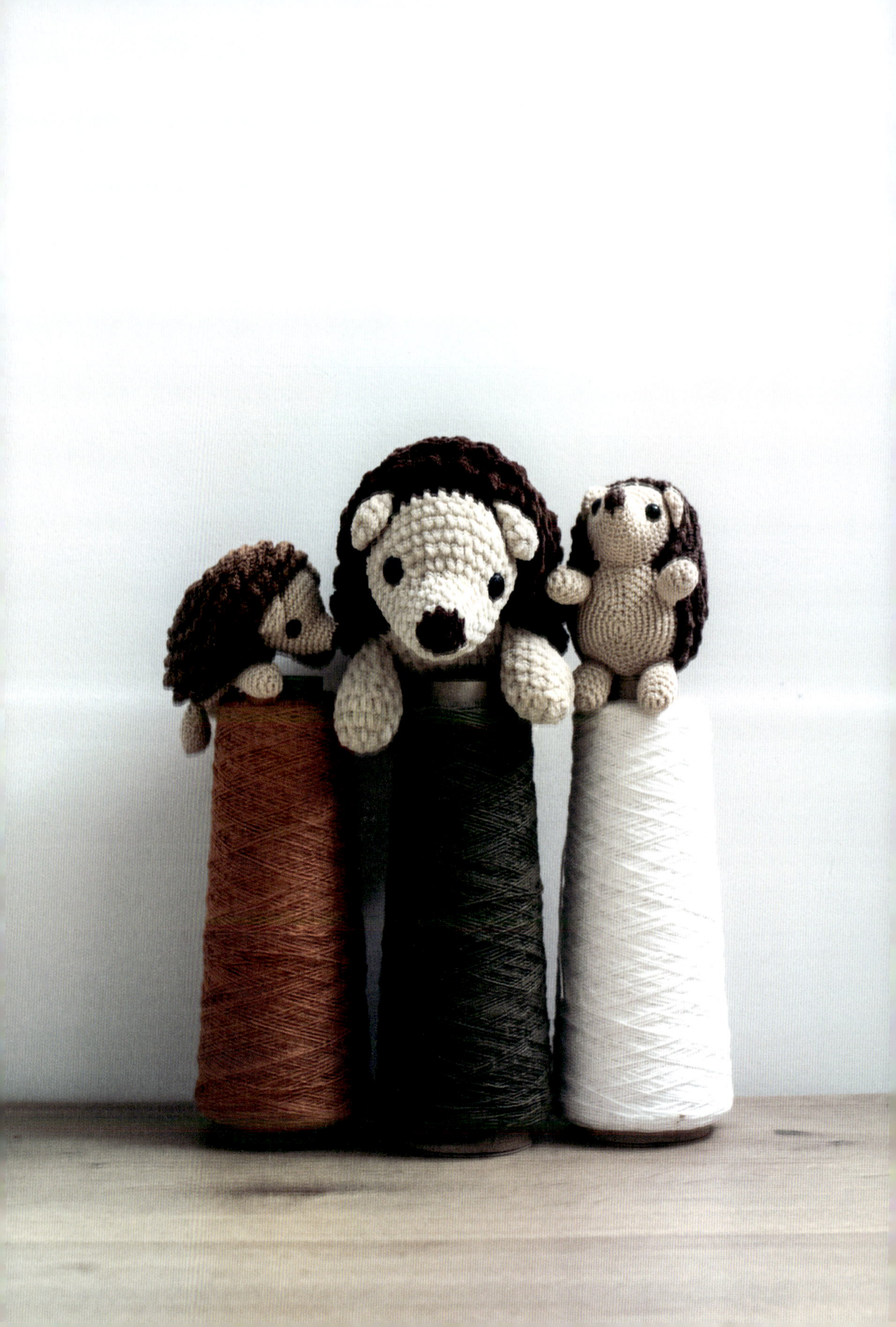

IGEL

Schwierigkeitsgrad: 4 von 5

FÜR DEN KLEINEN IGEL (± 10 CM)

- Garn für Nadelstärke 2,5–3,5 mm. Ich habe Scheepjes Catona (Lauflänge 125 m/50 g) verwendet, je 1 Knäuel in Braun #157 (Root Beer) oder #507 (Chocolate), Beige #248 (Champagne) und einen kleinen Rest Dunkelbraun.
- Schwarze Sicherheitsaugen 8 mm
- Häkelnadel 2,5 mm
- Polyester-Füllwatte
- Maschenmarkierer, Stopfnadel und Schere

FÜR DEN GROSSEN IGEL (± 18 CM)

- Garn für Nadelstärke 3–5 mm. Ich habe Durable Velvet (Lauflänge 180 m/100 g) verwendet, je 1 Knäuel in Beige #2212 (Linen) und Dunkelbraun #385 (Coffee).
- Schwarze Sicherheitsaugen 12 mm
- Häkelnadel 4,5 mm
- Polyester-Füllwatte
- Maschenmarkierer, Stopfnadel und Schere

TIPP Beachte auch die Tipps auf den Seiten 12 und 13: Allgemeines, Abnehmen und Häkeln mit mehreren Farben.

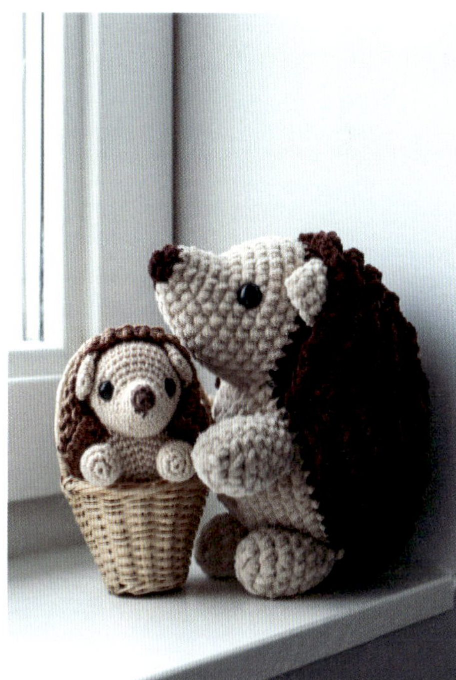

OHREN (2 STÜCK)

R1 **In Beige** mit einem Fadenring beginnen, 6 fM in den Ring häkeln. (6)

R2 *1 fM, 2 fM in die folg M*, rundum wdh. (9)

R3 *2 fM, 2 fM in die folg M*, rundum wdh. (12)

R4 Das Ohr flach falten und 6 fM durch beide Lagen häkeln. (6)

Den Faden abschneiden, durch die letzte Schlinge ziehen und die Fadenenden vernähen.

KOPF

R1 **In Dunkelbraun** mit einem Fadenring beginnen, 6 fM in den Ring häkeln. (6)

R2 *2 fM, 2 fM in die folg M*, rundum wdh. (8)

R3 **In Beige** (den dunkelbraunen Faden abschneiden) 2 fM in jede der ersten 2 M, 4 fM, 2 fM in jede der folg 2 M. (12)

R4 Rundum 1 fM in jede M. (12)

R5 *1 fM, 2 fM in die folg M*, noch 1× von * bis * wdh, 4 fM, noch 2× von * bis * wdh. (16)

R6 Rundum 1 fM in jede M. (16)

R7 *2 fM, 2 fM in die folg M*, noch 1× von * bis * wdh, 4 fM, noch 2× von * bis * wdh. (20)

R8 8 fM, 2 fM in jede der folg 6 M, 6 fM. (26)

R9 Rundum 1 fM in jede M. (26)

R10 8 fM, *1 fM, 2 fM in die folg M*, noch 5× von * bis * wdh, 6 fM. (32)

R11–R12 Rundum 1 fM in jede M. (32)

R13 5 fM, den M-Markierer in die letzte gehäkelte M einhängen, 27 fM. (32)

Den Faden abschneiden, durch die letzte Schlinge ziehen und das Fadenende vernähen. Der Markierer zeigt an, wo der Kopf später am Körper befestigt werden soll, und wird darum noch nicht entfernt.

VORDERBEINE (2 STÜCK)

R1 **In Beige** mit einem Fadenring beginnen, 6 fM in den Ring häkeln. (6)

R2 Rundum 2 fM in jede M. (12)

R3 *5 fM, 2 fM in die folg M*, rundum wdh. (14)

R4 Rundum 1 fM in jede M. (14)

R5 *5 fM, 2 fM zus*, rundum wdh. (12)

R6 Rundum 1 fM in jede M. (12)

R7 *4 fM, 2 fM zus*, rundum wdh. (10)

R8 Rundum 1 fM in jede M. (10)

Das Bein füllen, aber nur so fest, dass es seine Form behält. Der obere Teil des Beins kann leer bleiben.

R9 *3 fM, 2 fM zus*, rundum wdh. (8)

Den Faden abschneiden, durch die letzte Schlinge ziehen und die Fadenenden vernähen.

HINTERBEINE (2 STÜCK)

R1 **In Beige** mit einem Fadenring beginnen, 6 fM in den Ring häkeln. (6)

R2 Rundum 2 fM in jede M. (12)

R3 *5 fM, 2 fM in die folg M*, rundum wdh. (14)

R4 Rundum 1 fM in jede M. (14)

R5 *5 fM, 2 fM zus*, rundum wdh. (12)

R6 Rundum 1 fM in jede M. (12)

R7 *4 fM, 2 fM zus*, rundum wdh. (10)

R8 Rundum 1 fM in jede M. (10)

Das Bein füllen, aber nur so fest, dass es seine Form behält. Der obere Teil des Beins kann leer bleiben. Den Faden abschneiden, durch die letzte Schlinge ziehen und die Fadenenden vernähen.

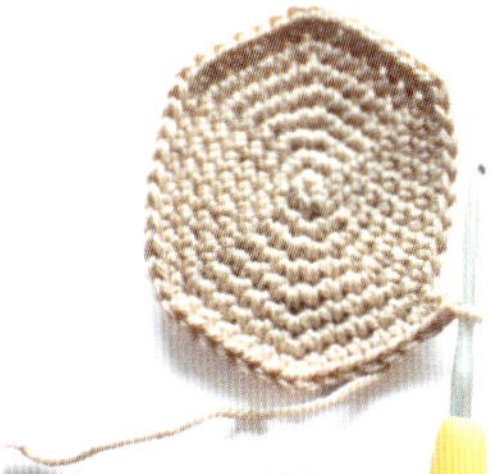
R8

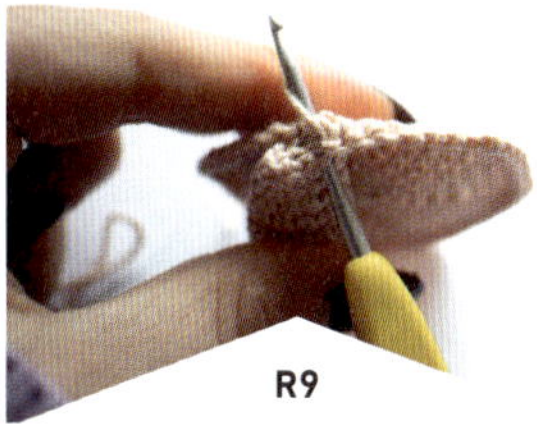
R9

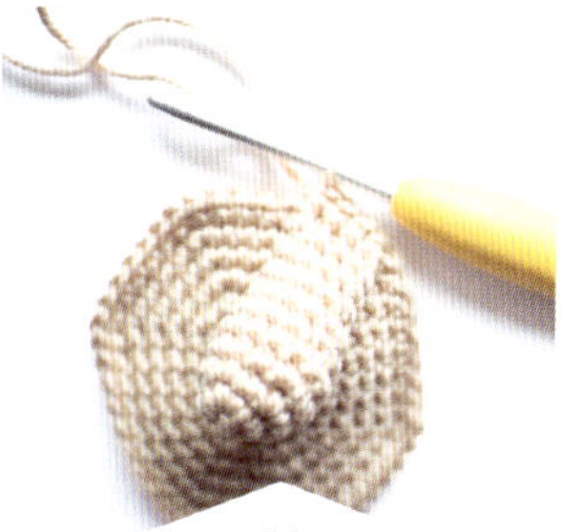
R9

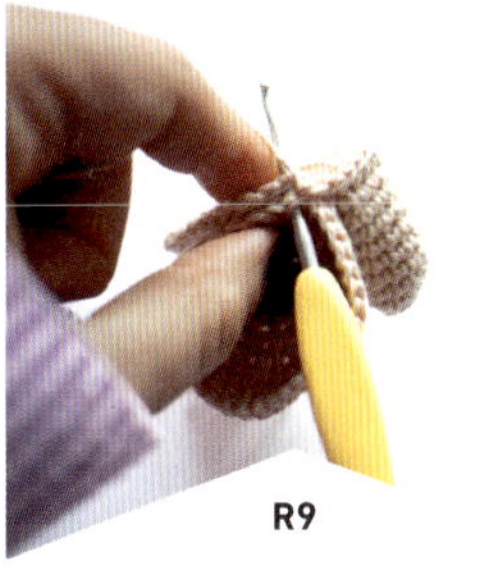
R9

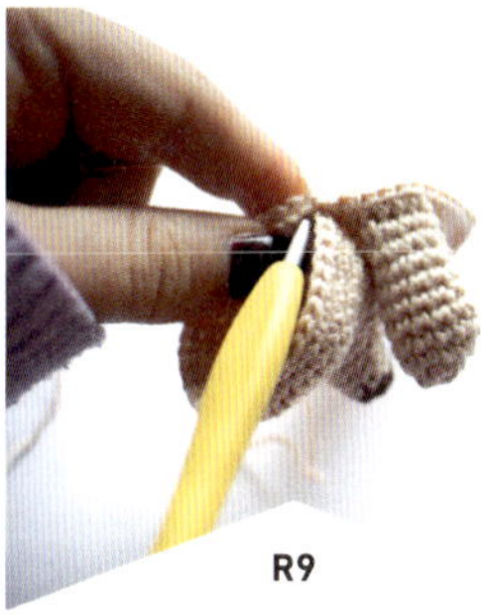
R9

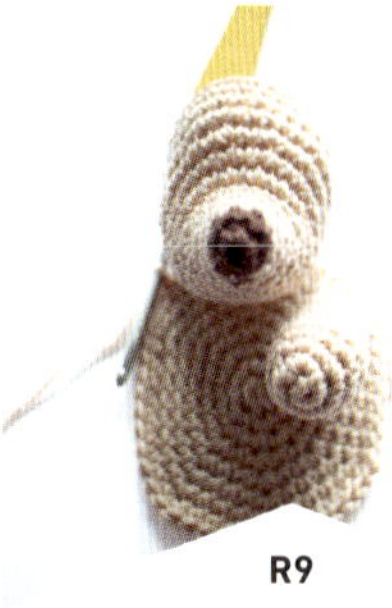
R9

KÖRPER

R1 **In Beige** mit einem Fadenring beginnen, 6 fM in den Ring häkeln. (6)

R2 Rundum 2 fM in jede M. (12)

R3 *3 fM, 2 fM in jede der folg 3 M*, rundum wdh. (18)

R4 3 fM, *1 fM, 2 fM in die folg M*, noch 2× von * bis * wdh, 3 fM, noch 3× von * bis * wdh. (24)

R5 3 fM, *2 fM, 2 fM in die folg M*, noch 2× von * bis * wdh, 3 fM, noch 3× von * bis * wdh. (30)

R6 3 fM, *3 fM, 2 fM in die folg M*, noch 2× von * bis * wdh, 3 fM, noch 3× von * bis * wdh. (36)

R7 3 fM, *4 fM, 2 fM in die folg M*, noch 2× von * bis * wdh, 3 fM, noch 3× von * bis * wdh. (42)

R8 3 fM, *5 fM, 2 fM in die folg M*, noch 2× von * bis * wdh, 3 fM, noch 3× von * bis * wdh. (48)

R9 7 fM, ein Vorderbein an den Körper halten, 4 fM durch beide Lagen des Beins und den Körper häkeln (siehe Foto), 2 fM, jetzt den Kopf offen an den Körper halten, 6 fM ab der markierten M häkeln (dabei von der Innenseite des Kopfs aus in den Körper einstechen, siehe Foto), 2 fM, das zweite Vorderbein an den Körper halten, 4 fM durch beide Lagen des Beins und den Körper häkeln, 8 fM, jetzt ein Hinterbein an den Körper halten, 5 fM durch beide Lagen des Hinterbeins und den Körper häkeln, 4 fM, das zweite Hinterbein an den Körper halten, 5 fM durch beide Lagen des Beins und den Körper häkeln, **in Braun** weiterhäkeln, 1 fM. (48)

Den Faden in Beige abschneiden. Der M-Markierer vom Kopf kann jetzt entfernt werden.

Siehe Fotos rechts

R10 13 fM, jetzt für die Verbindung 1 fM in die erste M der letzten Runde des Kopfs häkeln, über den Kopf weiterhäkeln, 25 fM, jetzt 1 fM in die erste der 2 fM zwischen Kopf und Arm häkeln, 28 fM. (68)

R11 16 fM, 2 fM in die folg M, jetzt ein Ohr an den Kopf halten, 6 fM durch das Ohr und den Kopf häkeln (siehe Foto), 2 fM in die folg M, 5 fM, 2 fM in die folg M, jetzt das zweite Ohr an den Kopf halten, 6 fM durch Ohr und Kopf häkeln, 2 fM in die folg M, 31 fM. (72)

R12 Nur in die hinteren M-Glieder: Rundum 1 fM in jede M. (72)

R13 In beide M-Glieder: Rundum 1 fM in jede M. (72)

Die Sicherheitsaugen zwischen R9 und R10 befestigen, zwischen der 8. und 9. sowie der 19. und 20. M von R9. Die Augen jedoch noch nicht auf der Rückseite schließen. Bei diesem Modell können die Augen, je nachdem wie gehäkelt wird, sehr unterschiedlich ausfallen. Deshalb werden sie erst später endgültig fixiert, wenn du sicher bist, dass sie richtig sitzen.

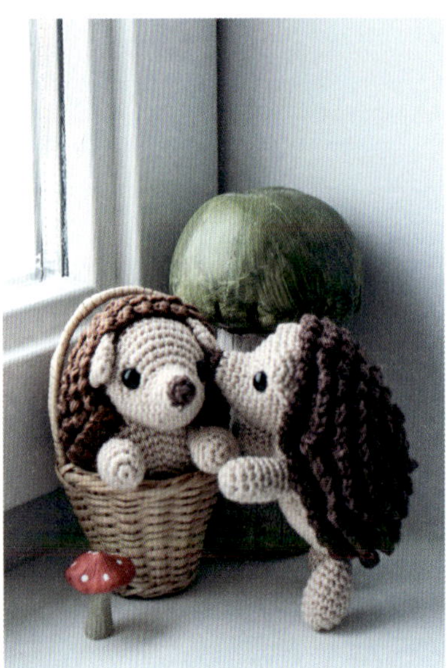

In den folg Runden wird abgenommen. Da du in die hinteren M-Glieder häkelst, kannst du nicht die unsichtbaren Abnahmen verwenden. Stattdessen häkelst du eine normale Abnahme in die hinteren M-Glieder: *Mit der Häkelnadel in das hintere M-Glied einstechen, den Faden durch die M ziehen*, von * bis * für die zweite M wdh, dann den Faden durch alle Schlingen auf der Häkelnadel ziehen.

R14 Nur in die hinteren M-Glieder: *10 fM, 2 fM zus*, rundum wdh. (66)

R15 In beide M-Glieder: *9 fM, 2 fM zus*, rundum wdh. (60)

R16 Nur in die hinteren M-Glieder: *8 fM, 2 fM zus*, rundum wdh. (54)

R17 In beide M-Glieder: *7 fM, 2 fM zus*, rundum wdh. (48)

R18 Nur in die hinteren M-Glieder: *6 fM, 2 fM zus*, rundum wdh. (42)

R19 In beide M-Glieder: *5 fM, 2 fM zus*, rundum wdh. (36)

R20 Nur in die hinteren M-Glieder: *4 fM, 2 fM zus*, rundum wdh. (30)

R21 In beide M-Glieder: *3 fM, 2 fM zus*, rundum wdh. (24)

R22 Nur in die hinteren M-Glieder: *2 fM, 2 fM zus*, rundum wdh. (18)

Sitzen die Augen richtig? Dann können sie jetzt endgültig befestigt werden. Zuerst die Schnauze und dann den Kopf füllen und in Form bringen. Zum Schluss den Körper füllen, aber nicht zu fest. Er sollte seine Form behalten, aber noch knetbar sein.

R23 Nur in die hinteren M-Glieder: *1 fM, 2 fM zus*, rundum wdh. (12)

Den Faden abschneiden, dabei ein langes Ende stehen lassen, durch die vorderen M-Glieder der übrigen M ziehen und fest anziehen. Das Fadenende vernähen.

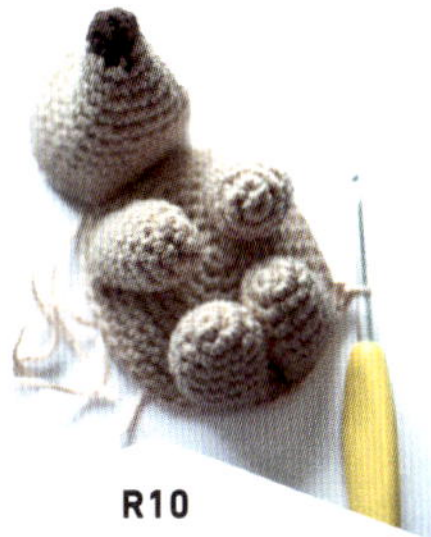
R10

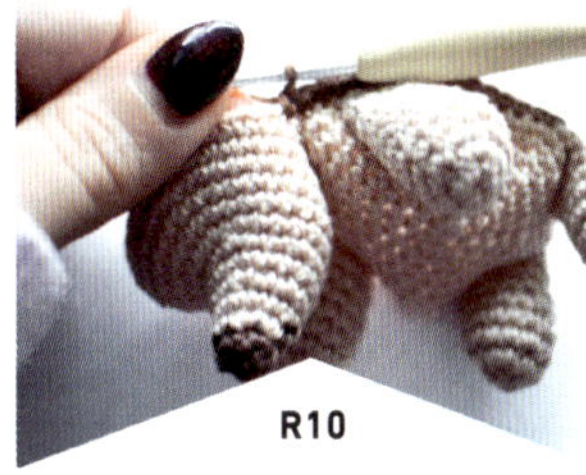
R10

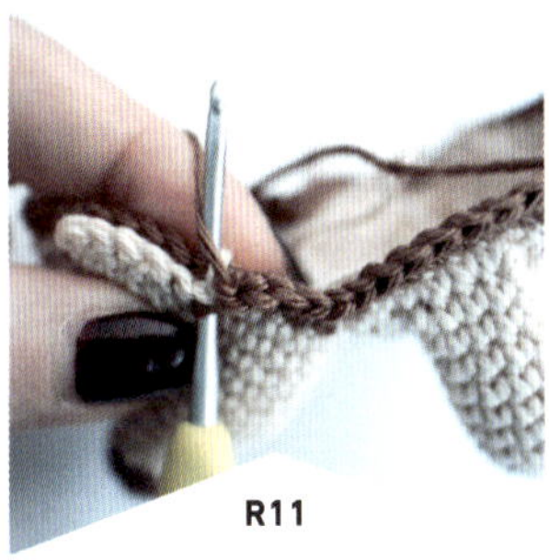
R11

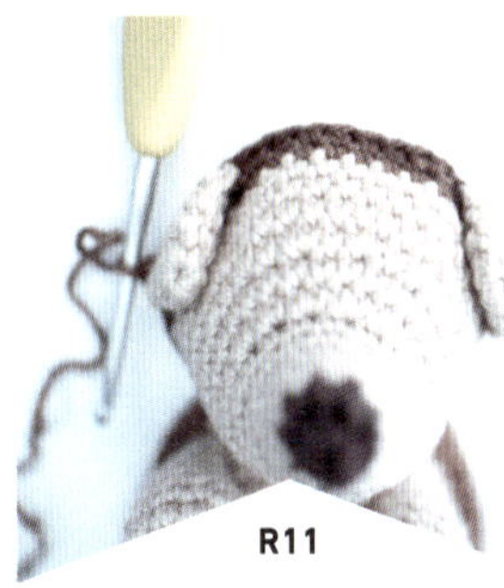
R11

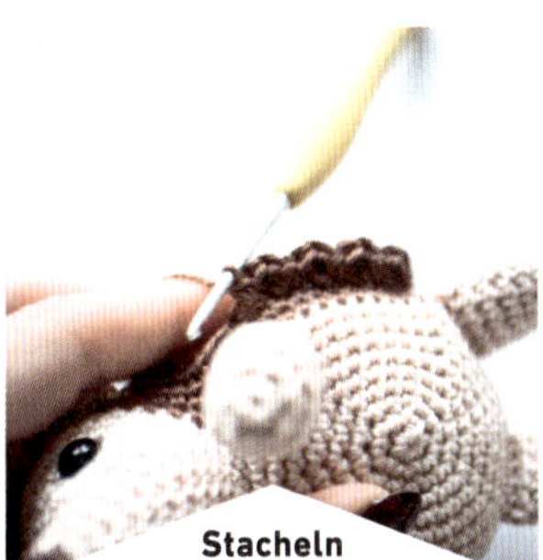
Stacheln

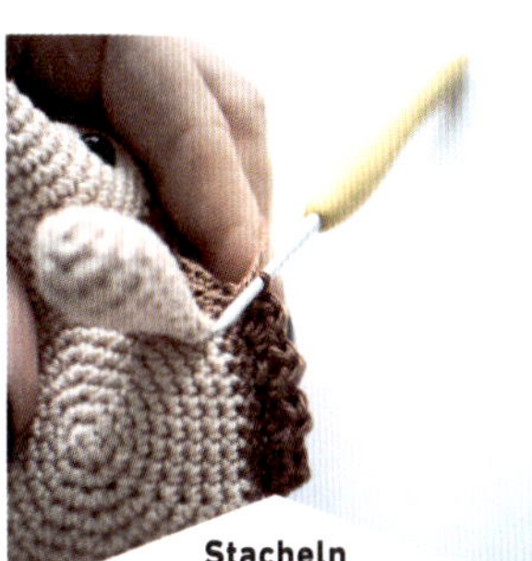
Stacheln

STACHELN

In Braun mit einer Km im ersten ungehäkelten vorderen M-Glied des Körpers anschlingen, also oberhalb von R11, weil du in R12 nur in die hinteren M-Glieder gehäkelt hast.

Dann in die erste M 1 fM und 2 Stb häkeln, *1 M überspringen, in die folg M 1 fM und 2 Stb*, von * bis * für alle ungehäkelten vorderen M-Glieder bis einschließlich R22 wdh, dann bleibt noch 1 M-Glied übrig: 1 fM und 2 Stb in 1 M häkeln.

Den Faden abschneiden und das Ende vernähen. Das Igel-Onesiegurumi ist fertig!

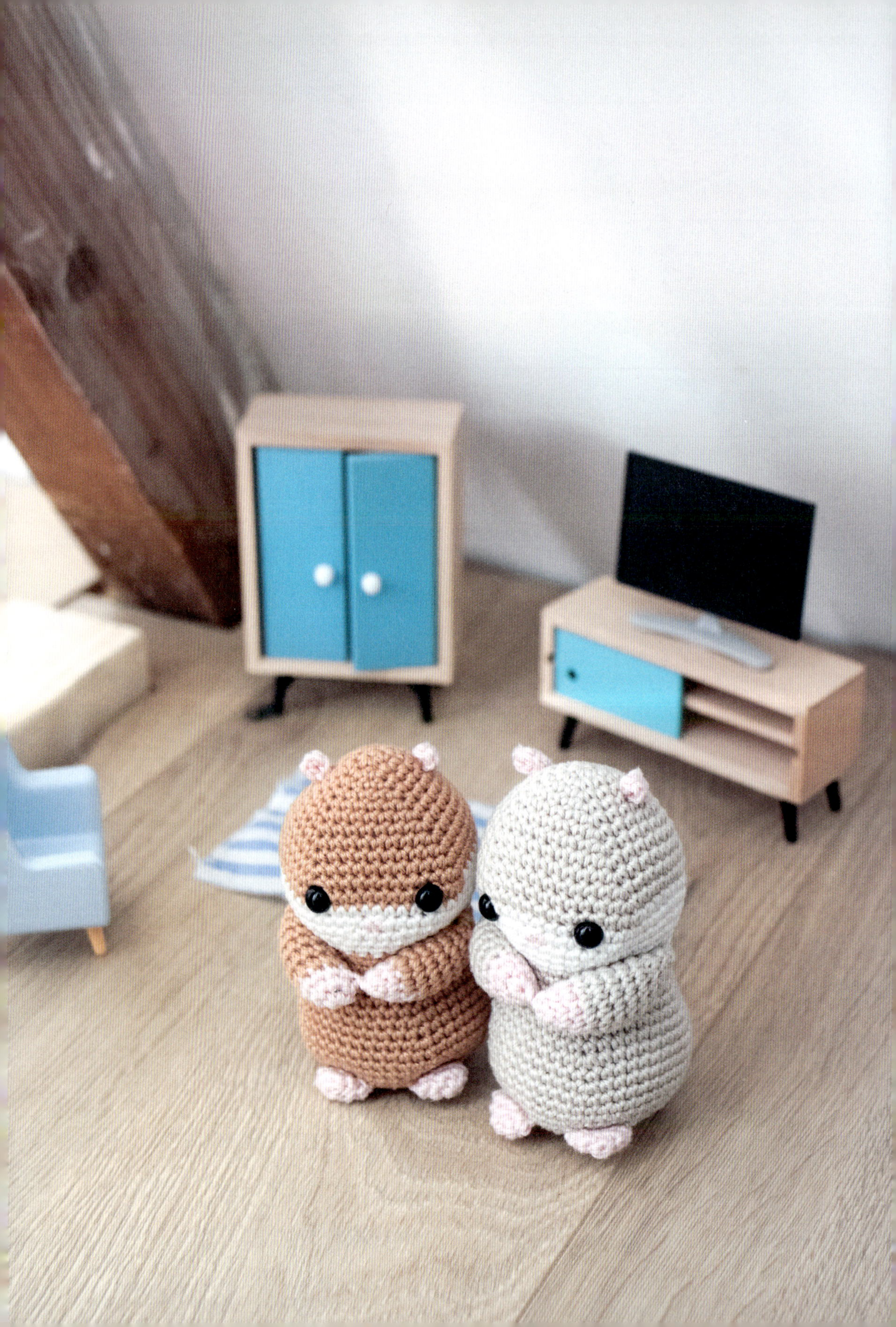

HAMSTER

TIPP Beachte auch die Tipps auf den Seiten 12 und 13: Allgemeines, Abnehmen und Häkeln mit mehreren Farben.

Schwierigkeitsgrad: 4 von 5

FÜR DEN KLEINEN HAMSTER (± 11 CM)

- Garn für Nadelstärke 2,5–3,5 mm. Ich habe Durable Coral (Lauflänge 125 m/50 g) verwendet, je 1 Knäuel in Hellbeige #2212 (Linen) oder Dunkelbeige #2209 (Camel), Rosa #203 (Light Pink) und Weiß #326 (Ivory).
- Schwarze Sicherheitsaugen 8 mm
- Häkelnadel 2,5 mm
- Polyester-Füllwatte
- Maschenmarkierer, Stopfnadel und Schere

FÜR DEN GROSSEN HAMSTER (± 25 CM)

- Garn für Nadelstärke 6–6,5 mm. Ich habe Katia Bambi (Lauflänge 120 m/100 g) verwendet, je 1 Knäuel in Beige #306, Hellrosa #301 und Weiß #300.
- Schwarze Sicherheitsaugen 15 mm
- Häkelnadel 6 mm
- Polyester-Füllwatte
- Maschenmarkierer, Stopfnadel und Schere

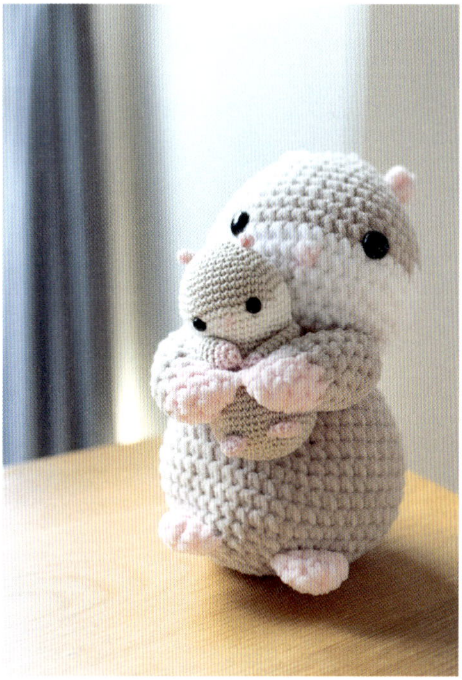

OHREN (2 STÜCK)

R1 **In Rosa** mit einem Fadenring beginnen, 8 fM in den Ring häkeln, 1 Km in die erste fM. (8)

Den Faden abschneiden, durch die letzte Schlinge ziehen und die Fadenenden vernähen.

SCHWANZ

R1 **In Beige** mit einem Fadenring beginnen, 4 fM in den Ring häkeln. (4)

R2 Rundum 2 fM in jede M. (8)

Den Faden abschneiden, durch die letzte Schlinge ziehen und das Fadenende vernähen.

HINTERBEINE (2 STÜCK)

R1 **In Rosa** mit einem Fadenring beginnen, 5 fM in den Ring häkeln. (5)

R2 Rundum 2 fM in jede M. (10)

R3 Rundum 1 fM in jede M. (10)

Den Faden abschneiden, durch die letzte Schlinge ziehen und die Fadenenden vernähen.

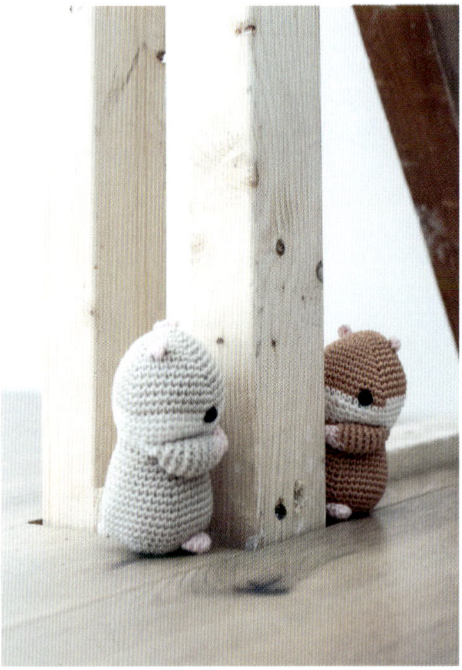

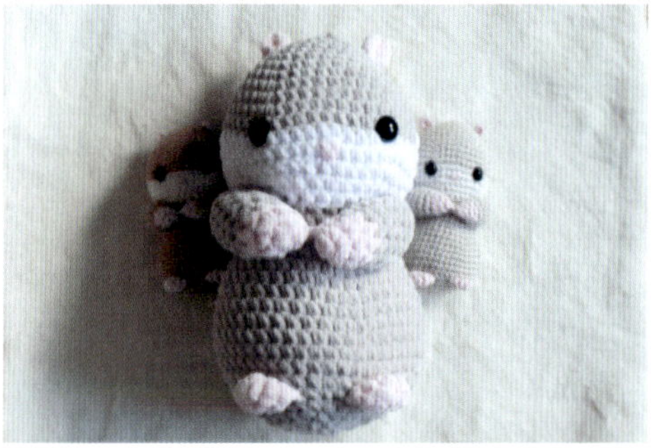

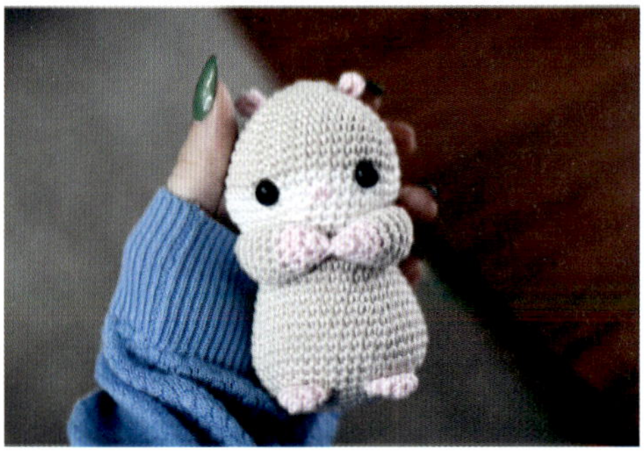

ERSTES VORDERBEIN

R1 **In Rosa** mit einem Fadenring beginnen, 6 fM in den Ring häkeln. (6)

R2 *1 fM, 2 fM in die folg M*, rundum wdh. (9)

R3 Rundum 1 fM in jede M. (9)

R4 **In Beige** (den rosa Faden abschneiden und vernähen) *2 fM, 2 fM in die folg M*, rundum wdh. (12)

R5–R8 Rundum 1 fM in jede M. (12)

R9 *4 fM, 2 fM zus*, rundum wdh. (10)

R10 Rundum 1 fM in jede M. (10)

R11 *3 fM, 2 fM zus*, rundum wdh. (8)

Den Faden abschneiden, durch die letzte Schlinge ziehen und das Fadenende vernähen. Das Vorderbein füllen, aber nur so fest, dass es seine Form behält. Der obere Teil des Beins kann leer bleiben.

ZWEITES VORDERBEIN

R1 **In Rosa** mit einem Fadenring beginnen, 6 fM in den Ring häkeln. (6)

R2 1 fM, die Häkelnadel aus der M ziehen und in eine M aus R1 des ersten Vorderbeins stechen (siehe Foto), jetzt den Faden, aus dem du gerade die Nadel herausgezogen hast, durch die M ziehen und das zweite Bein weiterhäkeln: 2 fM in die folg M, *1 fM, 2 fM in die folg M*, bis zum Ende wdh. (9)

R3–R11 Wie beim ersten Vorderbein beschrieben häkeln.

Verbundene Vorderbeine

(Auf diesen Fotos siehst du, wie die Vorderbeine miteinander verbunden werden.)

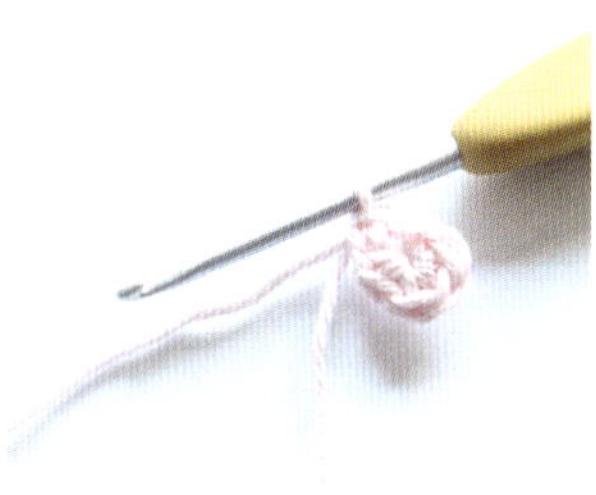

R1

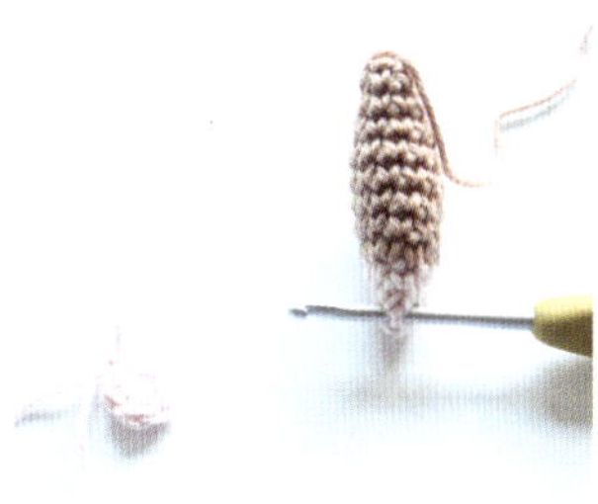

R2

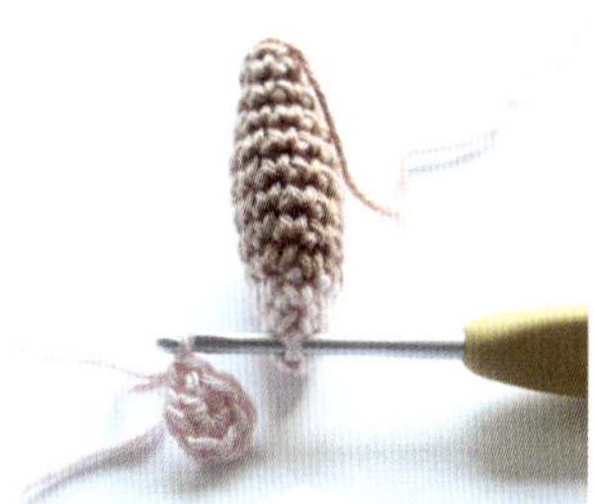

R2

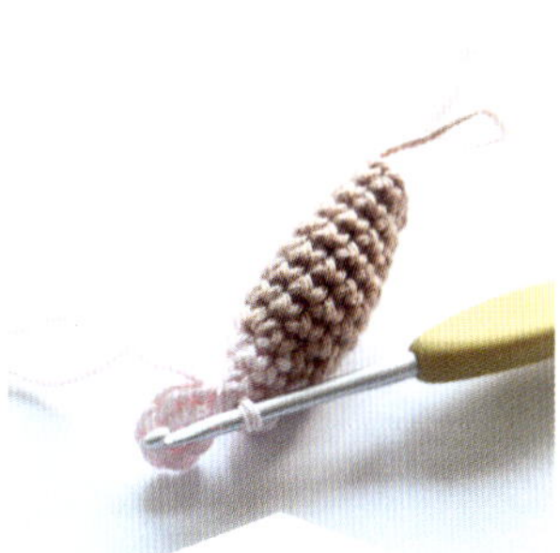

R2

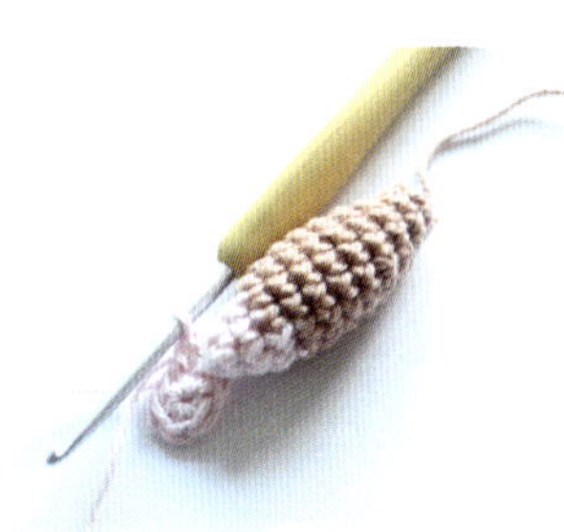

R2

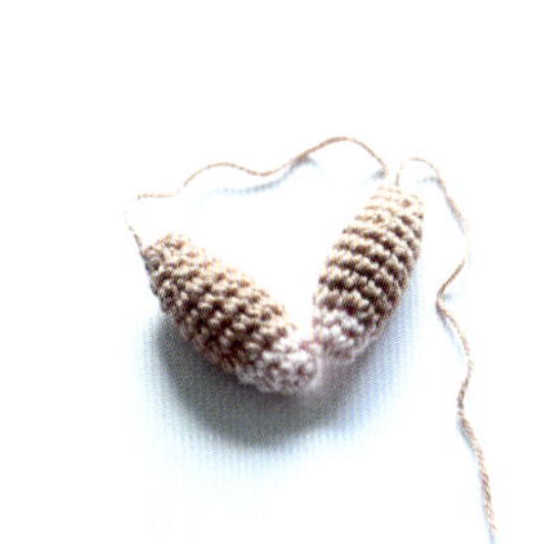

Vorderbeine

KOPF

R1 **In Beige** mit einem Fadenring beginnen, 6 fM in den Ring häkeln. (6)

R2 Rundum 2 fM in jede M. (12)

R3 *2 fM, 2 fM in die folg M*, rundum wdh. (16)

R4 *3 fM, 2 fM in die folg M*, rundum wdh. (20)

R5 2 fM, ein Ohr ab der Km zusammenfalten, mit der Öffnung zur Häkelnadel an den Kopf halten (siehe Fotos), 1 fM durch die zweite und siebte M (die zweite M vor und nach der Km) des Ohrs und die folg fM des Kopfs häkeln, danach 1 fM durch die erste und achte M (die erste M vor und nach der Km) des Ohrs und die folg fM des Kopfs, 2 fM in die folg M, 4 fM, 2 fM in die folg M, jetzt das zweite Ohr auf die gleiche Art falten, aber mit der geschlossenen Seite zur Häkelnadel an den Kopf halten, 1 fM durch die erste und achte M (die erste M vor und nach der Km) des Ohrs und die folg fM des Kopfs häkeln, danach 1 fM durch die zweite und siebte M (die zweite M vor und nach der Km) des Ohrs und die folg fM des Kopfs, 2 fM, 2 fM in die folg M, 4 fM, 2 fM in die folg M. (24)

R6 *5 fM, 2 fM in die folg M*, rundum wdh. (28)

R7 *6 fM, 2 fM in die folg M*, rundum wdh. (32)

R8 *7 fM, 2 fM in die folg M*, rundum wdh. (36)

R9 *8 fM, 2 fM in die folg M*, rundum wdh. (40)

R10 *9 fM, 2 fM in die folg M*, rundum wdh. (44)

R11 *10 fM, 2 fM in die folg M*, rundum wdh. (48)

R12 Rundum 1 fM in jede M. (48)

R13 **In Weiß** weiterhäkeln (den Faden in Beige abschneiden und vernähen), rundum 1 fM in jede M. (48)

R14 40 fM, **in Rosa** weiterhäkeln (siehe Fotos), die Nadel in dieselbe fM einstechen wie die vorige weiße fM, den Faden durchziehen, 1 fM überspringen und die Nadel in die folg fM einstechen, den Faden durchziehen, jetzt sind 3 Schlingen auf der Nadel, **in Weiß** weiterhäkeln (den rosa Faden abschneiden und vernähen, ich selbst mache immer einen Knoten in die beiden rosa Enden), einen Umschlag bilden und den Faden durch die 3 Schlingen ziehen, noch 1 fM in die M häkeln, wo der rosa Faden zum zweiten Mal herauskommt, 6 fM. (48)

R15 *6 fM, 2 fM zus*, rundum wdh. (42)

R16 *5 fM, 2 fM zus*, rundum wdh. (36)

R17 *4 fM, 2 fM zus*, rundum wdh. (30)

Die Sicherheitsaugen zwischen R12 und R13 befestigen, zwischen der 35. und 36. sowie der 44. und 45. M von R12.

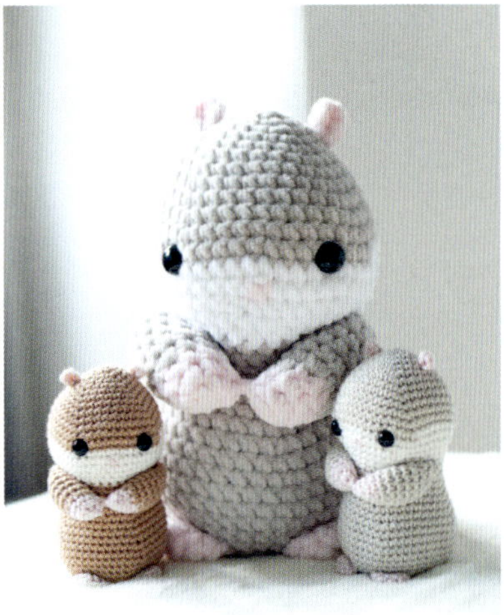

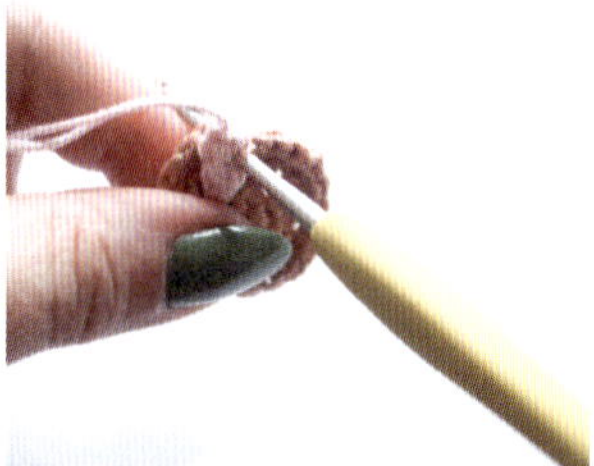

R5

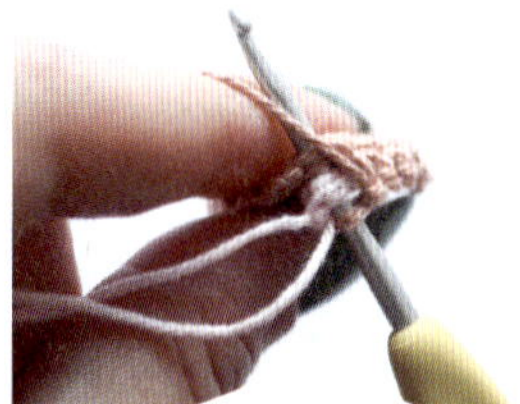

R5

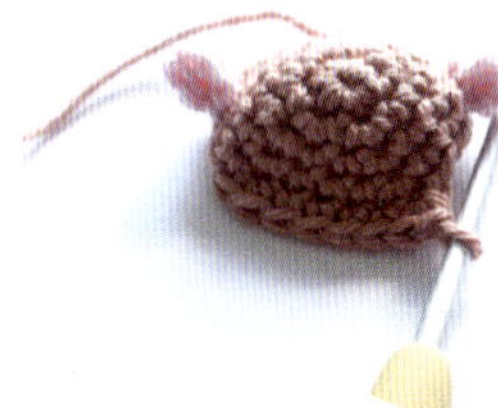

R5

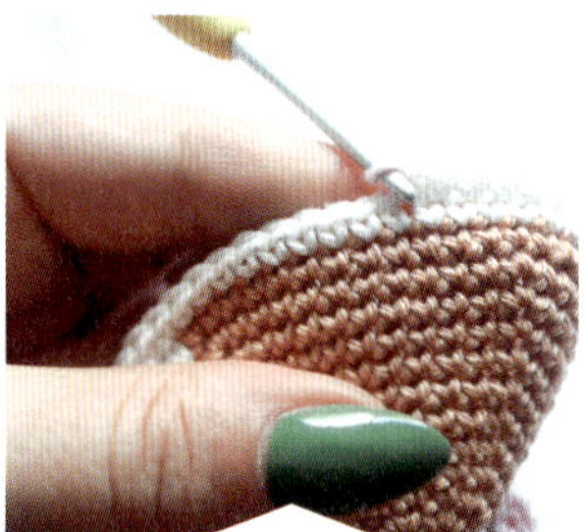

R14

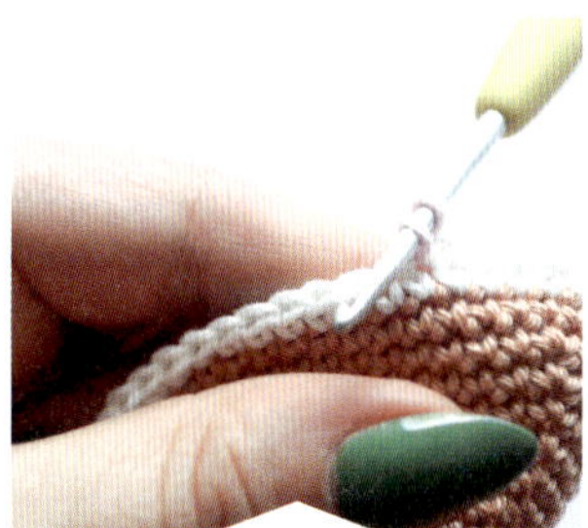

R14

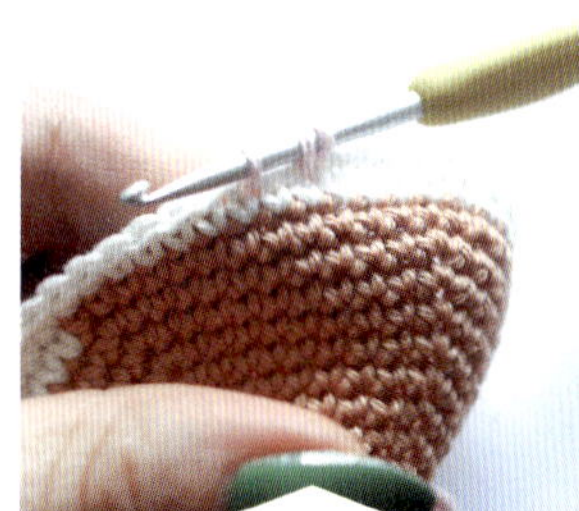

R14

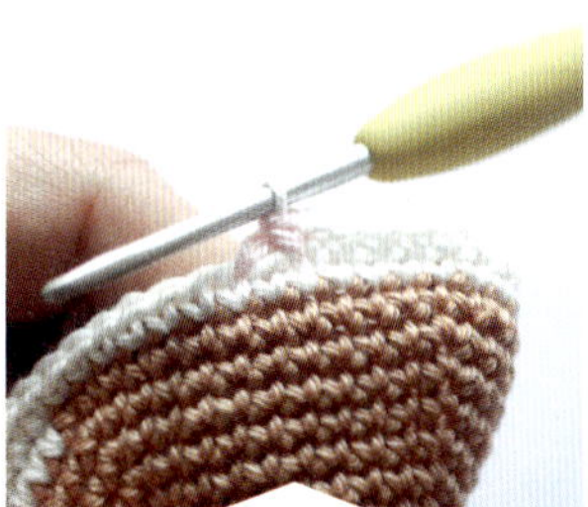

R14

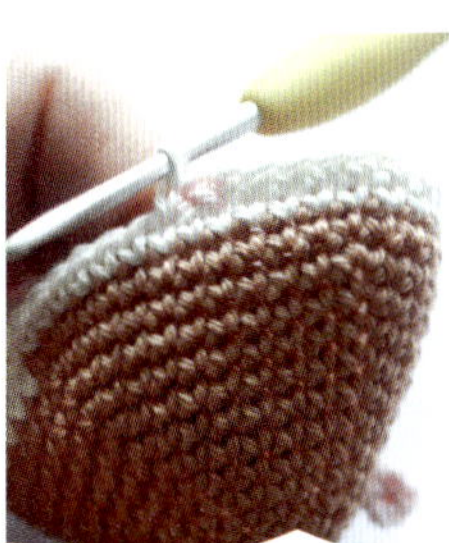

R14

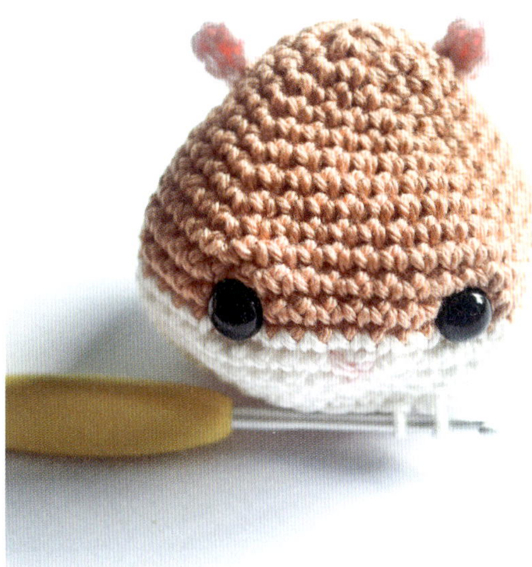

KÖRPER

R18 **In Beige** weiterhäkeln (den weißen Faden abschneiden und vernähen), 3 fM, jetzt die Vorderbeine in der richtigen Position (also mit den Pfoten unter der Nase) an den Körper halten, 4 fM durch beide Lagen des Beins und den Kopf häkeln, um das erste Vorderbein zu befestigen (siehe Fotos), 9 fM. Beim Festhäkeln des zweiten Beins darauf achten, dass sich die Beine nicht verschieben (du kannst beim Festhäkeln des zweiten Beins den Kopf etwas flach falten und die Beine oben auf den Kopf legen, so lässt sich besser darum herumhäkeln, siehe Foto), 4 fM durch beide Lagen des zweiten Vorderbeins und den Kopf häkeln, um sie zu befestigen, 10 fM. (30)

R19 5 fM, 2 fM in die folg M, 10 fM, 2 fM in die folg M, 13 fM. (32)

R20 Rundum 1 fM in jede M. (32)

R21 *7 fM, 2 fM in die folg M*, rundum wdh. (36)

R22 Rundum 1 fM in jede M. (36)

R23 *8 fM, 2 fM in die folg M*, rundum wdh. (40)

R24 Rundum 1 fM in jede M. (40)

R25 *9 fM, 2 fM in die folg M*, rundum wdh. (44)

R26 Rundum 1 fM in jede M. (44)

R27 *10 fM, 2 fM in die folg M*, rundum wdh. (48)

Den Kopf füllen und in Form bringen. Aber nicht zu fest ausstopfen, damit die natürliche Form des Gesichts und der Wangen gut zu sehen bleibt.

R28–R30 Rundum 1 fM in jede M. (48)

R31 *6 fM, 2 fM zus*, rundum wdh. (42)

R32 16 fM, 4 fM durch beide Lagen des Schwanzes und den Körper häkeln, 13 fM, 5 fM durch beide Lagen des ersten Hinterbeins und den Körper häkeln, 3 fM, dann 1 fM durch beide Lagen des zweiten Hinterbeins und den Körper häkeln. (42)

R33 Die restlichen 4 fM des Hinterbeins festhäkeln, 1 fM, 2 fM zus, *5 fM, 2 fM zus*, bis zum Ende wdh. (36)

R34 *4 fM, 2 fM zus*, rundum wdh. (30)

R35 *3 fM, 2 fM zus*, rundum wdh. (24)

R36 *2 fM, 2 fM zus*, rundum wdh. (18)

Den Körper füllen und in Form bringen.

R37 *1 fM, 2 fM zus*, rundum wdh. (12)

Den Faden abschneiden, dabei ein langes Ende stehen lassen, durch die vorderen M-Glieder der übrigen M ziehen und fest anziehen. Das Fadenende vernähen. Das Hamster-Onesiegurumi ist fertig!

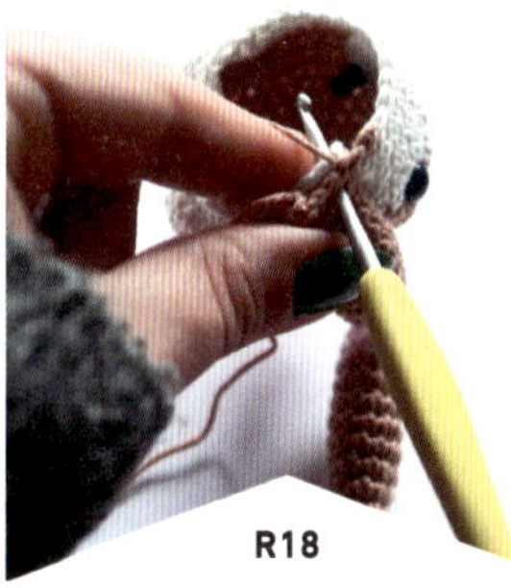
R18

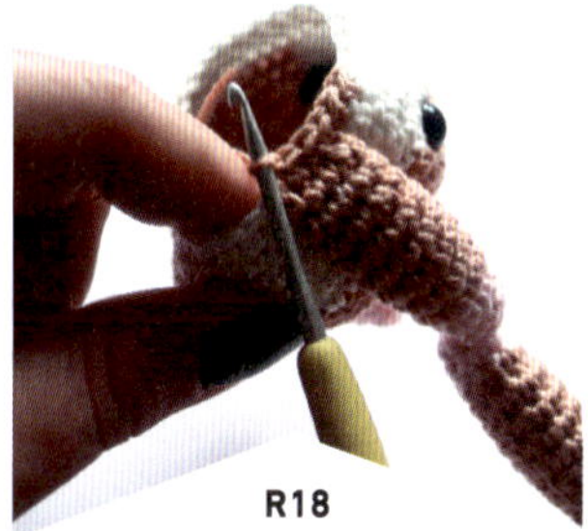
R18

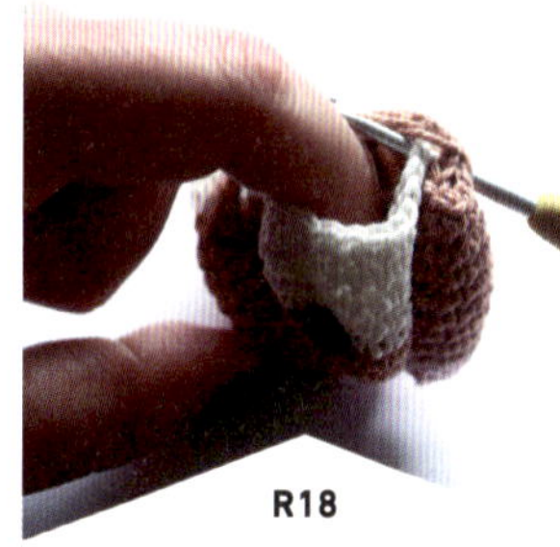
R18

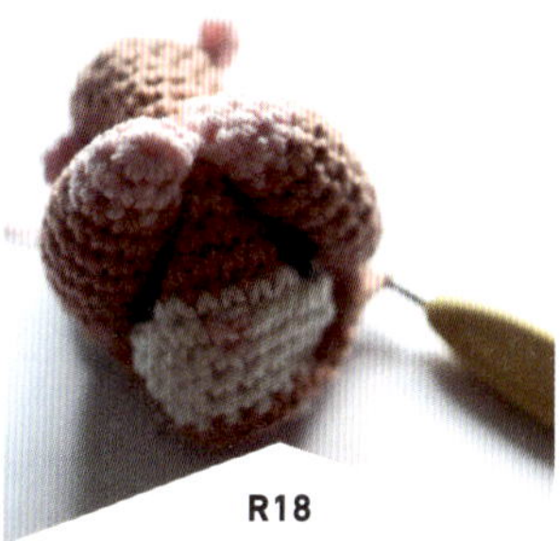
R18

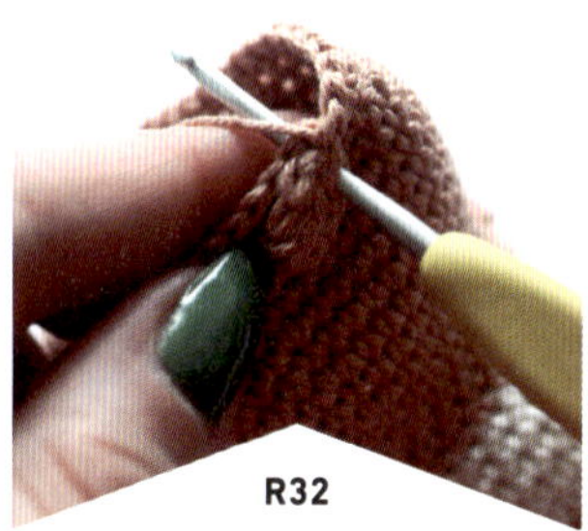
R32

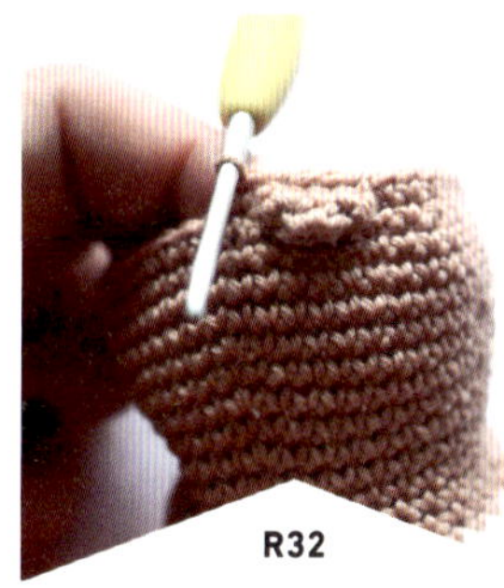
R32

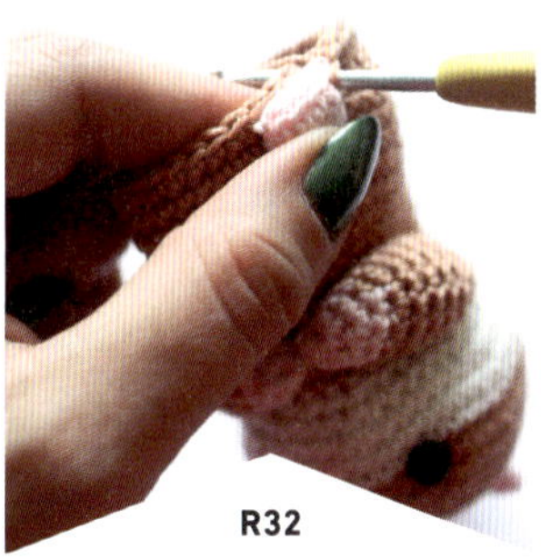
R32

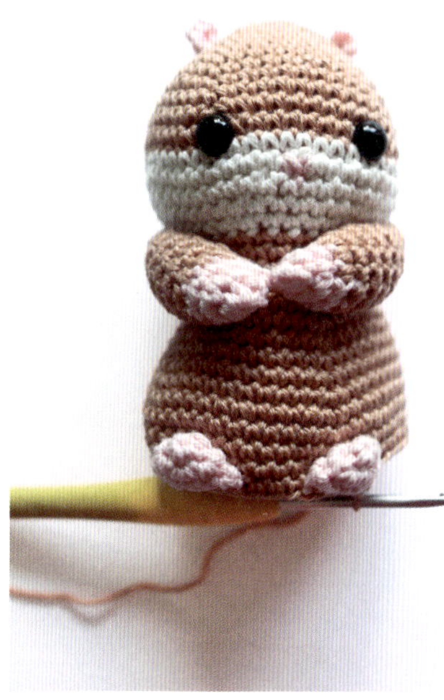

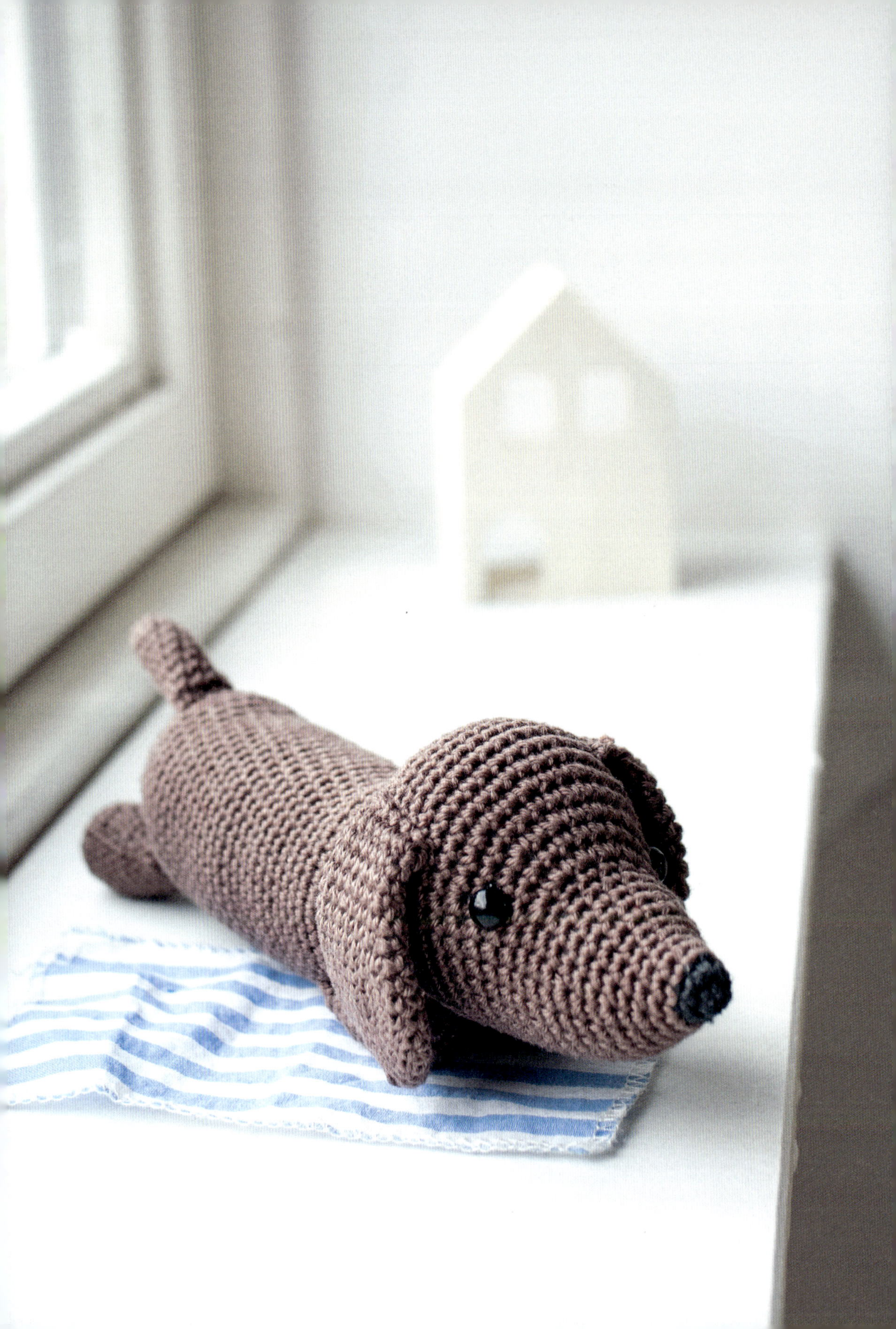

DACKEL

TIPP Beachte auch die Tipps auf den Seiten 12 und 13: Allgemeines, Abnehmen und Häkeln mit mehreren Farben.

Schwierigkeitsgrad: 3 von 5

FÜR DEN DACKEL (± 11,5 CM)

- Garn für Nadelstärke 2,5–3,5 mm. Ich habe Durable Coral (Lauflänge 125 m/50 g) verwendet, 1 Knäuel in Hellbraun #2223 (Liver) oder Braun #2229 (Chocolate) sowie einen kleinen Rest Schwarz.
- Schwarze Sicherheitsaugen 8 mm
- Häkelnadel 2,5 mm
- Polyester-Füllwatte
- Maschenmarkierer, Stopfnadel und Schere

OHREN (2 STÜCK)

R1 **In Braun** mit einem Fadenring beginnen, 6 fM in den Ring häkeln. (6)
R2 *1 fM, 2 fM in die folg M*, rundum wdh. (9)
R3 *2 fM, 2 fM in die folg M*, rundum wdh. (12)
R4 *1 fM, 2 fM in die folg M*, rundum wdh. (18)
R5 *5 fM, 2 fM in die folg M*, rundum wdh. (21)
R6–R8 Rundum 1 fM in jede M. (21)
R9 *5 fM, 2 fM zus*, rundum wdh. (18)
R10 Rundum 1 fM in jede M. (18)
R11 *7 fM, 2 fM zus*, rundum wdh. (16)
R12 Rundum 1 fM in jede M. (16)
R13 *6 fM, 2 fM zus*, rundum wdh. (14)
R14 Rundum 1 fM in jede M. (14)
R15 *5 fM, 2 fM zus*, rundum wdh. (12)
R16 Rundum 1 fM in jede M. (12)
R17 Das Ohr flach falten und 6 fM durch beide Lagen häkeln. (6)

Den Faden abschneiden, durch die letzte Schlinge ziehen und die Fadenenden vernähen.

SCHWANZ

R1 **In Braun** mit einem Fadenring beginnen, 6 fM in den Ring häkeln. (6)

R2 *2 fM, 2 fM in die folg M*, rundum wdh. (8)

R3–R9 Rundum 1 fM in jede M. (8)

Den Faden abschneiden, durch die letzte Schlinge ziehen und das Fadenende vernähen. Den Schwanz füllen, aber nur so fest, dass er seine Form behält. Der obere Teil des Schwanzes kann leer bleiben.

BEINE (4 STÜCK)

R1 **In Braun** mit einem Fadenring beginnen, 6 fM in den Ring häkeln. (6)

R2 Rundum 2 fM in jede M. (12)

R3 *2 fM, 2 fM in die folg M*, rundum wdh. (16)

R4–R5 Rundum 1 fM in jede M. (16)

R6 *6 fM, 2 fM zus*, rundum wdh. (14)

R7–R8 Rundum 1 fM in jede M. (14)

R9 *5 fM, 2 fM zus*, rundum wdh. (12)

R10–R11 Rundum 1 fM in jede M. (12)

Die Beine füllen, aber nur so fest, dass sie ihre Form behalten. Der obere Teil der Beine kann leer bleiben. Den Faden abschneiden, durch die letzte Schlinge ziehen und die Fadenenden vernähen.

Kopf

(Auf diesen Fotos siehst du, wie das zweite Ohr befestigt wird.)

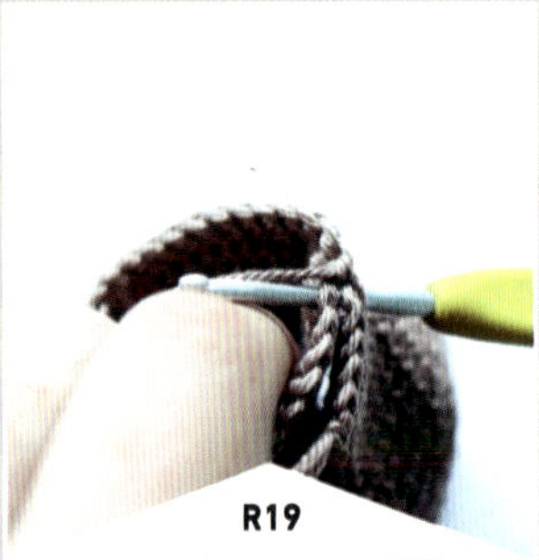

R19

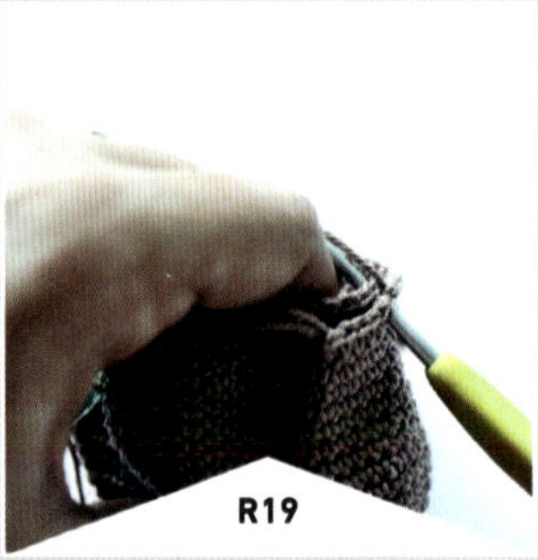

R19

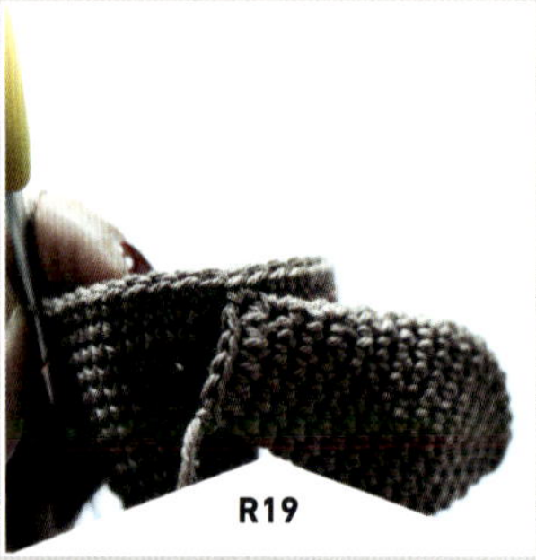

R19

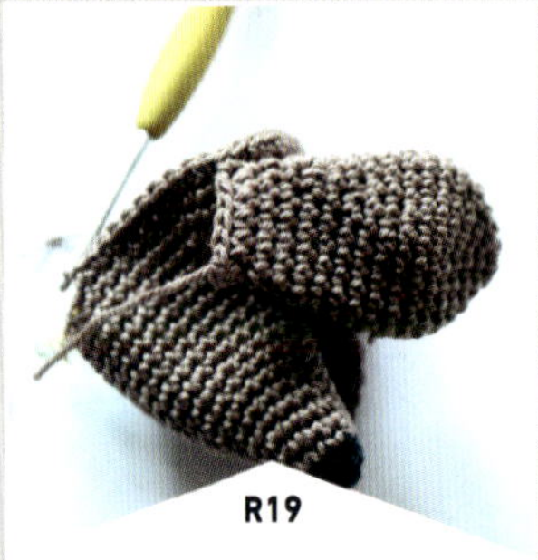

R19

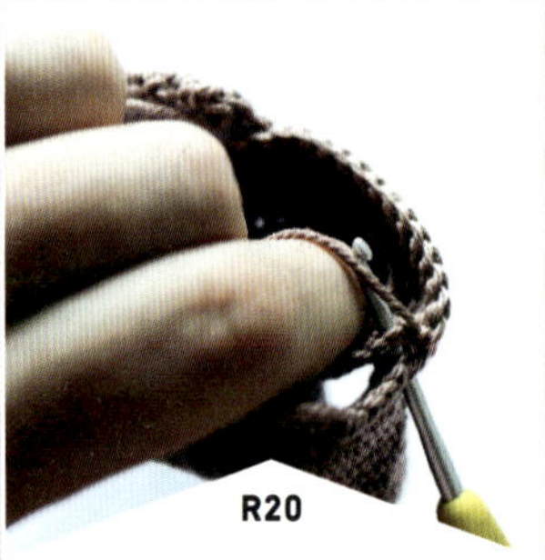

R20

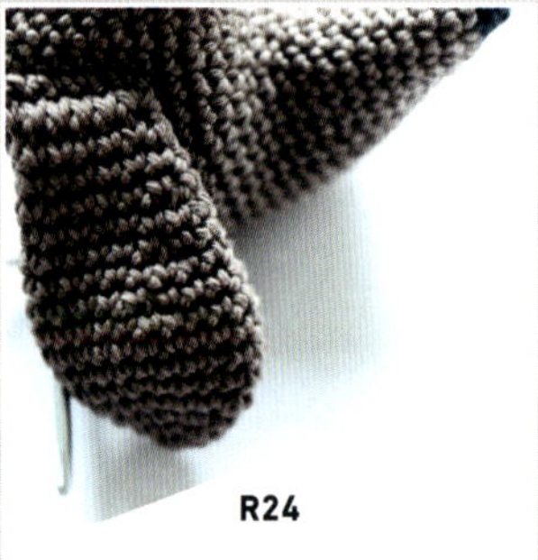

R24

KOPF

R1 **In Schwarz** mit einem Fadenring beginnen, 6 fM in den Ring häkeln. (6)

R2 *2 fM, 2 fM in die folg M*, rundum wdh. (8)

R3 **In Braun** (den schwarzen Faden abschneiden) 2 fM in jede der ersten 2 M, 4 fM, 2 fM in jede der folg 2 M. (12)

R4 Rundum 1 fM in jede M. (12)

R5 *1 fM, 2 fM in die folg M*, noch 1× von * bis * wdh, 4 fM, noch 2× von * bis * wdh. (16)

R6 Rundum 1 fM in jede M. (16)

R7 *2 fM, 2 fM in die folg M*, noch 1× von * bis * wdh, 4 fM, noch 2× von * bis * wdh. (20)

R8–R9 Rundum 1 fM in jede M. (20)

R10 *3 fM, 2 fM in die folg M*, noch 1× von * bis * wdh, 4 fM, noch 2× von * bis * wdh. (24)

R11–R12 Rundum 1 fM in jede M. (24)

R13 10 fM, 2 fM in jede der folg 6 M, 8 fM. (30)

R14 Rundum 1 fM in jede M. (30)

R15 10 fM, *1 fM, 2 fM in die folg M*, noch 5× von * bis * wdh, 8 fM. (36)

R16 Rundum 1 fM in jede M. (36)

R17 10 fM, *2 fM, 2 fM in die folg M*, noch 5× von * bis * wdh, 8 fM. (42)

R18 Rundum 1 fM in jede M. (42)

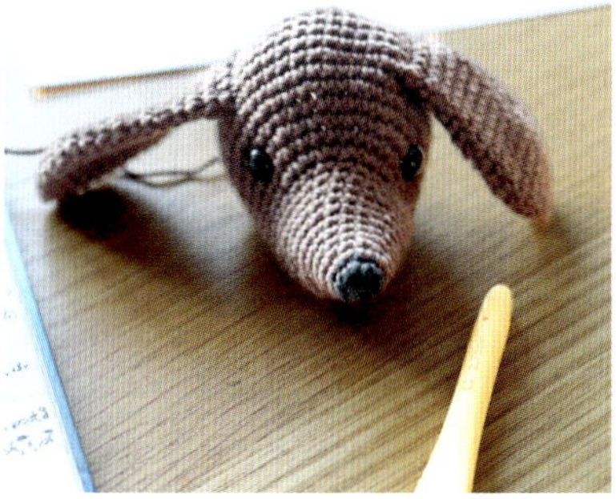

TIPP In den kommenden 6 Runden häkelst du jeweils 1 M des Ohrs fest, immer über der gleichen Stelle. Es wird also immer exakt auf die gleiche M der Runde gehäkelt. Dabei musst du genau mitzählen, da man rund um das Ohr leicht eine M auslässt.

R19 18 fM, ein Ohr an den Kopf halten, die Häkelnadel durch die letzte M des Ohrs stechen, sodass nur die Spitze ganz links fixiert ist, jetzt 1 fM durch das Ohr und den Kopf häkeln (siehe Fotos), 12 fM, jetzt das zweite Ohr an den Kopf halten, die Nadel durch die erste M des Ohrs stechen, sodass nur die Spitze ganz rechts fixiert ist, 1 fM durch das Ohr und den Kopf häkeln, 10 fM. (42)

R20 18 fM, die Häkelnadel von oben in die folg M des Ohrs einstechen, 1 fM durch das Ohr und den Kopf häkeln (siehe Foto), 12 fM, die Häkelnadel von der Oberseite in die folg M des Ohrs einstechen, aber über die noch zu häkelnden Runden, 1 fM durch das Ohr und den Kopf häkeln, 10 fM. (42)

R21–R24 Wie R20 häkeln.

Die Sicherheitsaugen zwischen R15 und R16 befestigen, zwischen der 12. und 13. sowie der 27. und 28. M von R15.

R25 10 fM, *3 fM, 2 fM zus*, von * bis * noch 5× wdh, 2 fM. (36)

R26 10 fM, *2 fM, 2 fM zus*, von * bis * noch 5× wdh, 2 fM. (30)

R27 10 fM, *1 fM, 2 fM zus*, von * bis * noch 5× wdh, 2 fM. (24)

R28 10 fM, *2 fM zus*, von * bis * noch 5× wdh, 2 fM. (18)

R29 2 fM, 2 fM in jede der folg 6 M, 10 fM. (24)

R30 2 fM, *1 fM, 2 fM in die folg M*, noch 5× von * bis * wdh, 10 fM. (30)

R31 2 fM, *2 fM, 2 fM in die folg M*, noch 5× von * bis * wdh, 10 fM. (36)

R32–R33 Rundum 1 fM in jede M. (36)

Siehe Fotos links

KÖRPER

R34 9 fM, ein Bein an den Kopf halten, 6 fM durch beide Lagen des Beins und den Kopf häkeln (siehe Fotos), 2 fM, 6 fM durch beide Lagen des zweiten Beins und den Kopf häkeln wie beim ersten Bein beschrieben, 13 fM. (36)

Den Kopf füllen und in Form bringen.

R35–R54 Rundum 1 fM in jede M. (36)

R55 13 fM, ein weiteres Bein an den Körper halten, 6 fM durch beide Lagen des Beins und den Körper häkeln wie bei den Vorderbeinen beschrieben, 2 fM, 6 fM durch beide Lagen des letzten Beins und den Körper wie beim vorigen Bein, 9 fM. (36)

R56 1 fM, jetzt 4 fM durch beide Lagen des Schwanzes und den Körper häkeln wie bei den Beinen beschrieben, 31 fM. (36)

R57 *4 fM, 2 fM zus*, rundum wdh. (30)

R58 *3 fM, 2 fM zus*, rundum wdh. (24)

R59 *2 fM, 2 fM zus*, rundum wdh. (18)

Den Körper füllen und in Form bringen.

R60 *1 fM, 2 fM zus*, rundum wdh. (12)

Den Faden abschneiden, dabei ein langes Ende stehen lassen, durch die vorderen M-Glieder der übrigen M ziehen und fest anziehen. Das Fadenende vernähen. Das Dackel-Onesiegurumi ist fertig!

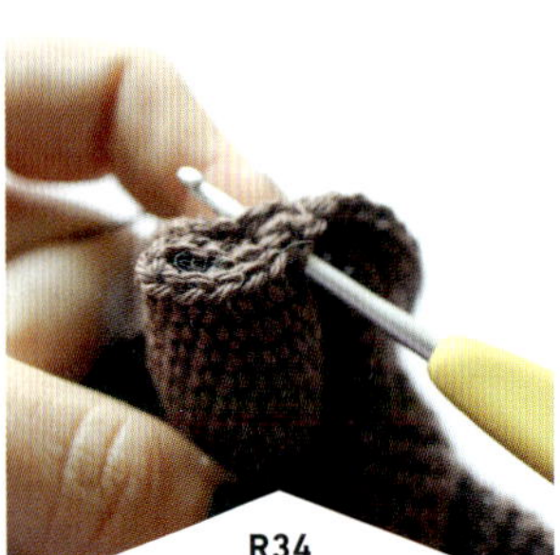

R34

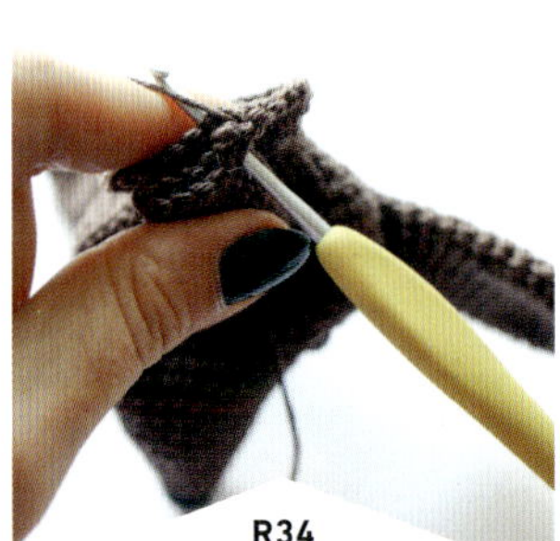

R34

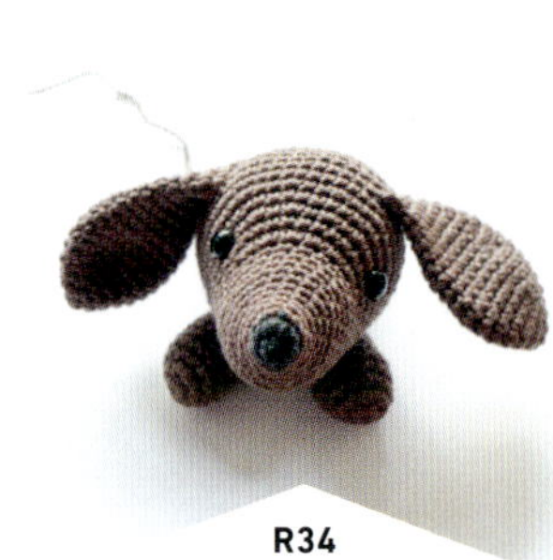

R34

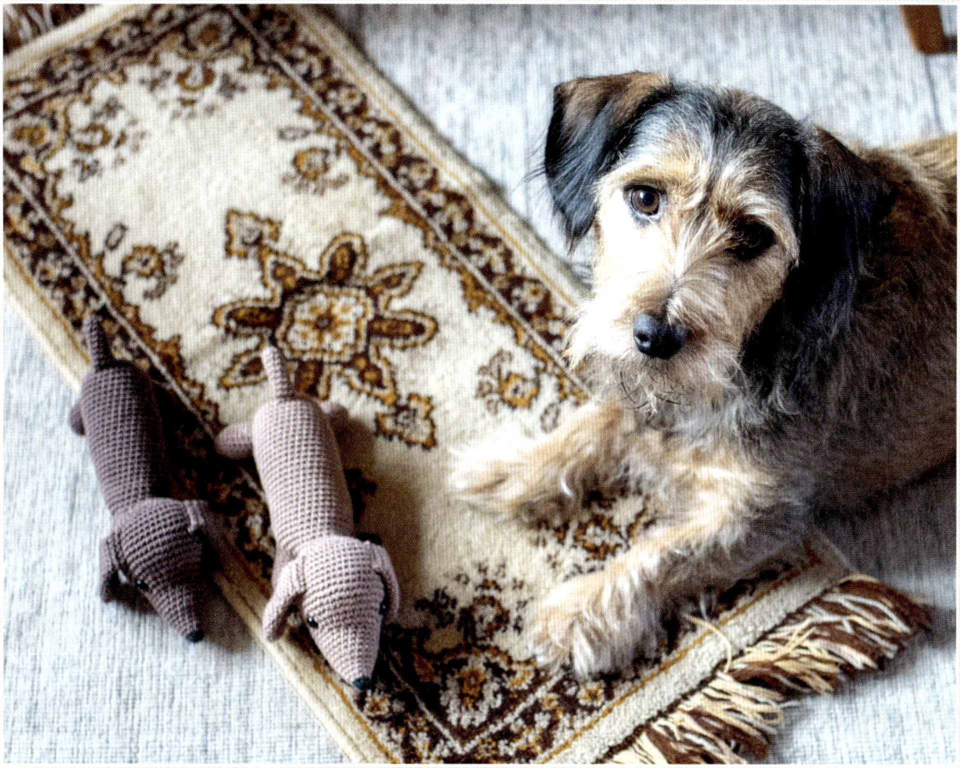

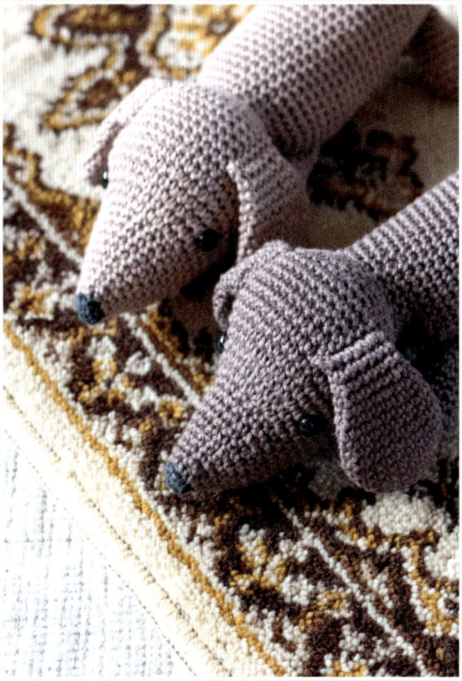

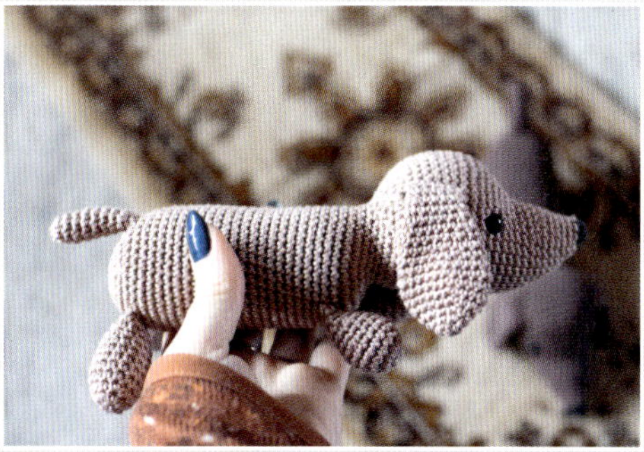

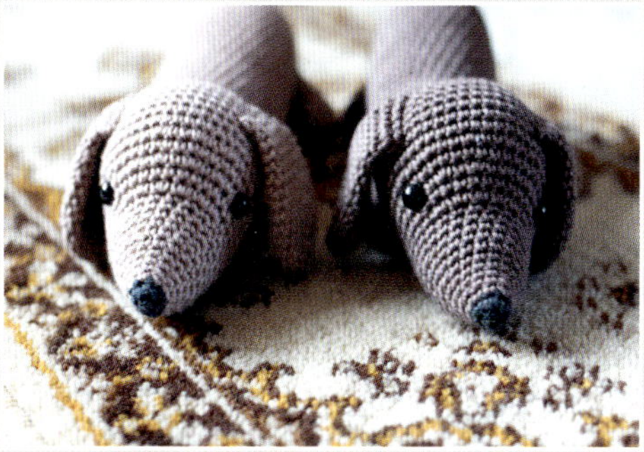

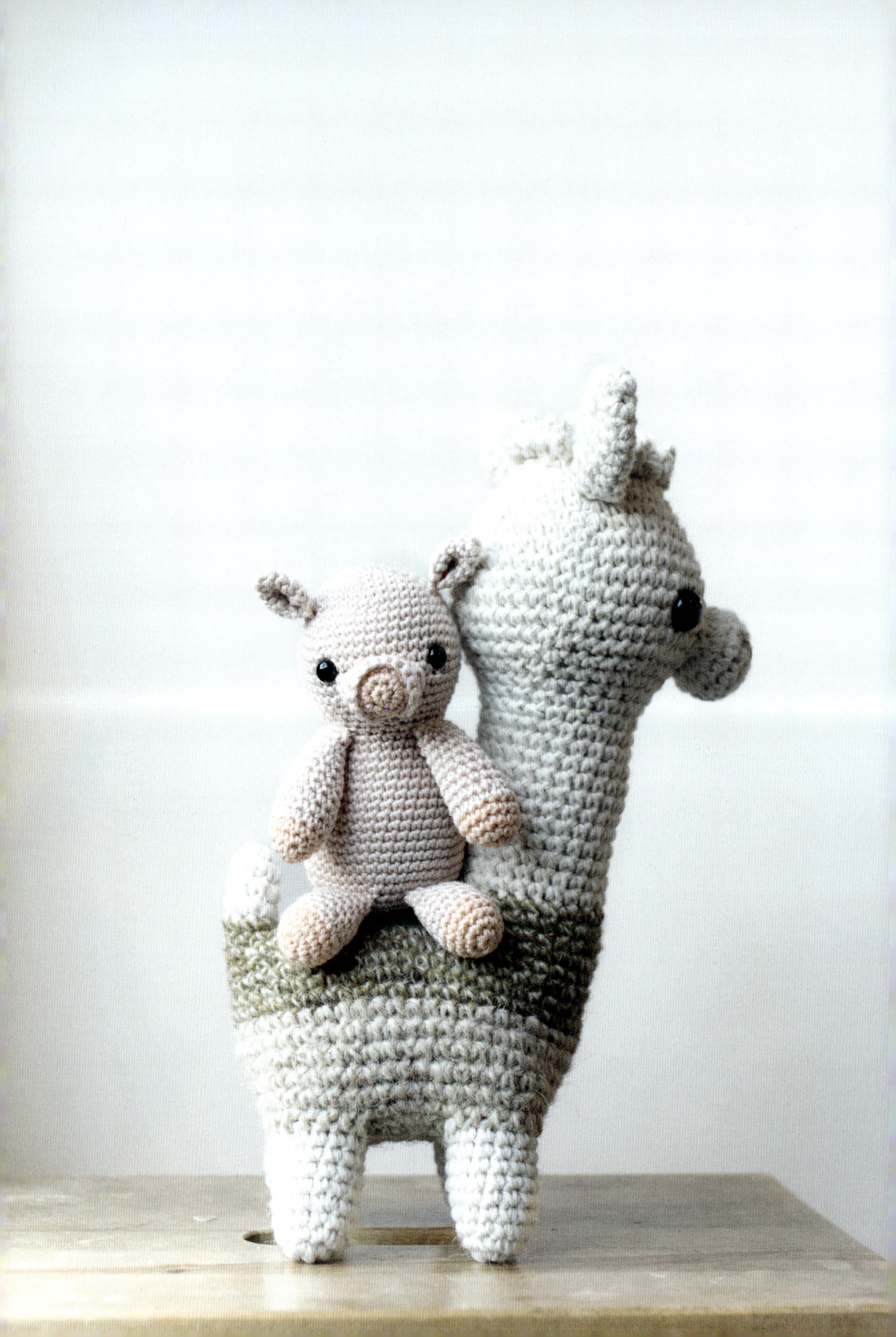

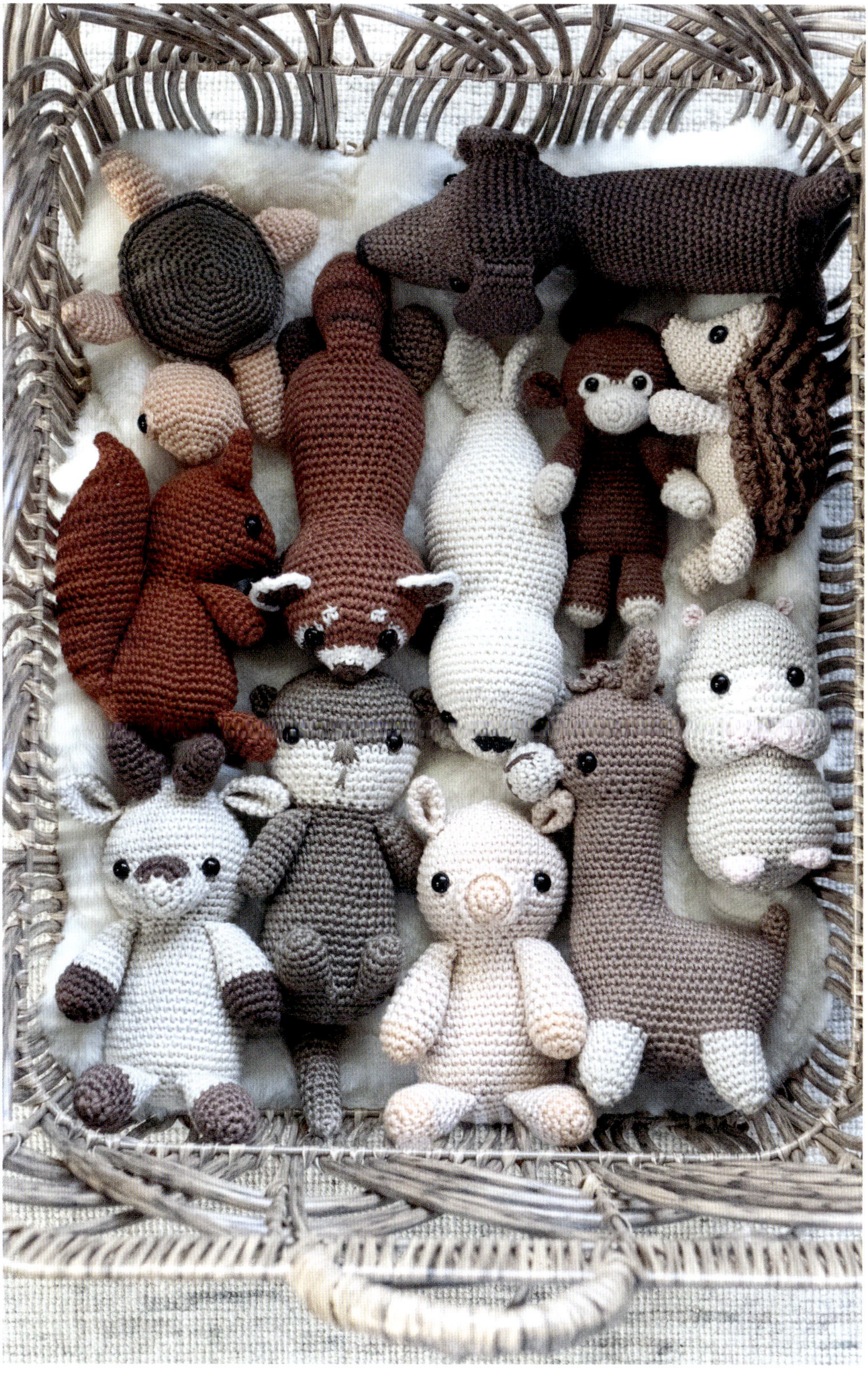

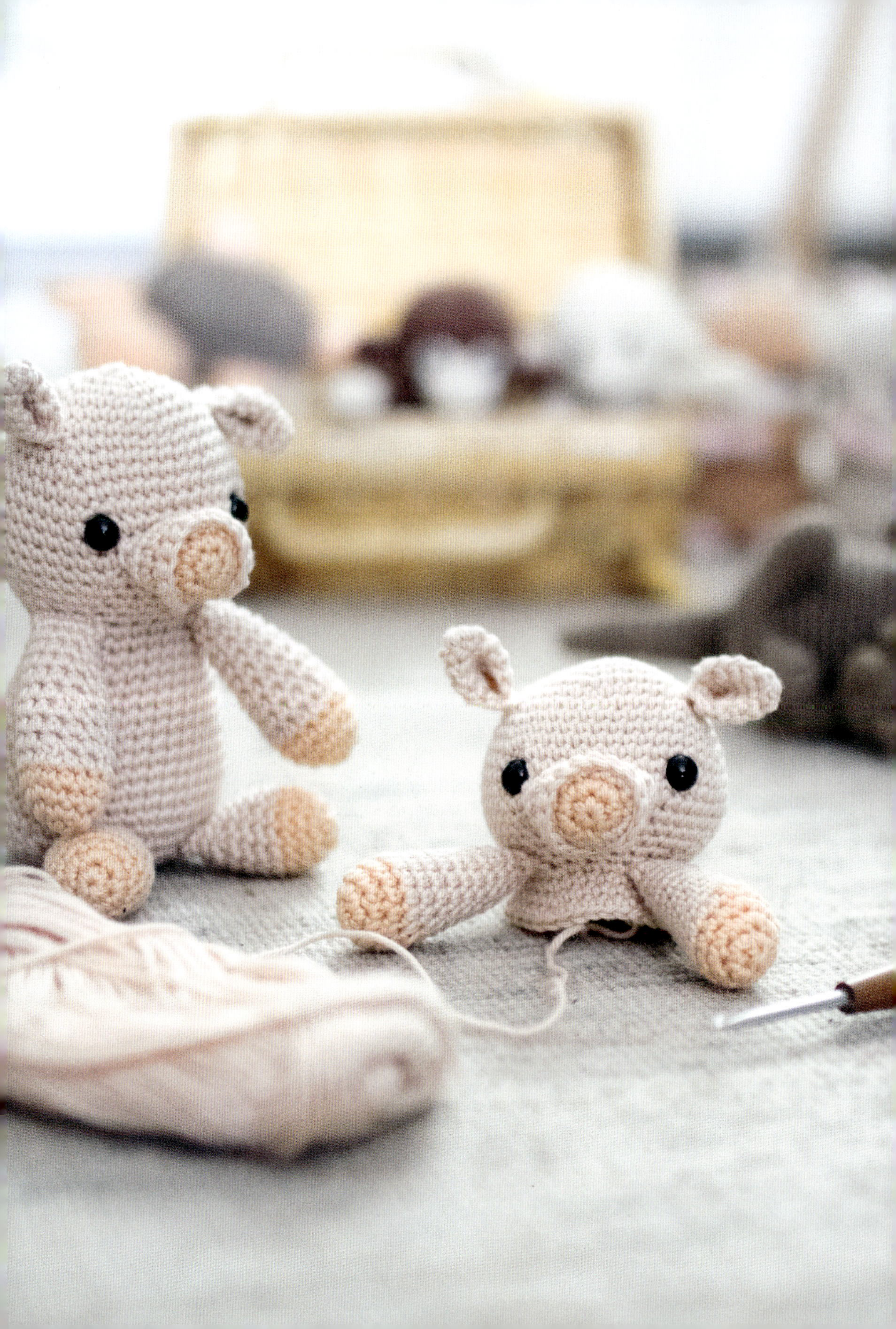

SCHWEIN

TIPP Beachte auch die Tipps auf den Seiten 12 und 13: Allgemeines, Abnehmen und Häkeln mit mehreren Farben.

Schwierigkeitsgrad: 3 von 5

FÜR DAS KLEINE SCHWEIN
(±11,5 cm)

- Garn für Nadelstärke 2,5–3,5 mm. Ich habe Durable Coral (Lauflänge 125 m/50 g) verwendet, je 1 Knäuel in hellem Lachsrosa #2192 (Pale Pink) und dunklem Lachsrosa #211 (Peach).
- Schwarze Sicherheitsaugen 8 mm
- Häkelnadel 2,5 mm
- Polyester-Füllwatte
- Maschenmarkierer, Stopfnadel und Schere

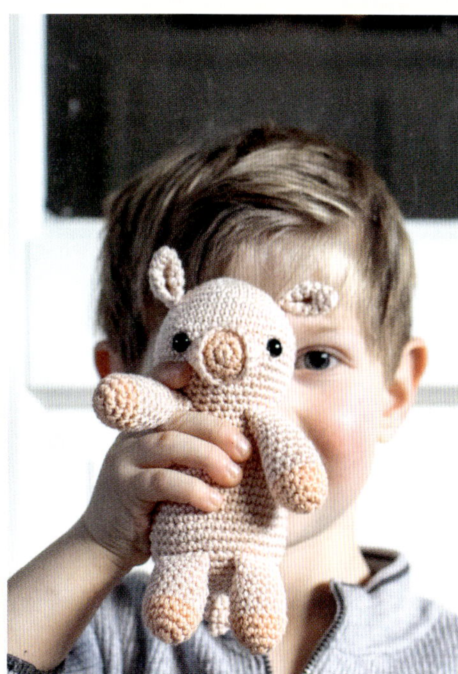

Für Ohren und Nase siehe Fotos rechts

OHREN (2 STÜCK)

R1 **In hellem Lachrosa** mit einem Fadenring beginnen, 6 fM in den Ring häkeln. (6)
R2 Rundum 1 fM in jede M. (6)
R3 Rundum 2 fM in jede M. (12)
R4 Rundum 1 fM in jede M. (12)
R5 *1 fM, 2 fM in die folg M*, rundum wdh. (18)
R6 Das Ohr flach falten und 9 fM durch beide Lagen häkeln. (9)
R7 Das Ohr erneut falten und 4 fM durch beide Lagen häkeln, dabei die letzte M auslassen. (4)

Den Faden abschneiden, durch die letzte Schlinge ziehen und die Fadenenden vernähen.

VORDERBEINE (2 STÜCK)

R1 **In dunklem Lachsrosa** mit einem Fadenring beginnen, 6 fM in den Ring häkeln. (6)
R2 Rundum 2 fM in jede M. (12)
R3 *2 fM, 2 fM in die folg M*, rundum wdh. (16)
R4 Rundum 1 fM in jede M. (16)
R5 **In hellem Lachsrosa** (den dunklen Faden abschneiden) rundum 1 fM in jede M. (16)
R6 *6 fM, 2 fM zus*, rundum wdh. (14)
R7–R8 Rundum 1 fM in jede M. (14)
R9 *5 fM, 2 fM zus*, rundum wdh. (12)
R10–R11 Rundum 1 fM in jede M. (12)
R12 *4 fM, 2 fM zus*, rundum wdh. (10)
R13 Rundum 1 fM in jede M. (10)

Das Vorderbein füllen, aber nur so fest, dass es seine Form behält. Der obere Teil des Beins kann leer bleiben.

R14 *3 fM, 2 fM zus*, rundum wdh. (8)

Den Faden abschneiden, durch die letzte Schlinge ziehen und die Fadenenden vernähen.

HINTERBEINE (2 STÜCK)

R1–R11 wie bei den Vorderbeinen beschrieben häkeln. Die Hinterbeine füllen, aber nur so fest, dass sie ihre Form behalten. Der obere Teil der Beine kann leer bleiben. Den Faden abschneiden, durch die letzte Schlinge ziehen und die Fadenenden vernähen.

SCHWANZ

R1 **In hellem Lachsrosa** 10 Lm, 3 fM in die zweite Lm von der Häkelnadel aus, bis zum Ende 3 fM in jede Lm.

Den Faden abschneiden, durch die letzte Schlinge ziehen, das Fadenende aber nicht vernähen.

RÜSSEL

R1 **In dunklem Lachsrosa** mit einem Fadenring beginnen, 6 fM in den Ring häkeln. (6)
R2 Rundum 2 fM in jede M. (12)
R3 **In hellem Lachsrosa** (den dunklen Faden abschneiden) *1 fM, 2 fM in die folg M*, rundum wdh. (18)
R4 Nur in die vorderen M-Glieder häkeln, rundum 1 fM in jede M. (18)
R5 Jetzt in die unbehäkelten hinteren M-Glieder von R3 häkeln, rundum 1 fM in jede M. (18)
R6 Rundum 1 fM in jede M. (18)

Den Faden abschneiden, durch die letzte Schlinge ziehen und das Fadenende vernähen.

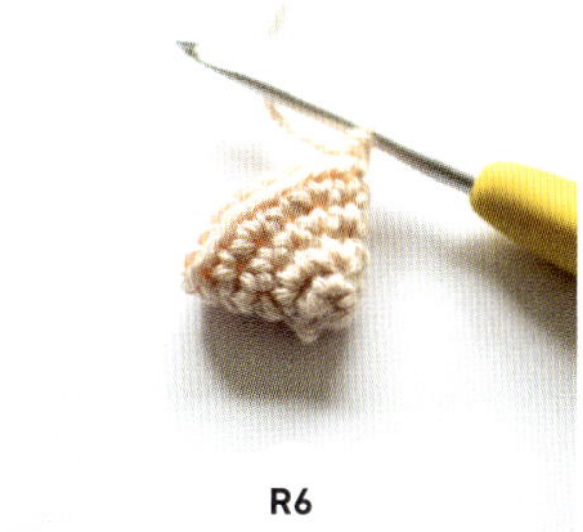

R6

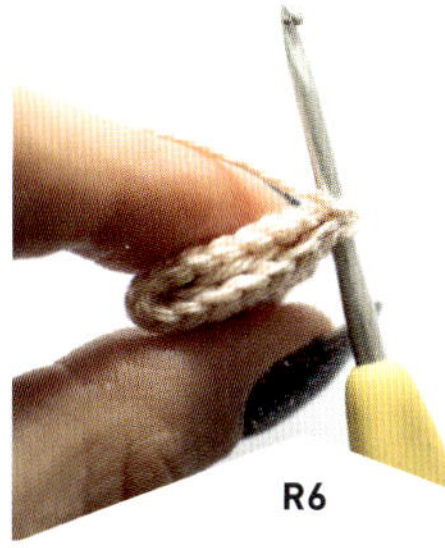

R6

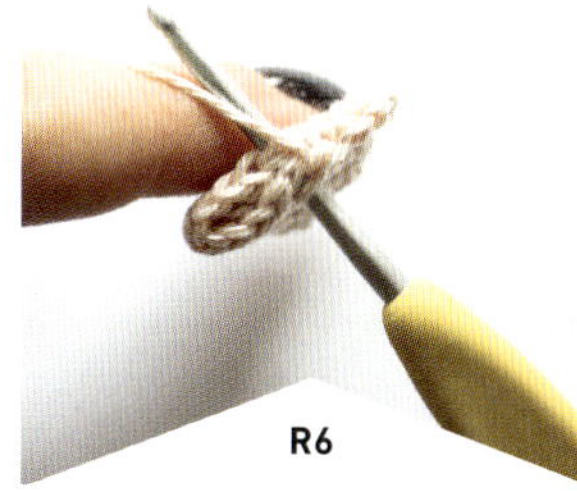

R6

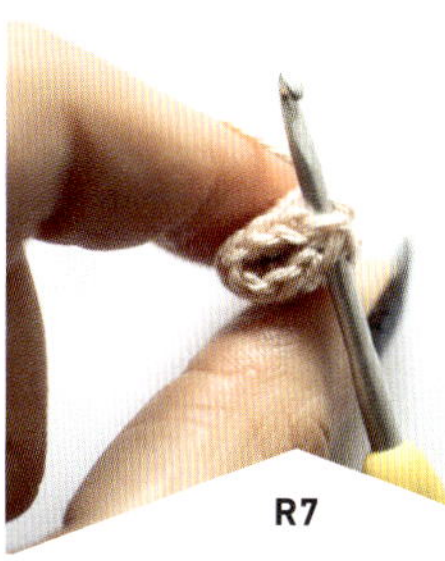

R7

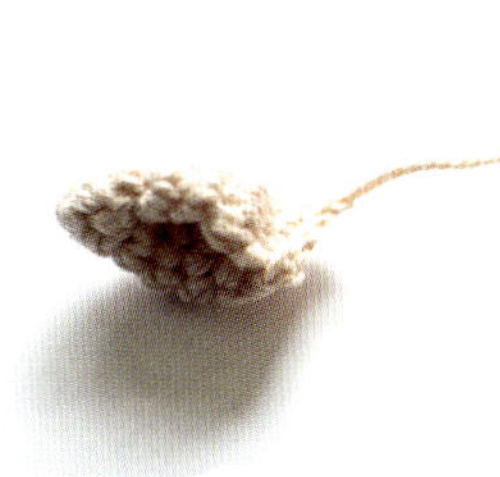

R7

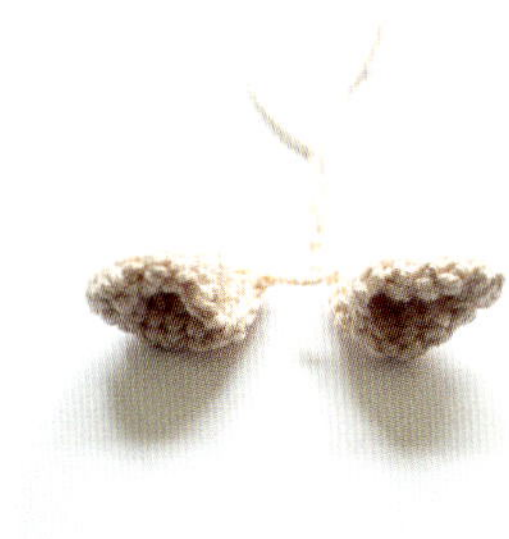

Ohren

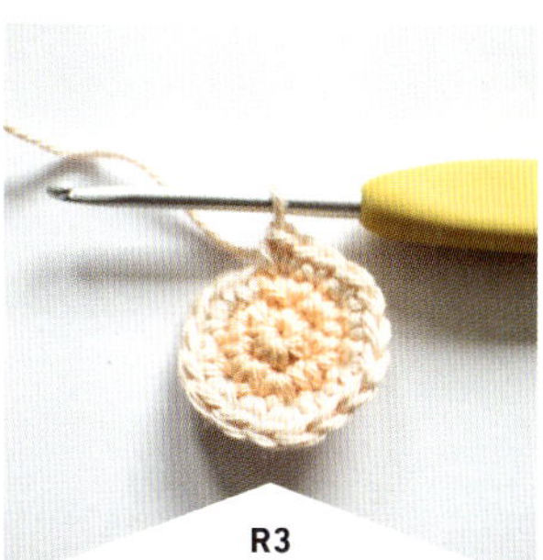

R3

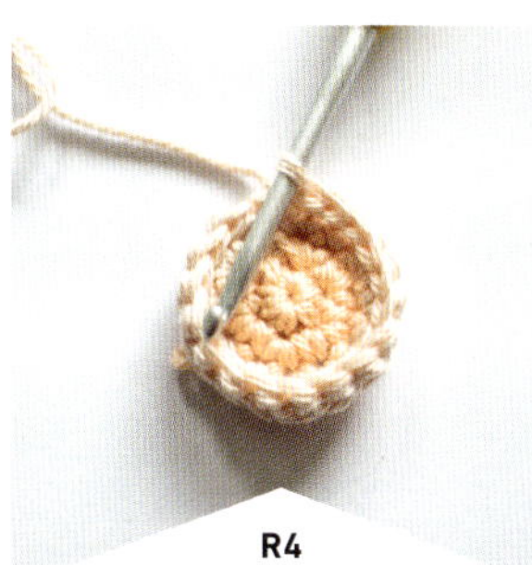

R4

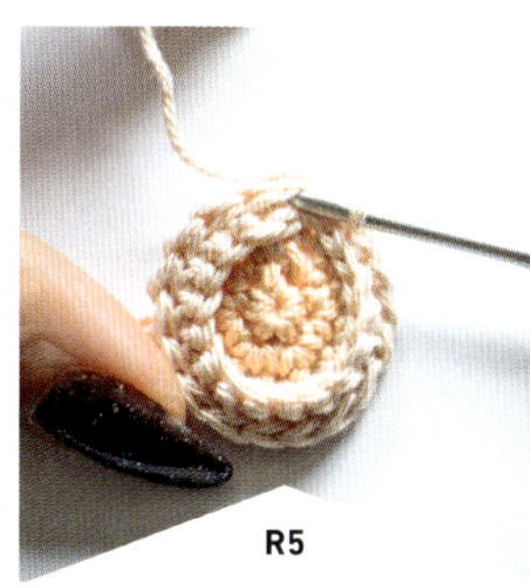

R5

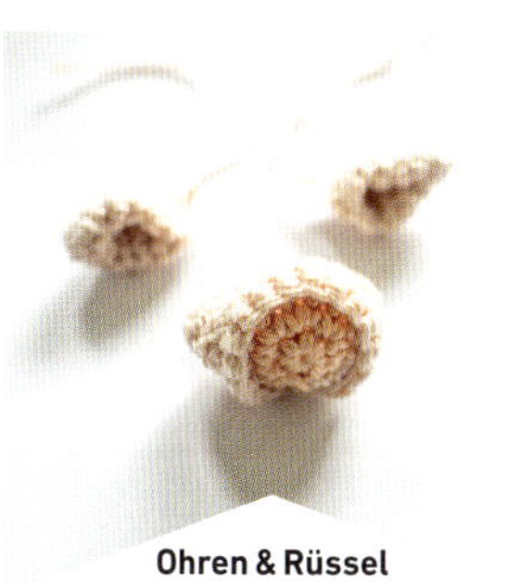

Ohren & Rüssel

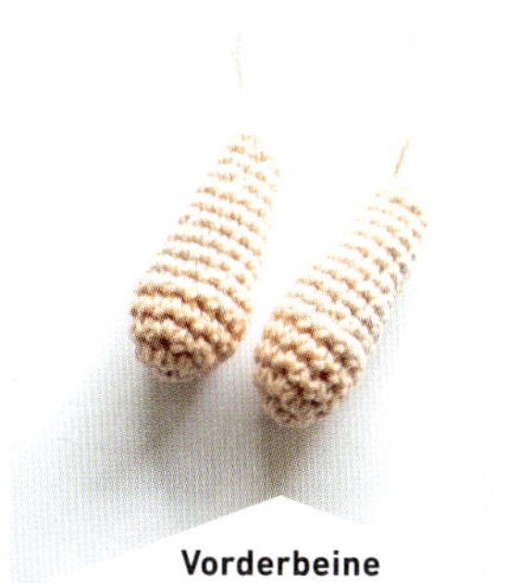

Vorderbeine

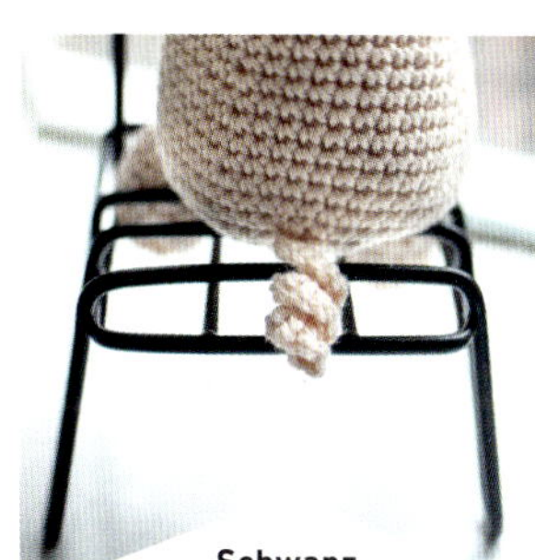

Schwanz

KOPF

Siehe Fotos rechts

R1 **In hellem Lachrosa** mit einem Fadenring beginnen, 6 fM in den Ring häkeln. (6)

R2 Rundum 2 fM in jede M. (12)

R3 *1 fM, 2 fM in die folg M*, rundum wdh. (18)

R4 *2 fM, 2 fM in die folg M*, rundum wdh. (24)

R5 *3 fM, 2 fM in die folg M*, rundum wdh. (30)

R6 *4 fM, 2 fM in die folg M*, rundum wdh. (36)

R7 11 fM, ein Ohr mit der Öffnung zur Häkelnadel an den Kopf halten, 4 fM durch beide Lagen des Ohrs und den Kopf häkeln (siehe Foto), 17 fM, dann das zweite Ohr mit der geschlossenen Seite zur Häkelnadel an den Kopf halten, 4 fM durch beide Lagen des Ohrs und den Kopf häkeln. (36)

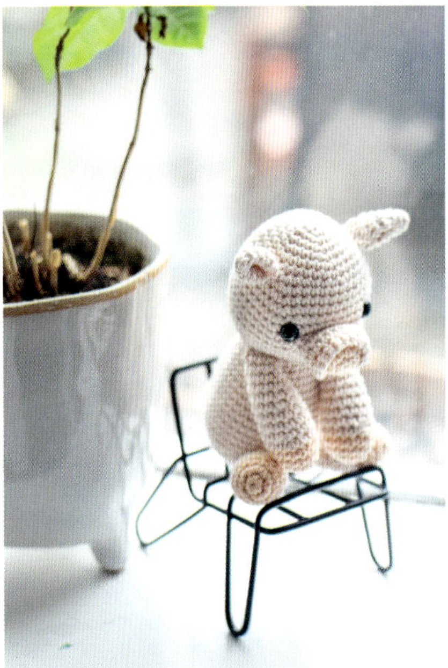

R8 *2 fM in die folg M, 11 fM*, rundum wdh. (39)

R9 *1 fM, 2 fM in die folg M, 11 fM*, rundum wdh. (42)

R10 *2 fM, 2 fM in die folg M, 11 fM*, rundum wdh. (45)

R11 *3 fM, 2 fM in die folg M, 11 fM*, rundum wdh. (48)

R12–R13 Rundum 1 fM in jede M. (48)

Jetzt den Rüssel flach falten, sodass die Einkerbung genau in der Mitte liegt (4 M davor und 4 M danach).

TIPP Der Rüssel wird über 2 Runden befestigt. In R14 fixierst du die Oberseite (Foto 4-5) und in R15 die Unterseite (Foto 6-8).

R14 6 fM, den Rüssel offen an den Kopf halten und von der Innenseite des Rüssels aus 9 fM durch eine Lage des Rüssels (die Seite ohne Einkerbung) und den Kopf häkeln (siehe Foto), 33 fM. (48)

R15 7 fM, nun 9 fM durch die restlichen ungehäkelten M des Rüssels (von der Außenseite aus einstechen) und den Kopf häkeln, den Rüssel nach der Hälfte füllen, 32 fM. (48)

R16 *6 fM, 2 fM zus*, rundum wdh. (42)

R17 *5 fM, 2 fM zus*, rundum wdh. (36)

R18 *4 fM, 2 fM zus*, rundum wdh. (30)

R19 *3 fM, 2 fM zus*, rundum wdh. (24)

Die Sicherheitsaugen zwischen R13 und R14 befestigen, zwischen der 5. und 6. sowie der 16. und 17. M von R13.

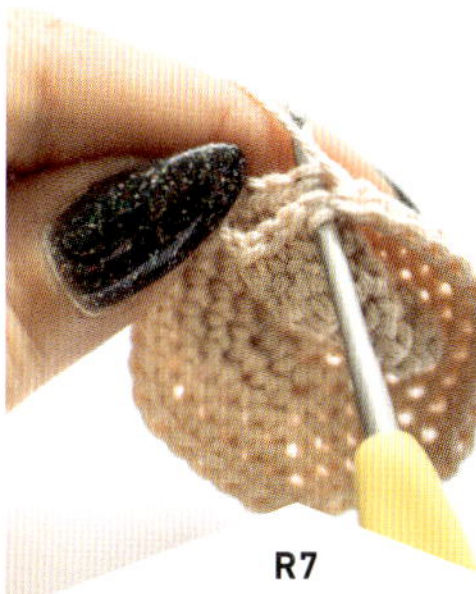

R7

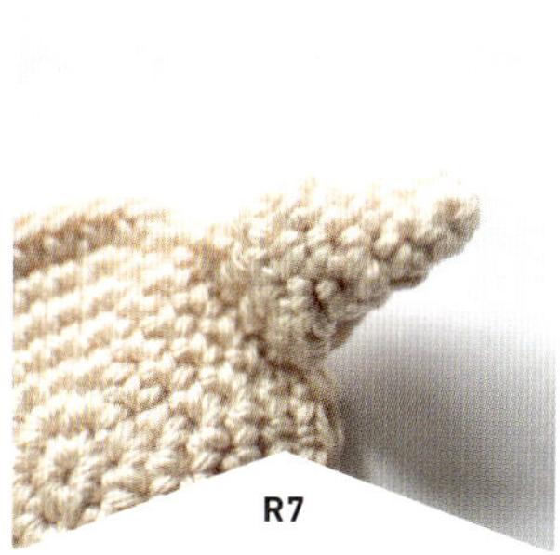

R7

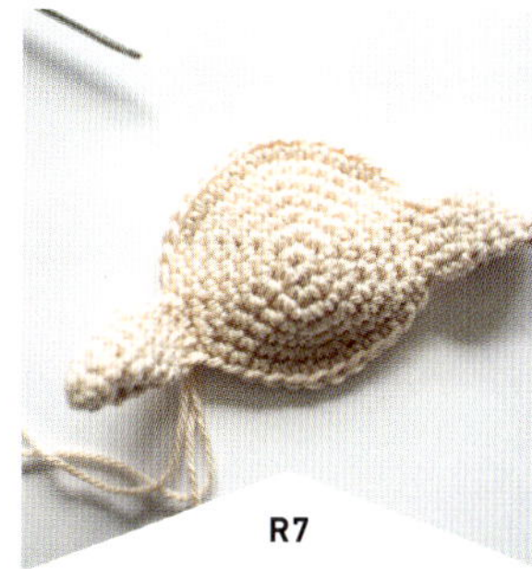

R7

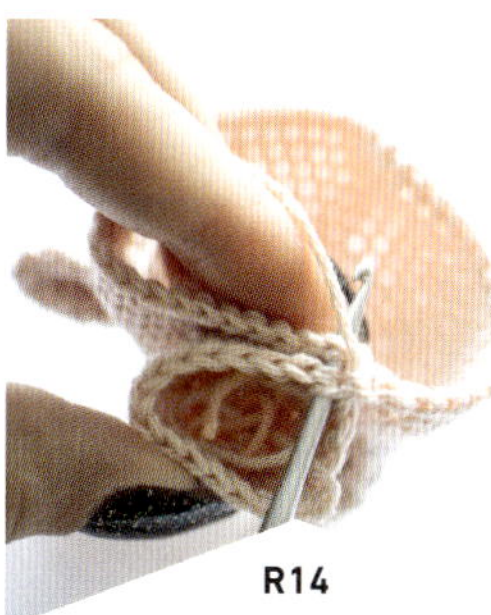

R14

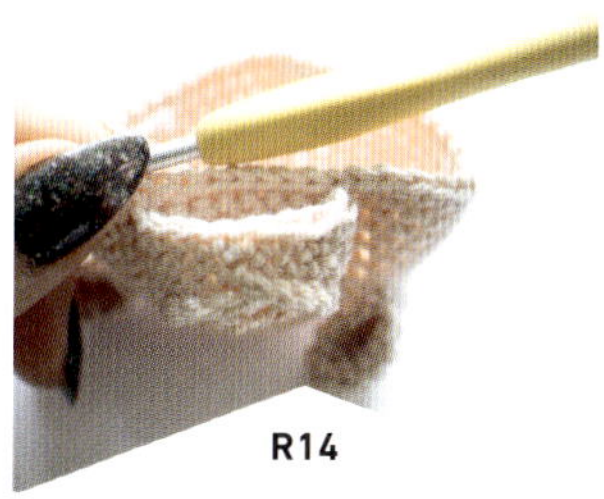

R14

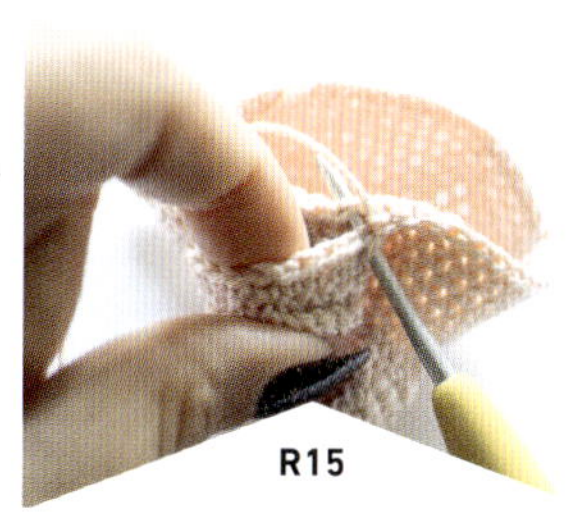

R15

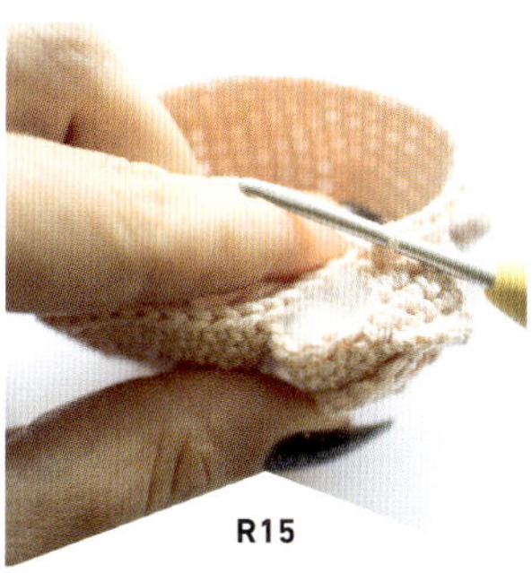

R15

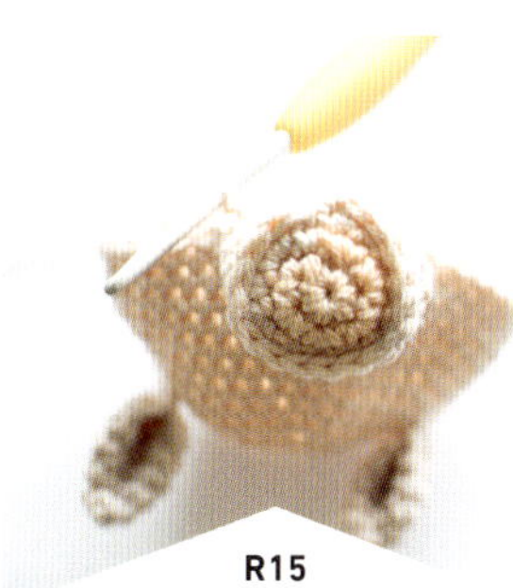

R15

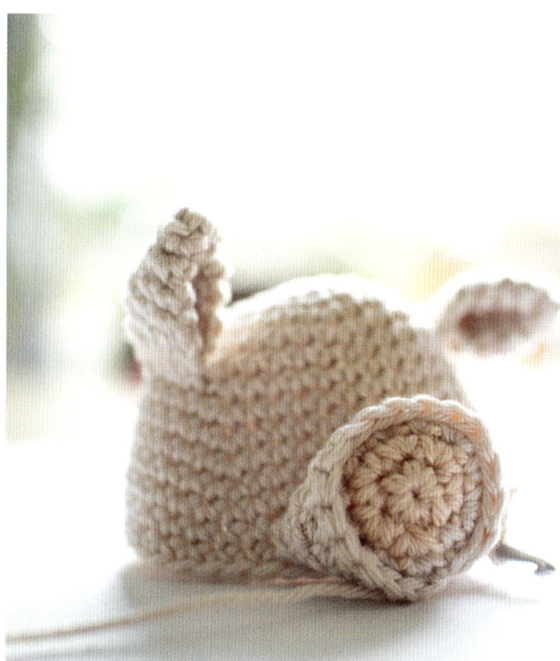

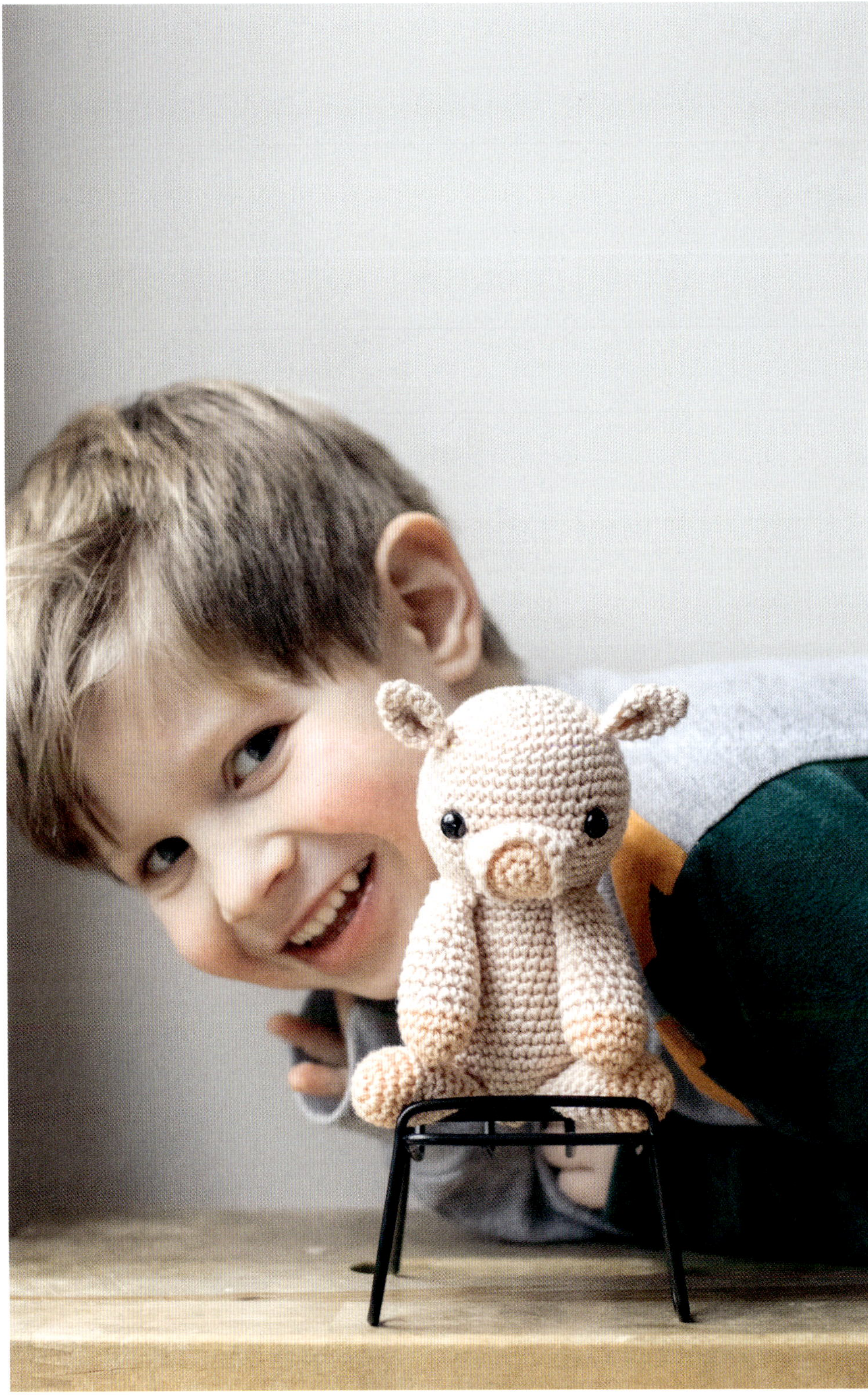

KÖRPER

R20 1 fM, ein Vorderbein an den Kopf halten, 4 fM durch beide Lagen des Beins und den Körper häkeln (siehe Foto), 4 fM, 4 fM durch beide Lagen des zweiten Vorderbeins und den Körper häkeln wie bei dem ersten Bein beschrieben, 11 fM. (24)
R21 *5 fM, 2 fM in die folg M*, rundum wdh. (28)
R22 Rundum 1 fM in jede M. (28)
R23 *6 fM, 2 fM in die folg M*, rundum wdh. (32)
R24–R25 Rundum 1 fM in jede M. (32)
R26 *7 fM, 2 fM in die folg M*, rundum wdh. (36)
R27–R28 Rundum 1 fM in jede M. (36)
R29 *8 fM, 2 fM in die folg M*, rundum wdh. (40)
R30–R31 Rundum 1 fM in jede M. (40)

Den Kopf füllen und in Form bringen.

R32 *9 fM, 2 fM in die folg M*, rundum wdh. (44)
R33–R34 Rundum 1 fM in jede M. (44)
R35 *10 fM, 2 fM in die folg M*, rundum wdh. (48)
R36 Rundum 1 fM in jede M. (48)
R37 *6 fM, 2 fM zus*, rundum wdh. (42)
R38 8 fM, ein Hinterbein an den Körper halten, 6 fM durch beide Lagen des Beins und den Körper häkeln wie bei den Vorderbeinen beschrieben, 3 fM, 6 fM durch beide Lagen des zweiten Hinterbeins und den Körper häkeln wie beim ersten Bein, 11 fM, jetzt 2 fM durch die letzte fM und die erste Lm des Schwanzes und des Körpers häkeln wie bei den Beinen beschrieben, die zwei Fäden vom Schwanz auf der Innenseite des Körpers doppelt verknoten, 6 fM. (42)

R39 *5 fM, 2 fM zus*, rundum wdh. (36)
R40 *4 fM, 2 fM zus*, rundum wdh. (30)
R41 *3 fM, 2 fM zus*, rundum wdh. (24)
R42 *2 fM, 2 fM zus*, rundum wdh. (18)

Den Körper füllen und in Form bringen.

R43 *1 fM, 2 fM zus*, rundum wdh. (12)

Den Faden abschneiden, dabei ein langes Ende stehen lassen, durch die vorderen M-Glieder der übrigen M ziehen und fest anziehen. Das Fadenende vernähen. Das Schweine-Onesiegurumi ist fertig!

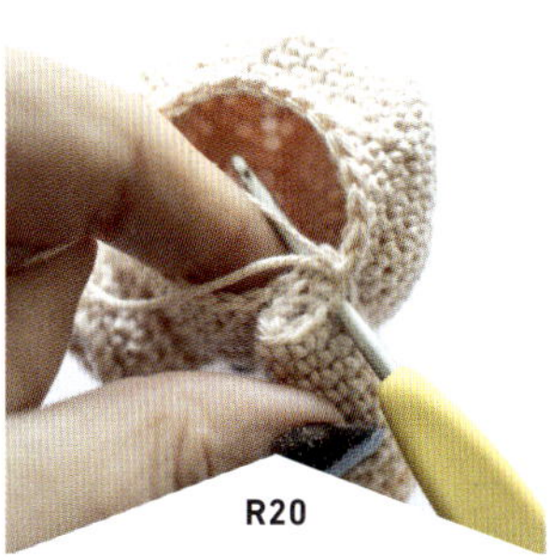

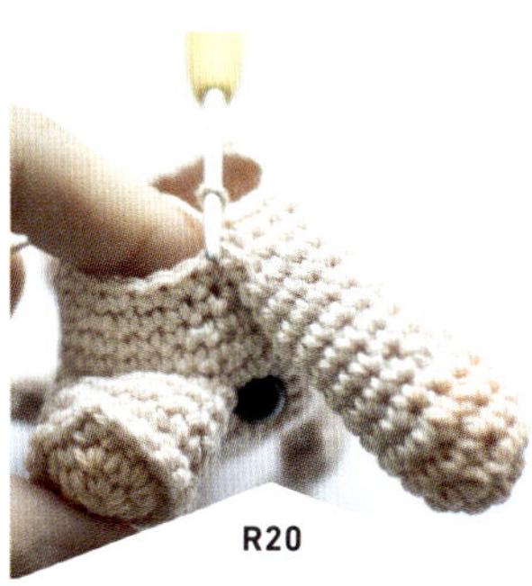

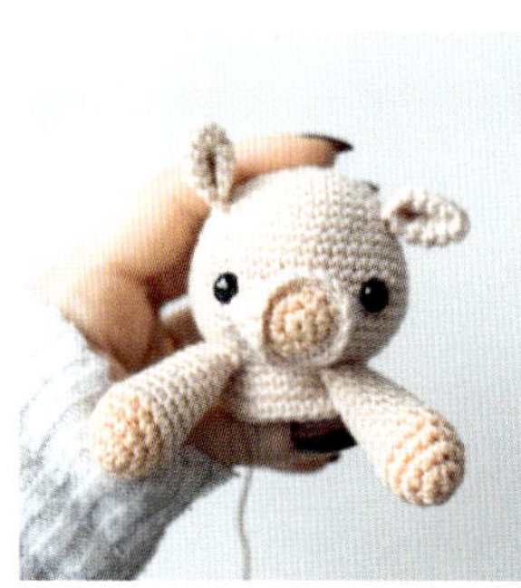

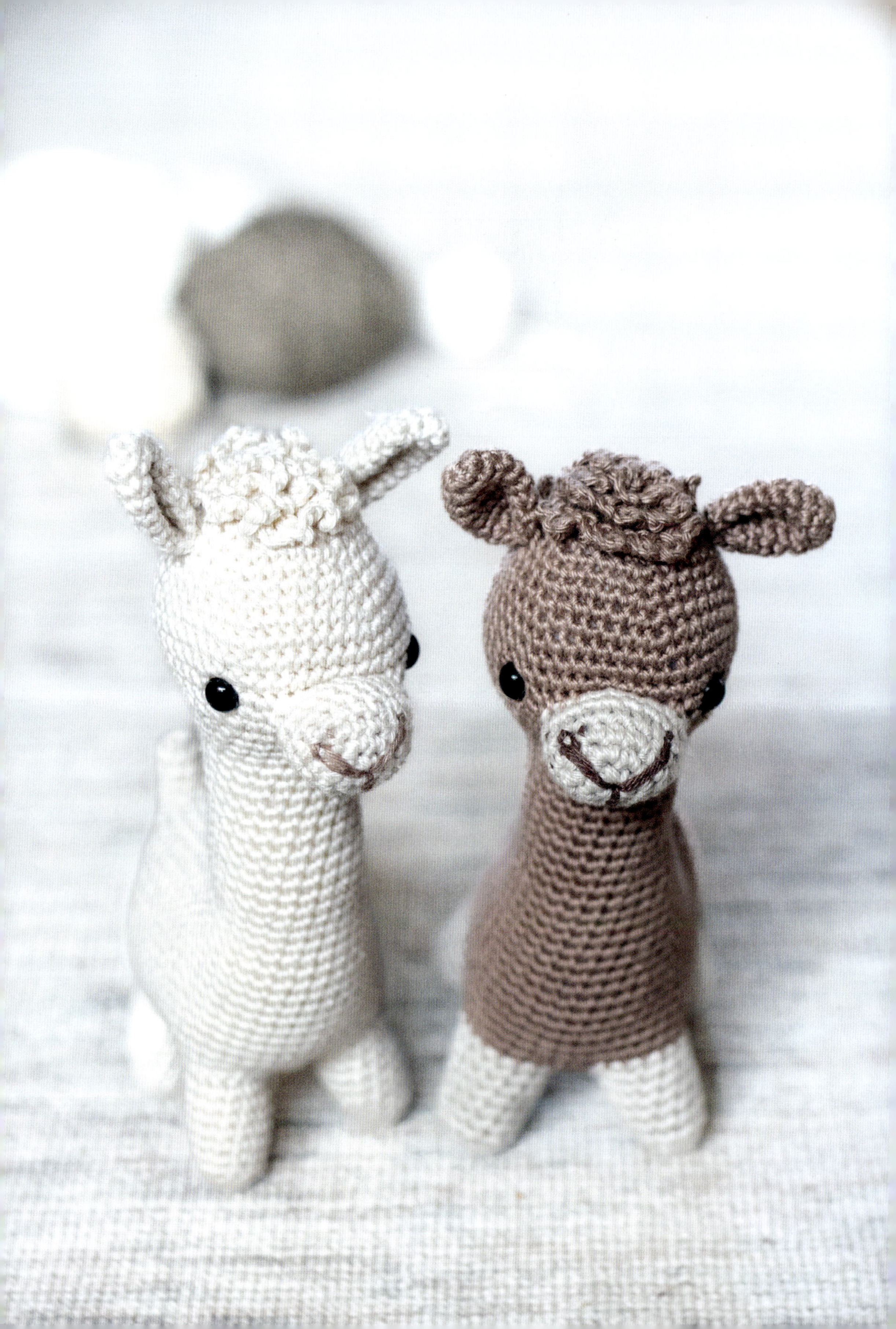

ALPAKA

Schwierigkeitsgrad: 5 von 5

FÜR DAS HELLBRAUNE ALPAKA
(± 18 CM)

- Garn für Nadelstärke 2,5–3,5 mm. Ich habe Durable Coral (Lauflänge 125 m/50 g) verwendet, je 1 Knäuel in Hellbraun #2223 (Liver) und Creme #2212 (Linen) sowie einen kleinen Rest Dunkelbraun #2229 (Chocolate).
- Schwarze Sicherheitsaugen 8 mm
- Häkelnadel 2,5 mm
- Polyester-Füllwatte
- Maschenmarkierer, Stopfnadel und Schere

FÜR DAS CREMEFARBENE ALPAKA
(± 18 CM)

- Garn für Nadelstärke 2,5–3,5 mm. Ich habe Durable Coral (Lauflänge 125 m/50 g) verwendet, 1 Knäuel in Creme #2212 (Linen) sowie einen kleinen Rest Dunkelbraun #2229 (Chocolate).
- Schwarze Sicherheitsaugen 8 mm
- Häkelnadel 2,5 mm
- Polyester-Füllwatte
- Maschenmarkierer, Stopfnadel und Schere

TIPP Beachte auch die Tipps auf den Seiten 12 und 13: Allgemeines, Abnehmen und Häkeln mit mehreren Farben.

TIPP Dieses Riesenalpaka habe ich mit Restgarn aus dem Second-Hand-Laden gehäkelt.

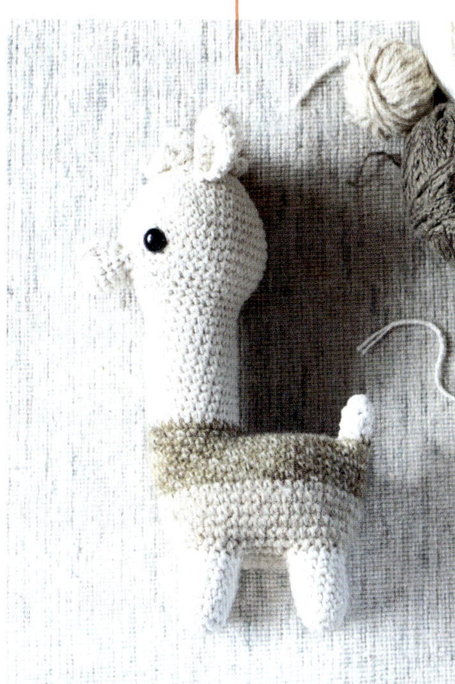

Dies ist die Anleitung für das hellbraune Alpaka.
Für das cremefarbene Alpaka ersetzt du Hellbraun durch Creme.

OHREN (2 STÜCK)

R1 **In Hellbraun** mit einem Fadenring beginnen, 6 fM in den Ring häkeln. (6)
R2 *1 fM, 2 fM in die folg M*, rundum wdh. (9)
R3 *2 fM, 2 fM in die folg M*, rundum wdh. (12)
R4–R8 Rundum 1 fM in jede M. (12)
R9 Das Ohr nun von der Häkelnadel aus flach falten und 6 fM durch beide Lagen häkeln (siehe Fotos). (6)

Den Faden abschneiden, durch die letzte Schlinge ziehen und die Fadenenden vernähen.

SCHWANZ

R1 **In Hellbraun** mit einem Fadenring beginnen, 6 fM in den Ring häkeln. (6)
R2 *2 fM, 2 fM in die folg M*, rundum wdh. (8)
R3–R4 Rundum 1 fM in jede M. (8)

Den Faden abschneiden, durch die letzte Schlinge ziehen und das Fadenende vernähen.

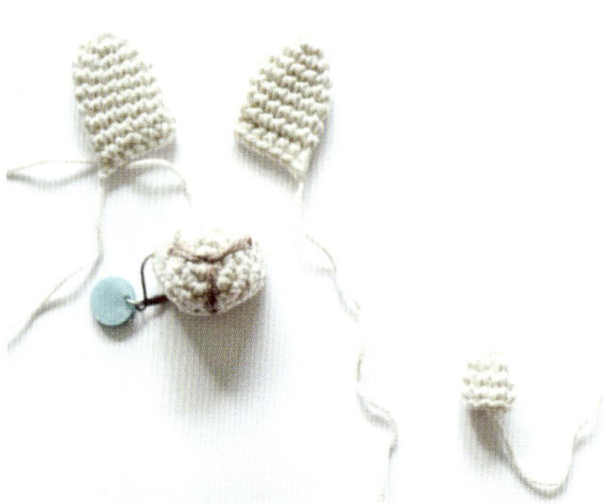

MAUL

R1 **In Creme** mit einem Fadenring beginnen, 6 fM in den Ring häkeln. (6)
Den Fadenring nicht zu fest anziehen, sodass du später noch mit einer Häkelnadel hineinstechen kannst.
R2 Rundum 2 fM in jede M. (12)
R3 *1 fM, 2 fM in die folg M*, rundum wdh. (18)
R4 ***In Dunkelbraun,** mit der Häkelnadel mitten in den Fadenring einstechen und eine Schlinge durchziehen (siehe Fotos), jetzt den **cremefarbenen** Faden durch die 2 Schlingen auf der Nadel ziehen, die M hinter der Schlinge auslassen, **in Creme** weiterhäkeln, 5 fM*, noch 2× wdh. (18)
Den dunkelbraunen Faden abschneiden und auf der Rückseite des Mauls einen Knoten machen.
R5 Rundum 1 fM in jede M. (18)
R6 3 fM, den M-Markierer in die letzte gehäkelte fM einhängen, 15 fM. (18)

Den Faden abschneiden, durch die letzte Schlinge ziehen und das Fadenende vernähen. Der Markierer zeigt an, wo das Maul später am Kopf befestigt werden soll, und wird darum noch nicht entfernt.

HUFE (4 STÜCK)

R1 **In Creme** mit einem Fadenring beginnen, 6 fM in den Ring häkeln. (6)
R2 Rundum 2 fM in jede M. (12)
R3 Rundum 1 fM in jede M. (12)
R4 *5 fM, 2 fM in die folg M*, rundum wdh. (14)
R5–R9 Rundum 1 fM in jede M. (14)

Den Faden abschneiden, durch die letzte Schlinge ziehen und die Fadenenden vernähen. Den unteren Teil des Hufs füllen.

Ohren

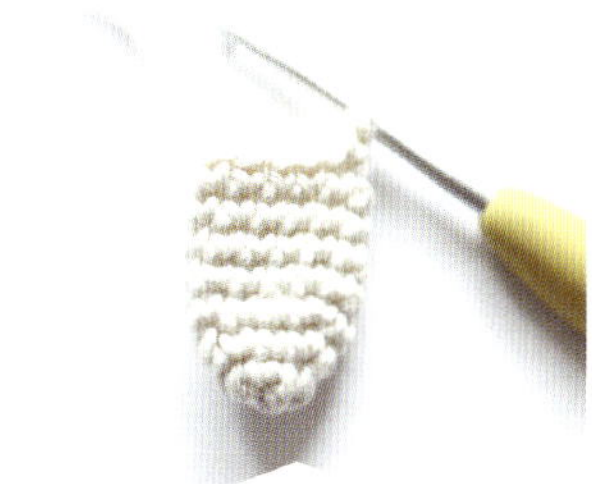

R9

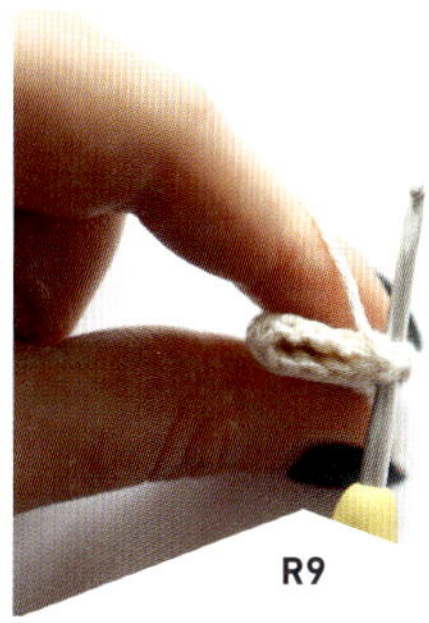

R9

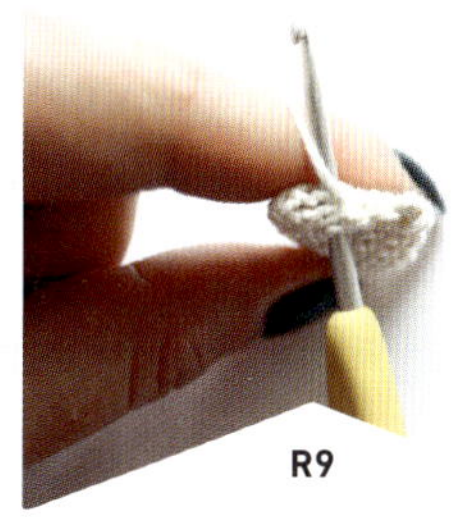

R9

Maul

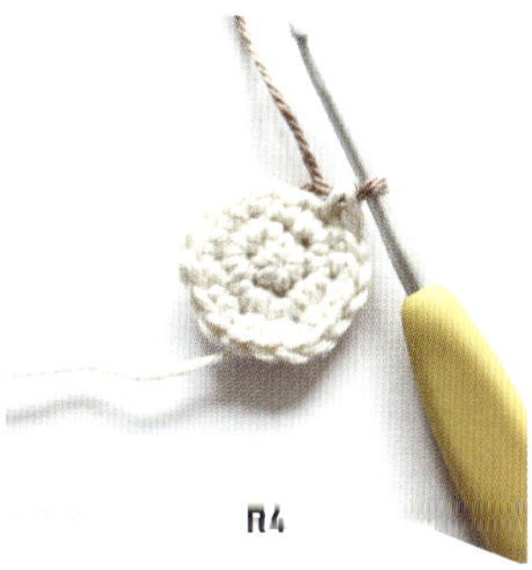

R4

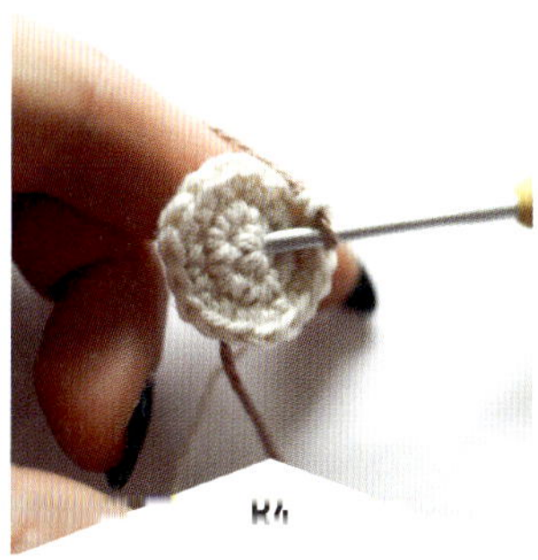

R4

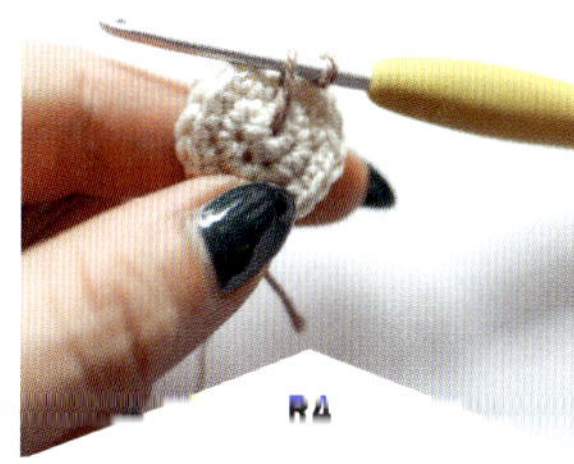

R4

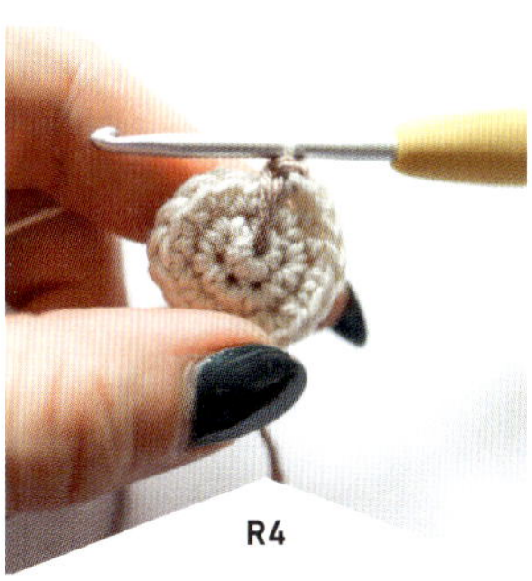

R4

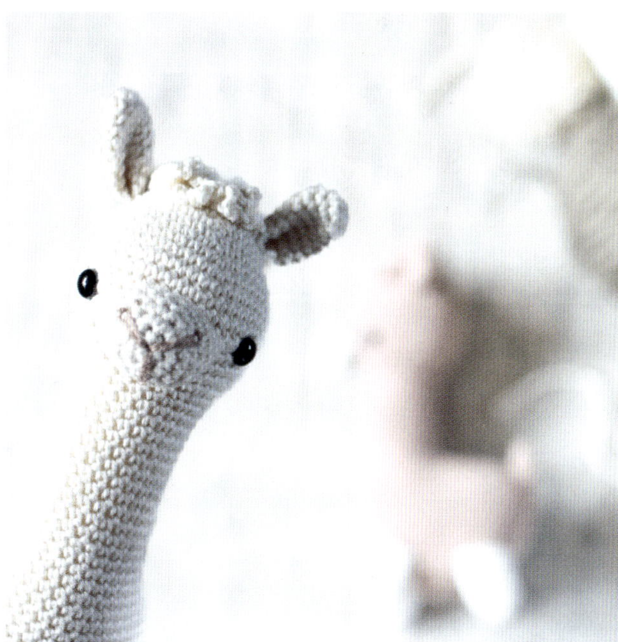

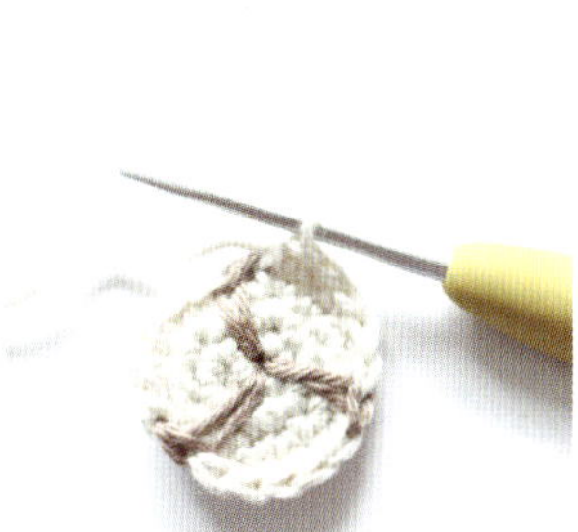

R4

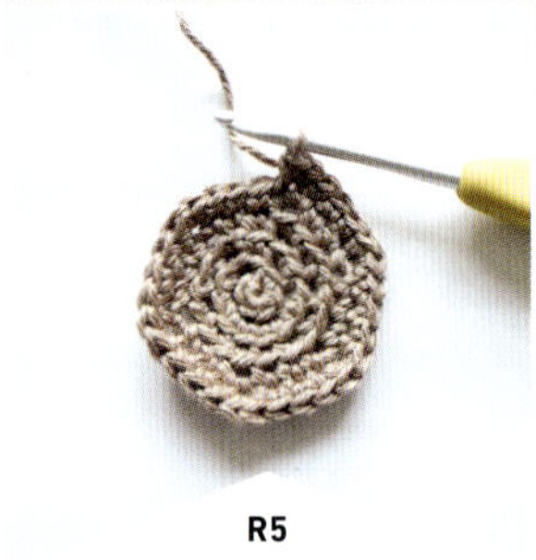
R5

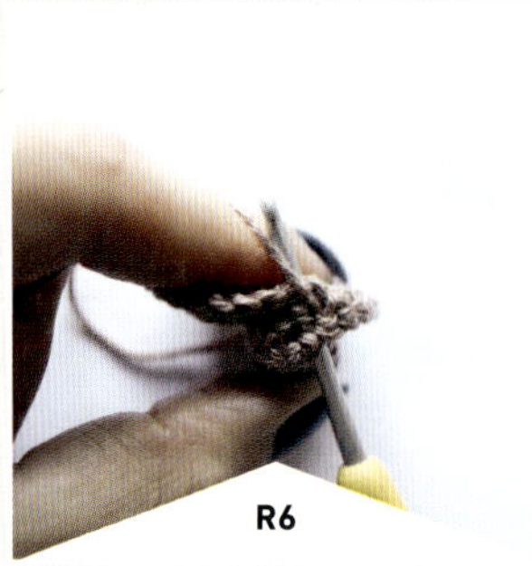
R6

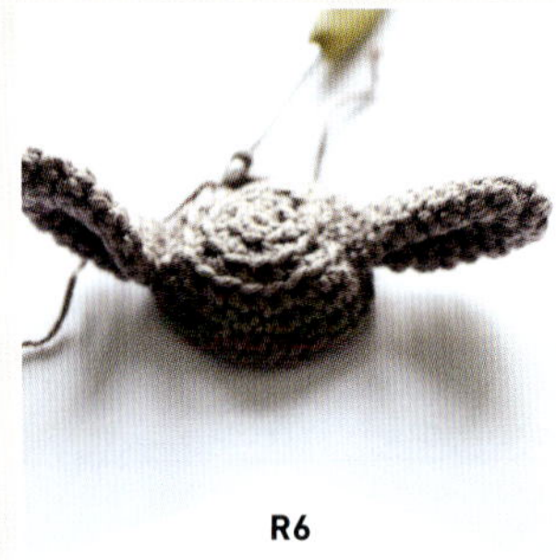
R6

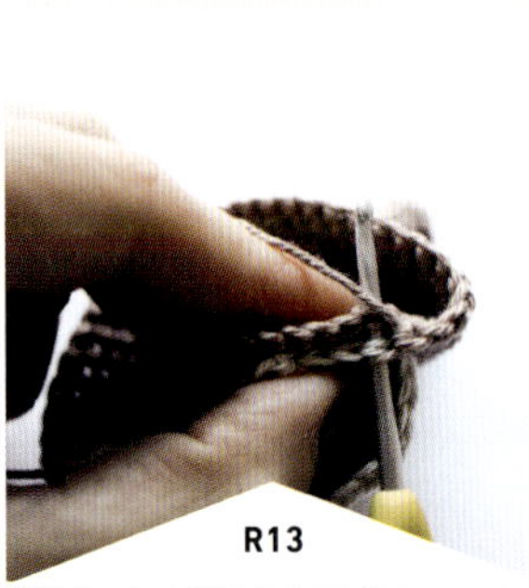
R13

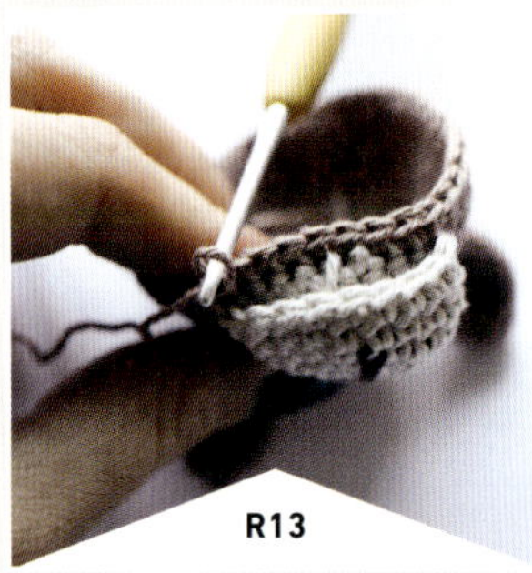
R13

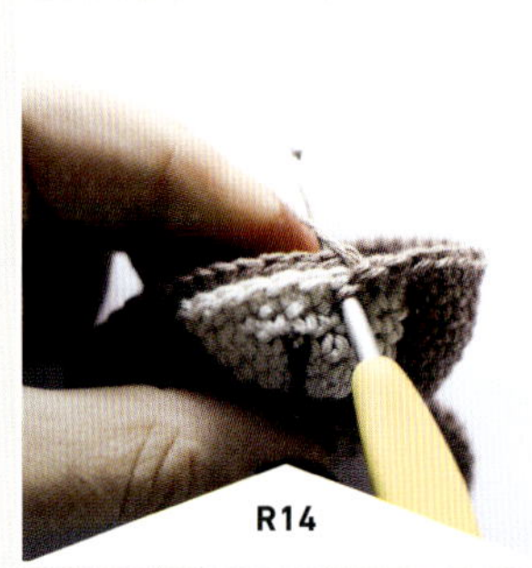
R14

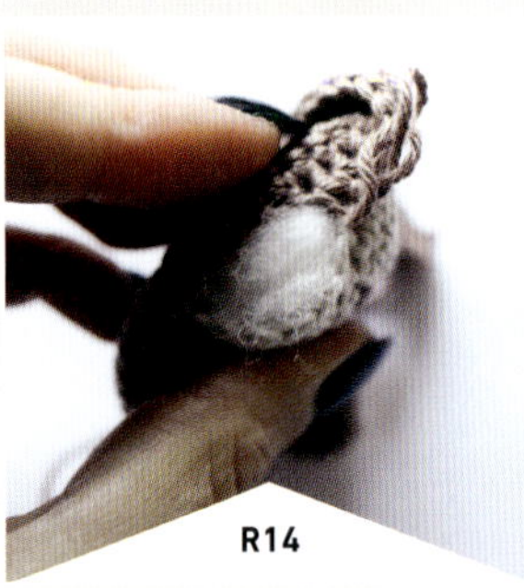
R14

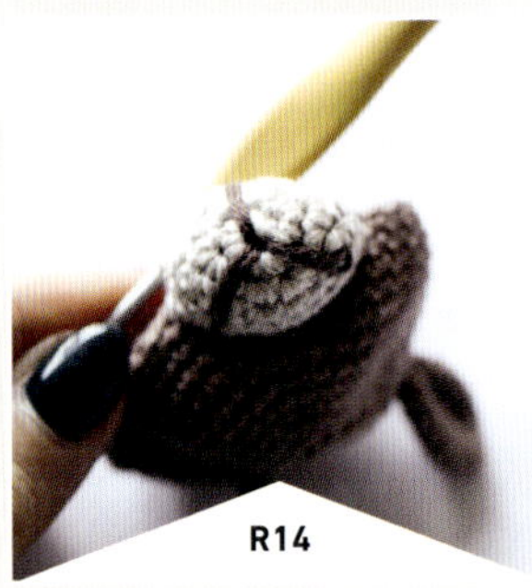
R14

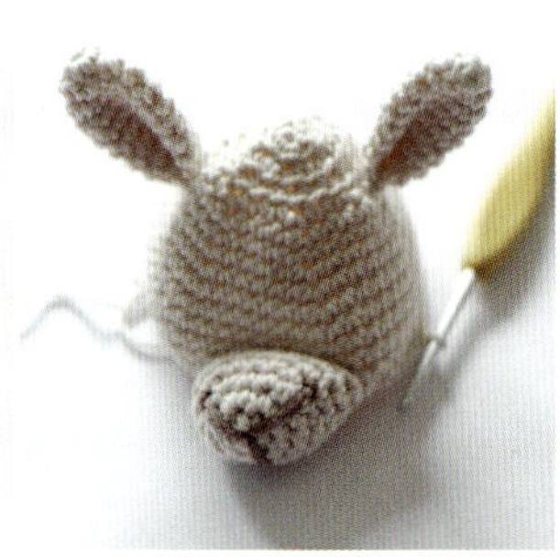

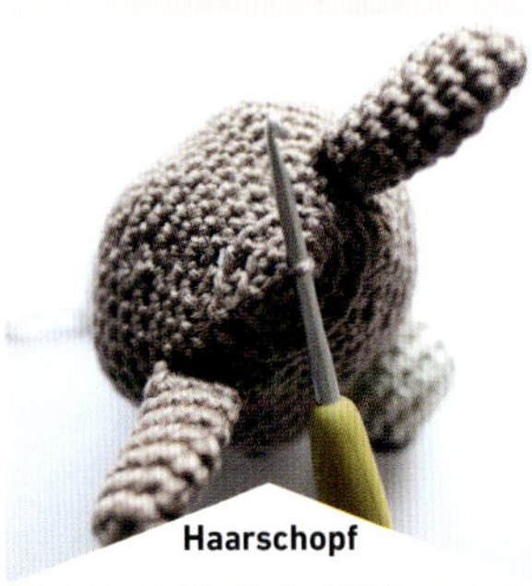
Haarschopf

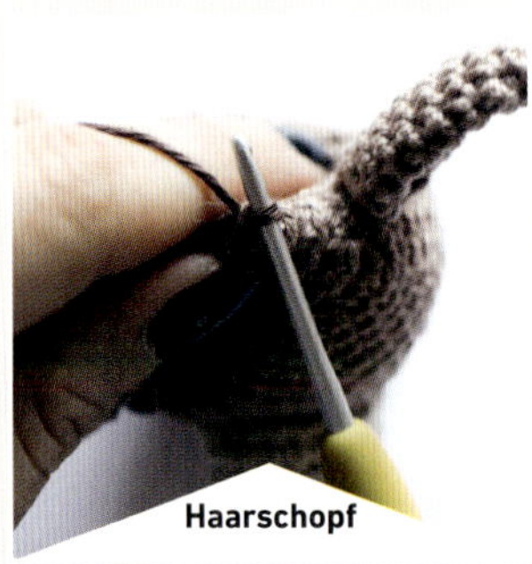
Haarschopf

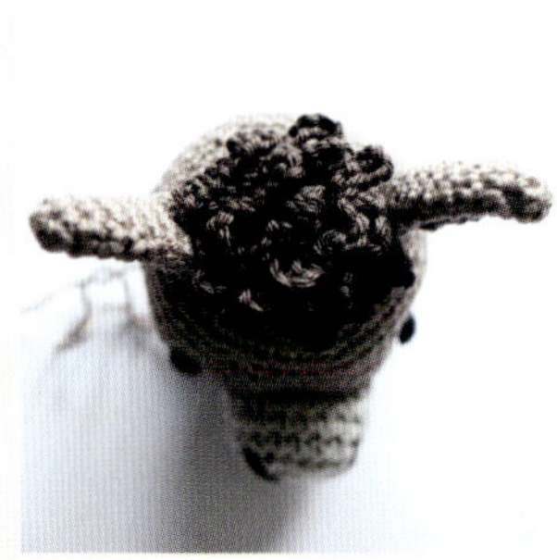

KOPF

R1 **In Hellbraun** mit einem Fadenring beginnen, 6 fM in den Ring häkeln. (6)

Achtung: In R2–R4 nur in die hinteren M-Glieder häkeln, hier häkelst du später den Haarschopf hinein. Wenn du Flauschgarn nimmst oder keinen Haarschopf haben willst, kannst du diese Runde auch durch beide M-Glieder häkeln.

R2 Rundum 2 fM in jede M. (12)
R3 *1 fM, 2 fM in die folg M*, rundum wdh. (18)
R4 *2 fM, 2 fM in die folg M*, rundum wdh. (24)

Ab jetzt durch beide M-Glieder weiterhäkeln.

R5 *3 fM, 2 fM in die folg M*, rundum wdh. (30)
R6 Ein Ohr zusammenfalten, mit der Öffnung zur Häkelnadel an den Kopf halten, 3 fM durch beide Lagen des Ohrs und den Kopf häkeln, 10 fM, dann das zweite Ohr zusammenfalten und mit der geschlossenen Seite zur Häkelnadel an den Kopf halten, 3 fM durch beide Lagen des Ohrs und den Kopf häkeln, 14 fM (siehe Fotos). (30)
R7 *4 fM, 2 fM in die folg M*, rundum wdh. (36)
R8 *5 fM, 2 fM in die folg M*, rundum wdh. (42)
R9 *6 fM, 2 fM in die folg M*, rundum wdh. (48)
R10–R12 Rundum 1 fM in jede M. (48)
R13 33 fM, das Maul ab der markierten M offen an den Kopf halten (der M-Markierer kann jetzt entfernt werden), von innen durch das Maul und von außen durch den Kopf 9 fM häkeln, jetzt über den Kopf weiterhäkeln, 6 fM (siehe Fotos). (48)
R14 33 fM, jetzt 9 fM durch die Unterseite des Mauls (von außen) und den Kopf häkeln, um das Maul zu schließen, dieses nach der Hälfte füllen, 6 fM (siehe Fotos). (48)
R15 *6 fM, 2 fM zus*, rundum wdh. (42)
R16 *5 fM, 2 fM zus*, rundum wdh. (36)
R17 *4 fM, 2 fM zus*, rundum wdh. (30)
R18 *3 fM, 2 fM zus*, rundum wdh. (24)

Die Sicherheitsaugen zwischen R13 und R14 zu beiden Seiten der Nase mit 2 fM Abstand zwischen dem Maul und der M befestigen, in die du das Auge einsetzt, also in der dritten fM ab dem Maul.

R19–R30 Rundum 1 fM in jede M. (24)

Den Kopf füllen.

HAARSCHOPF

TIPP Du kannst den Haarschopf auch erst zum Schluss hinzufügen, wenn das Alpaka ansonsten fertig ist.

In Hellbraun, den Faden im ersten unbehäkelten vorderen M-Glied von R1 befestigen, dann 1 fM, *5 Lm, 1 fM in die folg M, 3 Lm, 1 fM in die folg M, 4 Lm, 1 fM in die folg M*, von * bis * über alle ungehäkelten M-Glieder von R2–R4 wdh.

Den Faden abschneiden, durch die letzte Schlinge ziehen und das Fadenende vernähen.

KÖRPER

R31 12 fM, 11 Lm, 1 fM in die zweite Lm von der Häkelnadel aus häkeln, 1 fM in jede der übrigen 9 Lm, jetzt die M, wo die Lm-Kette begonnen hat, und die folg M zus (das ist nicht als Abnahme gedacht, sondern damit kein Loch im Rücken entsteht), über R30 weiterhäkeln, 11 fM (Jetzt hast du insgesamt 45 M. Dabei zählen auch die Lm mit, siehe Fotos). (45)

R32 12 fM, 11 fM in die Lm-Kette, jetzt den Schwanz an die Lm-Kette des Rückens halten, 8 fM in die letzte Runde des Schwanzes häkeln, dann die M am Rücken vor dem Schwanz und die folgende M zus (das ist nicht als Abnahme gedacht, sondern damit kein Loch im Rücken entsteht), über die fM in der Lm-Kette weiterhäkeln, 9 fM, 12 fM (siehe Fotos). (53)

TIPP Mach dir keine Sorgen, falls sich der Körper etwas verzieht, das gibt sich später wieder.

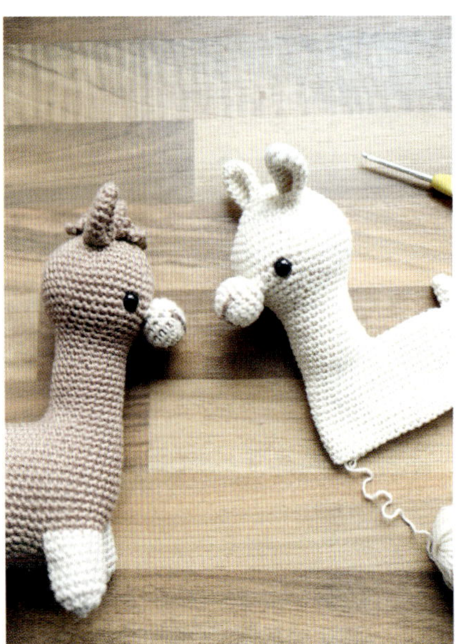

R33–R45 Rundum 1 fM in jede M. (53)

R46 5 fM, *einen Huf offen an den Körper halten und von innen aus durch den Huf und von außen durch den Körper 9 fM häkeln *(siehe Fotos), 5 fM, noch 1 × von * bis * wdh, 2 fM, noch 1 × von * bis * wdh, 5 fM, noch 1 × von * bis * wdh. (53)

R47 5 fM, *jetzt nur über den Huf 5 fM häkeln, dabei die 9 fM auslassen, die du gerade über den Huf gehäkelt hast, 5 fM, noch 1 × von * bis * wdh, 2 fM, noch 1 × von * bis * wdh, 5 fM, noch 1 × von * bis * wdh (siehe Foto). (37)

Hals, Schwanz und den oberen Teil des Körpers füllen.

R48 *3 fM, 2 fM zus*, bis zu den letzten 2 M von * bis * wdh, 2 fM. (30)

R49 *1 fM, 2 fM zus*, rundum wdh. (20)

Jetzt den Körper komplett füllen. Für einen fließenden Übergang macht es sich gut, wenn du vom Körper aus noch etwas Füllung oben in die Hufe drückst.

R50 *2 fM zus*, rundum wdh. (10)

Den Faden abschneiden, dabei ein langes Ende stehen lassen, durch die vorderen M-Glieder der übrigen M ziehen und fest anziehen. Die Fadenenden vernähen. Das Alpaka-Onesiegurumi ist fertig!

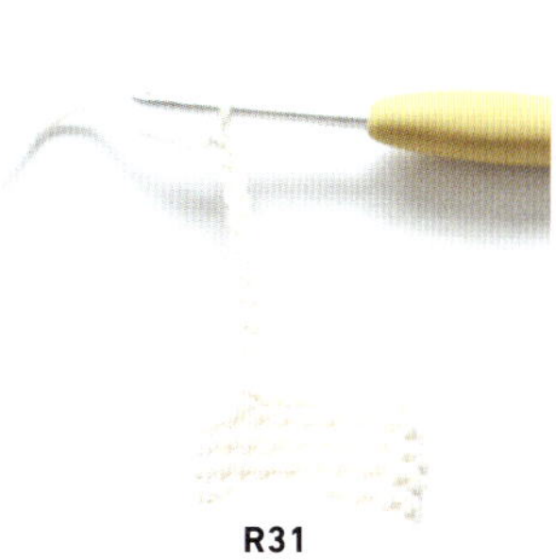
R31

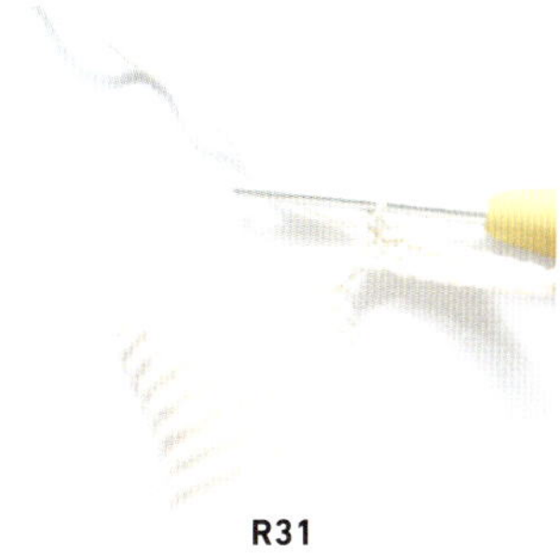
R31

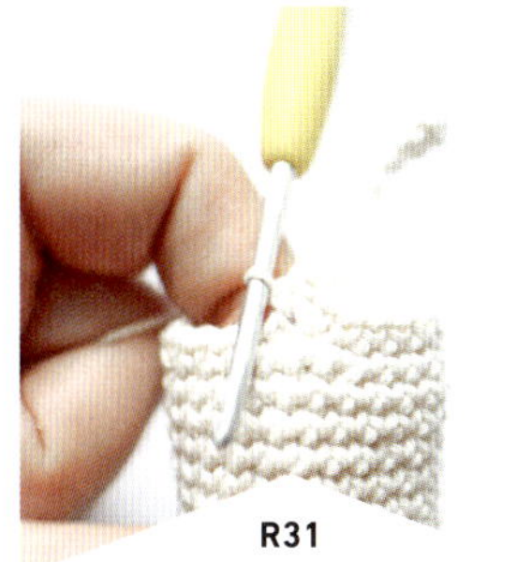
R31

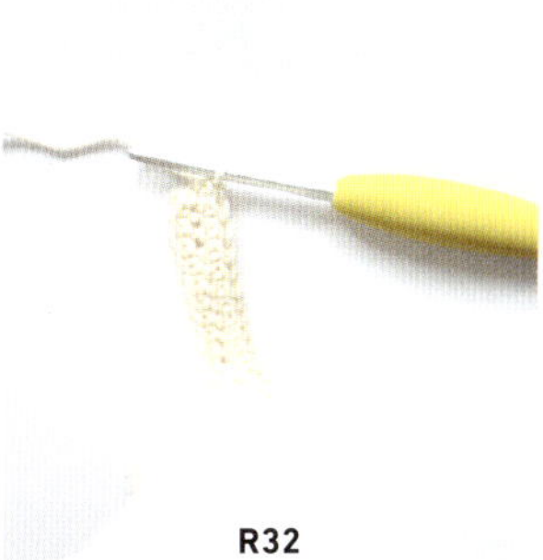
R32

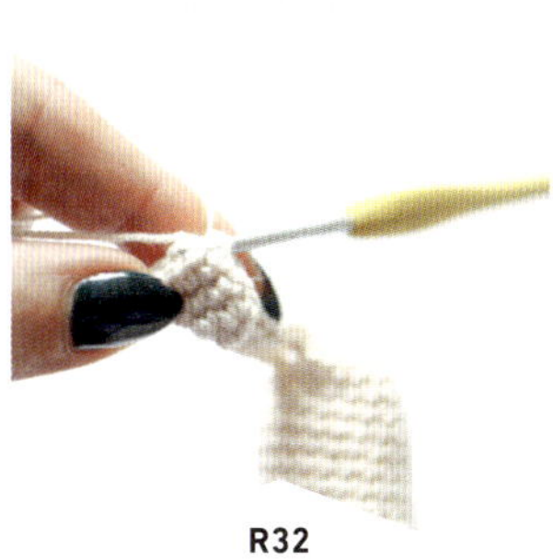
R32

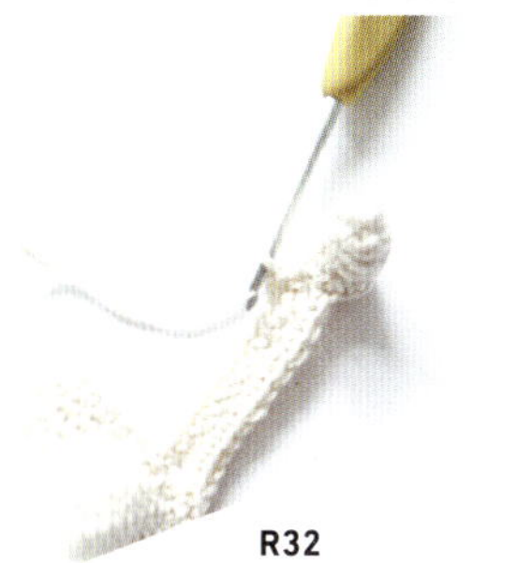
R32

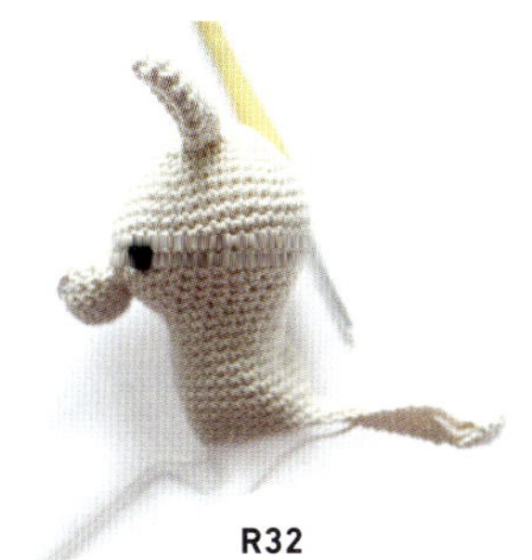
R32

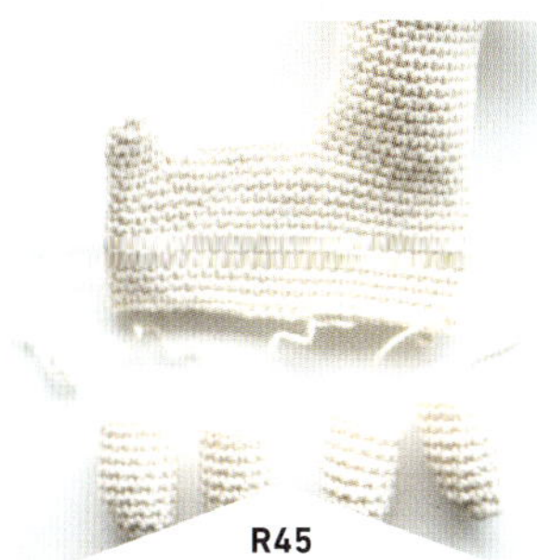
R45

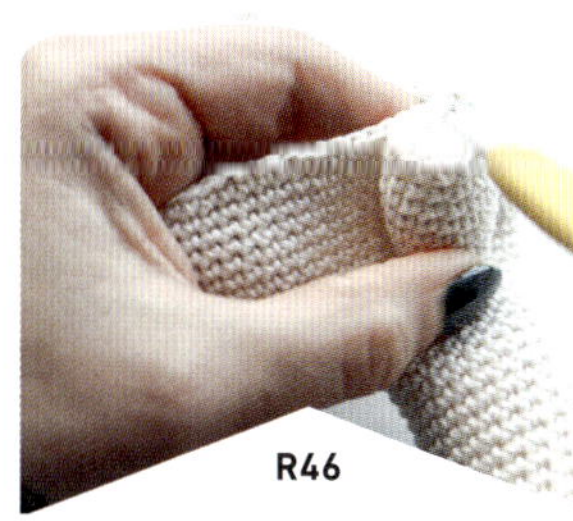
R46

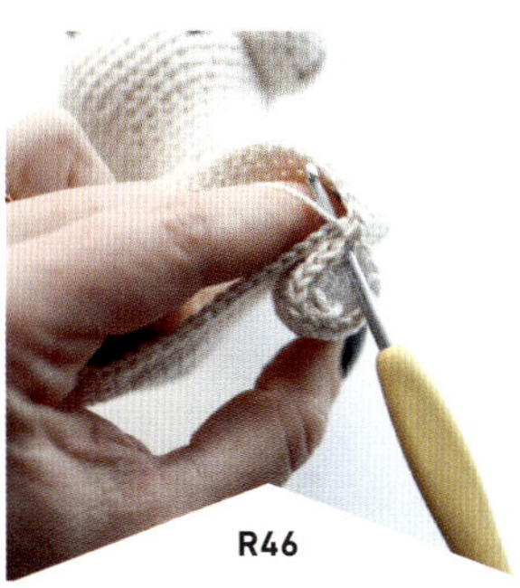
R46

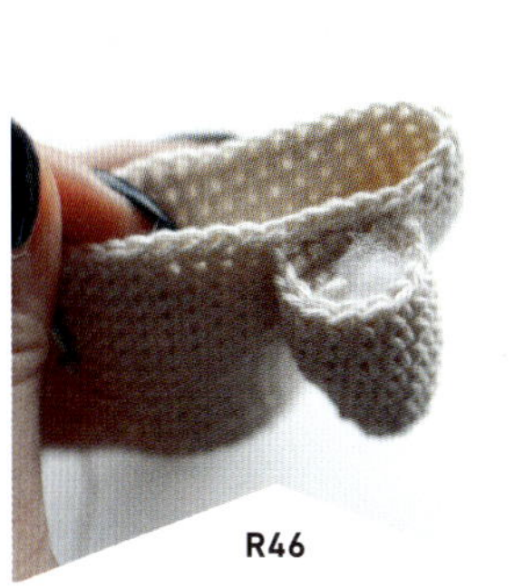
R46

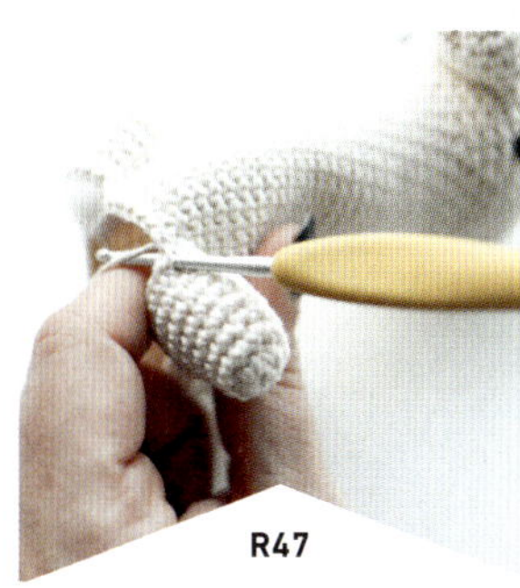
R47

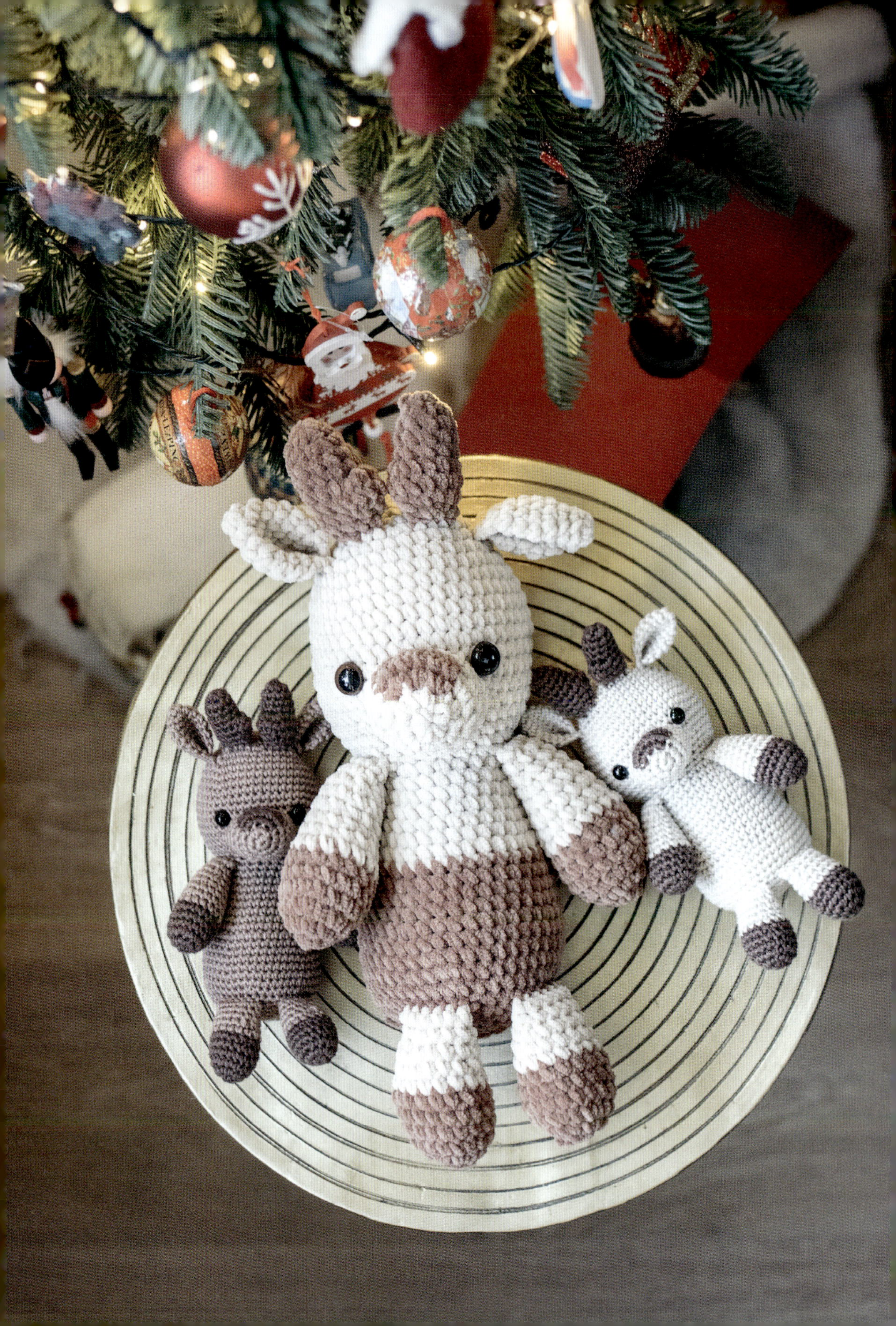

RENTIER

<u>Schwierigkeitsgrad: 3 von 5</u>

FÜR EIN KLEINES RENTIER (± 14 CM)

- Garn für Nadelstärke 2,5–3,5 mm. Ich habe Durable Coral (Lauflänge 125 m/50 g) verwendet, je 1 Knäuel in Hellbraun #2223 (Liver) und Dunkelbraun #2229 (Chocolate) oder in Beige #2212 (Linen) und Dunkelbraun #2229 (Chocolate).
- Dunkelbraune, transparente Sicherheitsaugen 8 mm
- Häkelnadel 2,5 mm
- Polyester-Füllwatte
- Maschenmarkierer, Stopfnadel und Schere

FÜR EIN GROSSES RENTIER (± 25 CM)

- Garn für Nadelstärke 3–5 mm. Ich habe Durable Velvet (Lauflänge 180 m/100 g) verwendet, je 1 Knäuel in Beige #2212 (Linen) und Braun #2218 (Hazelnut).
- Dunkelbraune, transparente Sicherheitsaugen 15 mm
- Häkelnadel 4,5 mm
- Polyester-Füllwatte
- Maschenmarkierer, Stopfnadel und Schere

TIPP Beachte auch die Tipps auf den Seiten 12 und 13: Allgemeines, Abnehmen und Häkeln mit mehreren Farben.

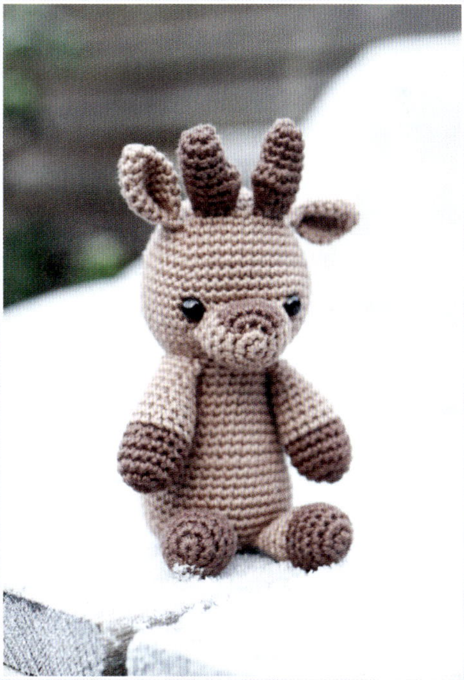

Dies ist die Anleitung für das braune Rentier.
Für das beigefarbene Rentier ersetzt du Hellbraun durch Beige.

MAUL

R1 **In Hellbraun** mit einem Fadenring beginnen, 6 fM in den Ring häkeln. (6)
R2 Rundum 2 fM in jede M. (12)
R3 **In Dunkelbraun** nur in die vorderen M-Glieder häkeln: 2 fM in die 3 folg M, **in Hellbraun** in beide M-Glieder weiterhäkeln: 2 fM in die folg M, *1 fM, 2 fM in die folg M*, rundum wdh. (20)
R4 **In Dunkelbraun** 2 fM in jede der folg 6 M, **in Hellbraun** 1 fM in jede M bis zum Ende. (26)
R5 **In Dunkelbraun** *2 fM zus*, noch 5× wdh, **in Hellbraun** 1 fM in jede M bis zum Ende. (20) Den dunkelbraunen Faden abschneiden.
R6 **In Hellbraun** 7 fM, einen M-Markierer in die letzte gehäkelte fM einhängen, 13 fM. (20)

Den Faden abschneiden, durch die letzte Schlinge ziehen und das Fadenende vernähen. Der Markierer zeigt an, wo das Maul später am Kopf befestigt werden soll, und wird darum noch nicht entfernt.

SCHWANZ

R1 **In Hellbraun** mit einem Fadenring beginnen, 6 fM in den Ring häkeln. (6)
R2 *2 fM, 2 fM in die folg M*, rundum wdh. (8)

Den Faden abschneiden, durch die letzte Schlinge ziehen und das Fadenende vernähen.

VORDERHUFE (2 STÜCK)

R1 **In Dunkelbraun** mit einem Fadenring beginnen, 6 fM in den Ring häkeln. (6)
R2 Rundum 2 fM in jede M. (12)
R3 *1 fM, 2 fM in die folg M*, rundum wdh. (18)
R4–R5 Rundum 1 fM in jede M. (18)
R6 *7 fM, 2 fM zus*, rundum wdh. (16)
R7 **In Hellbraun** (den dunkelbraunen Faden abschneiden) rundum 1 fM in jede M. (16)
R8 *6 fM, 2 fM zus*, rundum wdh. (14)
R9 Rundum 1 fM in jede M. (14)
R10 *5 fM, 2 fM zus*, rundum wdh. (12)
R11 Rundum 1 fM in jede M. (12)
R12 *4 fM, 2 fM zus*, rundum wdh. (10)
R13 Rundum 1 fM in jede M. (10)

Den Vorderhuf füllen, aber nur so fest, dass er seine Form behält. Der obere Teil des Hufs kann leer bleiben.

R14 *3 fM, 2 fM zus*, rundum wdh. (8)

Den Faden abschneiden, durch die letzte Schlinge ziehen und die Fadenenden vernähen.

HINTERHUFE (2 STÜCK)

R1–R11 wie bei den Vorderhufen beschrieben häkeln. Den Hinterhuf füllen, aber nur so fest, dass er seine Form behält. Der obere Teil des Hufs kann leer bleiben. Den Faden abschneiden, durch die letzte Schlinge ziehen und die Fadenenden vernähen.

GEWEIHSTANGEN (2 STÜCK)

R1 **In Dunkelbraun** mit einem Fadenring beginnen, 6 fM in den Ring häkeln. (6)

R2 *1 fM, 2 fM in jede der folg 2 M*, rundum wdh. (10)

R3–R5 Rundum 1 fM in jede M. (10)

R6 Nur in die vorderen M-Glieder: Je 3 fM in die 2 folg M, in beide M-Glieder weiterhäkeln: 8 fM. (14)

R7 Rundum 1 fM in jede M. (14)

R8 *3 fM zus*, noch 1 × wdh, 8 fM. (10)

R9 **In Dunkelbraun** *3 fM, 2 fM zus*, rundum wdh. (8)

Den Faden abschneiden, durch die letzte Schlinge ziehen und die Fadenenden vernähen. Das Geweih fest ausstopfen und die Spitzen dabei nicht vergessen.

OHREN (2 STÜCK)

R1 **In Hellbraun** mit einem Fadenring beginnen, 6 fM in den Ring häkeln. (6)

R2 *2 fM, 2 fM in die folg M*, rundum wdh. (8)

R3 *1 fM, 2 fM in die folg M*, rundum wdh. (12)

R4 *2 fM, 2 fM in die folg M*, rundum wdh. (16)

R5–R7 Rundum 1 fM in jede M. (16)

R8 Das Ohr flach falten und 8 fM durch beide Lagen häkeln. (8)

R9 Das Ohr erneut falten und 4 fM durch beide Lagen häkeln. (4)

Den Faden abschneiden, durch die letzte Schlinge ziehen und die Fadenenden vernähen.

Uhren

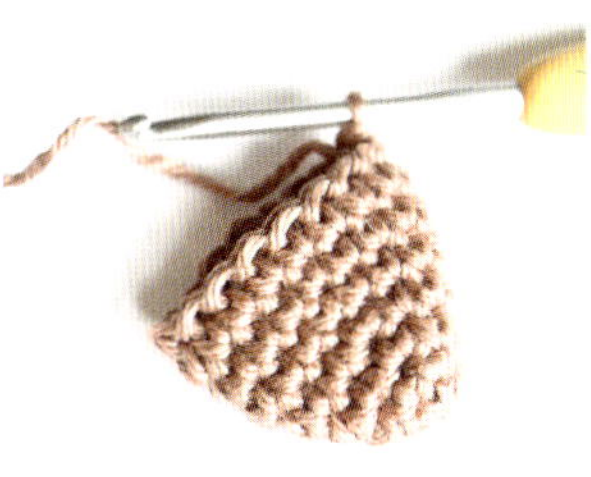

R8

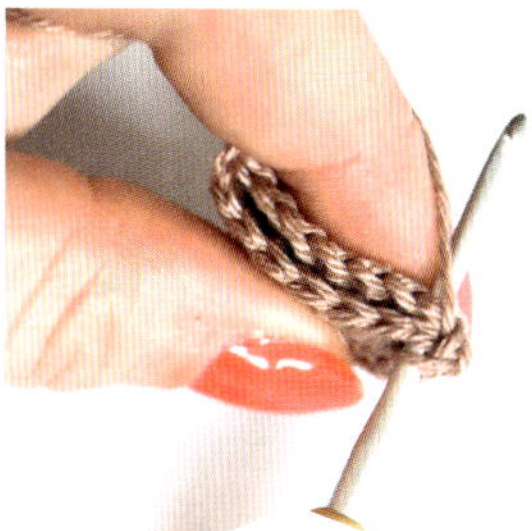

R8

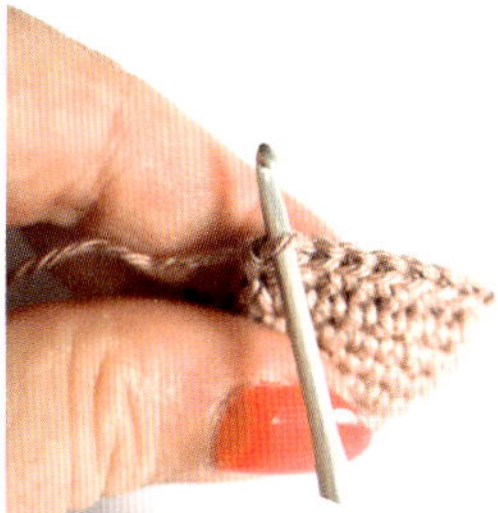

R8

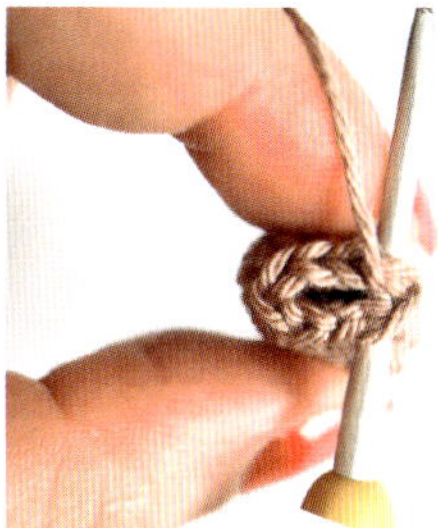

R9

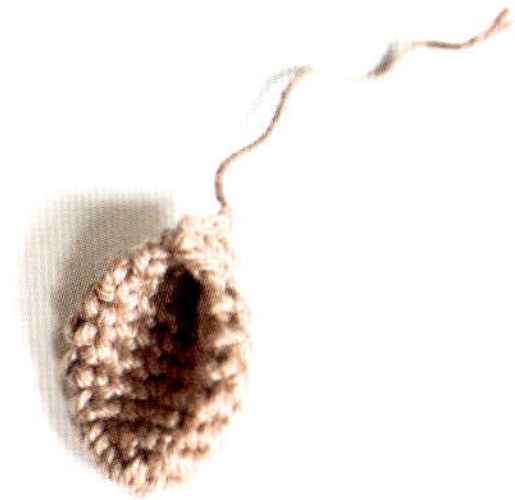

R9

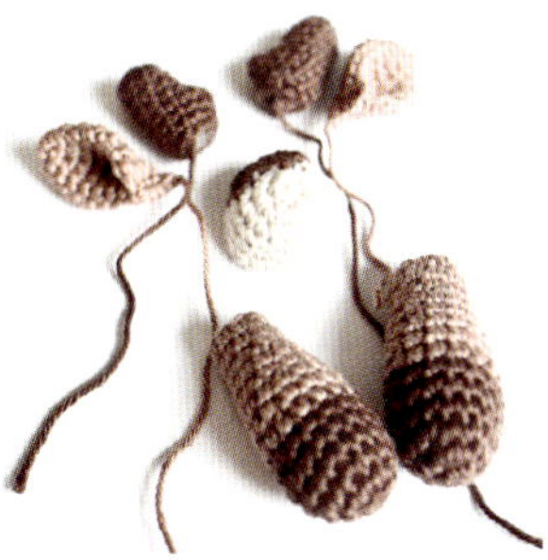

KOPF

R1 **In Hellbraun** mit einem Fadenring beginnen, 6 fM in den Ring häkeln. (6)

R2 Rundum 2 fM in jede M. (12)

R3 *1 fM, 2 fM in die folg M*, rundum wdh. (18)

R4 *2 fM, 2 fM in die folg M*, rundum wdh. (24)

R5 *3 fM, 2 fM in die folg M*, rundum wdh. (30)

R6 Eine Geweihstange mit der geraden Seite zur Häkelnadel an den Kopf halten, 4 fM durch beide Lagen der Geweihstange und den Kopf häkeln (siehe Fotos), 2 fM in die folg M, dann die zweite Geweihstange mit der kleinen Spitze zur Häkelnadel an den Kopf halten, 4 fM durch beide Lagen der Geweihstange und den Kopf häkeln, 2 fM in die folg M, *4 fM, 2 fM in die folg M*, bis zum Ende wdh. (36)

R7 11 fM, ein Ohr mit der Öffnung zur Häkelnadel an den Kopf halten, 4 fM durch beide Lagen des Ohrs und den Kopf häkeln (siehe Foto), 17 fM, dann das zweite Ohr mit der geschlossenen Seite zur Häkelnadel an den Kopf halten, 4 fM durch beide Lagen des Ohrs und den Kopf häkeln. (36)

R8 *2 fM in die folg M, 11 fM*, rundum wdh. (39)

R9 *1 fM, 2 fM in die folg M, 11 fM*, rundum wdh. (42)

R10 *2 fM, 2 fM in die folg M, 11 fM*, rundum wdh. (45)

R11 *3 fM, 2 fM in die folg M, 11 fM*, rundum wdh. (48)

R12–R14 Rundum 1 fM in jede M. (48)

TIPP Das Maul wird über 4 Runden befestigt. In R15 fixierst du die Oberseite (Foto 1-3), in R16-R17 nur die Seiten (Foto 4) und in R18 (Foto 5) die Unterseite.

R15 7 fM, das Maul offen an den Kopf halten und ab der markierten M zu häkeln beginnen (der Markierer kann jetzt entfernt werden), 7 fM durch eine Lage des Mauls und den Kopf häkeln (siehe Fotos), 34 fM. (48)

R16 6 fM, die Häkelnadel durch das erste ungehäkelte M-Glied an der Seite des Mauls (von innen) und die folg M des Kopfs stechen (siehe Foto), 1 fM durch diese 2 M häkeln, über R15 weiterhäkeln, 7 fM, nun die Häkelnadel durch das erste ungehäkelte M-Glied auf der anderen Maulseite (von innen) und die folg M des Kopfs stechen, 1 fM durch diese 2 M häkeln, 33 fM. (48)

R17 6 fM, die Häkelnadel durch das erste ungehäkelte M-Glied an der Seite des Mauls (von innen) und die folg M des Kopfs stechen, 1 fM durch diese 2 M häkeln, über R16 weiterhäkeln, 8 fM, nun die Häkelnadel durch das erste ungehäkelte M-Glied auf der anderen Maulseite (von innen) und die folg M des Kopfs stechen, 1 fM durch diese 2 M häkeln, 32 fM. (48)

R18 5 fM, 2 fM zus, nun 9 fM durch die restlichen ungehäkelten M des Mauls (von der Außenseite aus einstechen) und den Kopf häkeln (siehe Foto), das Maul nach der Hälfte füllen, 2 fM zus, 7 fM, 2 fM zus, *5 fM, 2 fM zus*, bis zum Ende wdh. (42)

R19 *5 fM, 2 fM zus*, rundum wdh. (36)

R20 *4 fM, 2 fM zus*, rundum wdh. (30)

R21 *3 fM, 2 fM zus*, rundum wdh. (24)

Die Sicherheitsaugen zwischen R15 und R16 zu beiden Seiten des Mauls befestigen.

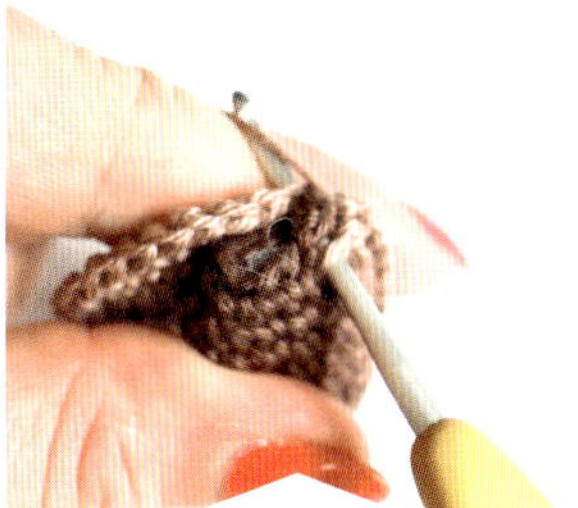

R6

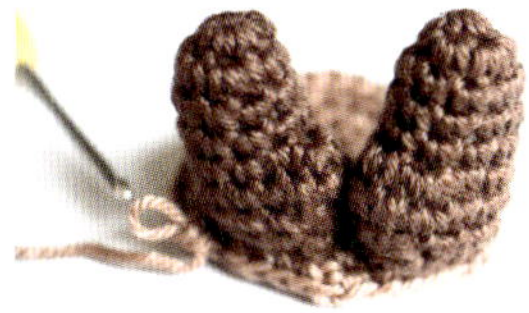

R6

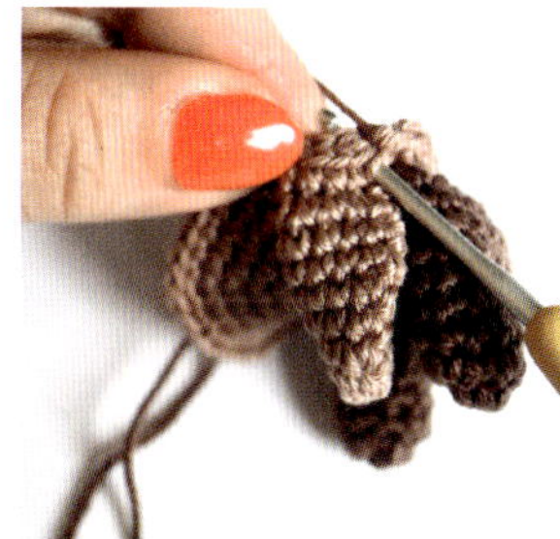

R7

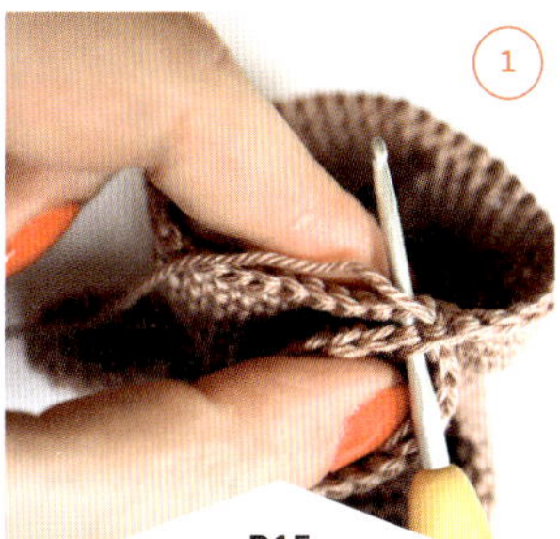

R15

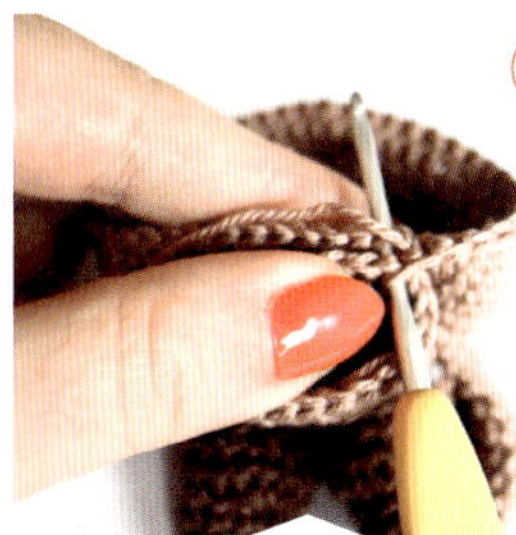

R15

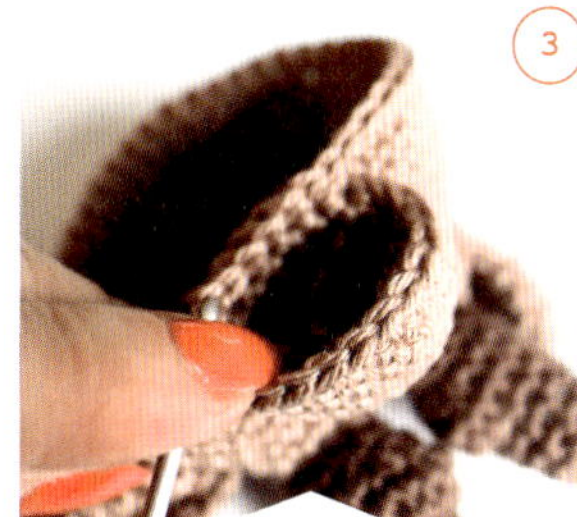

R15

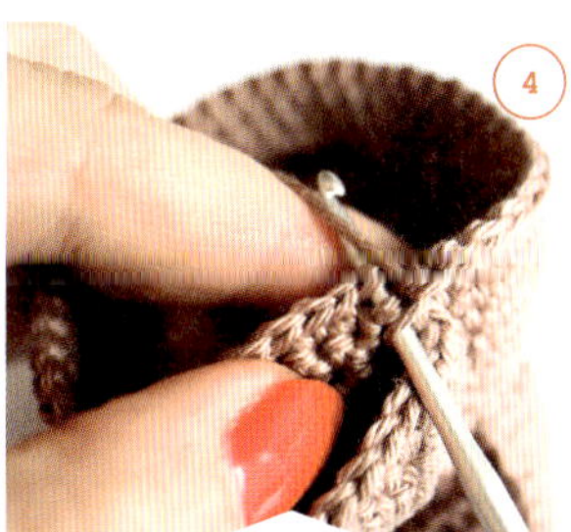

R16

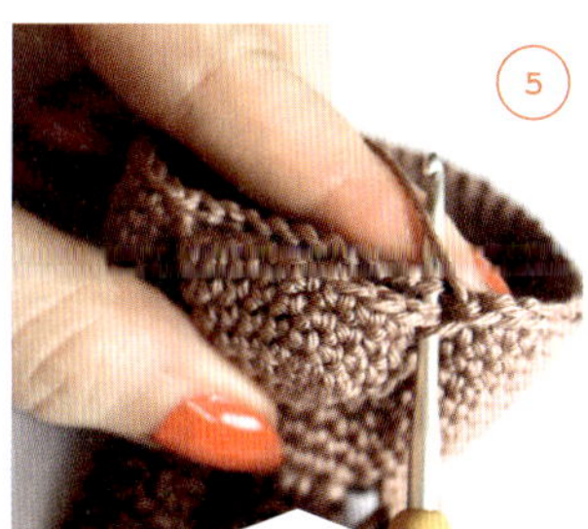

R18

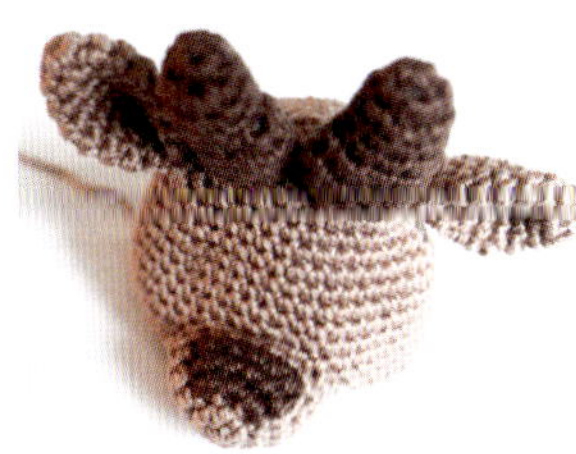

Kopf

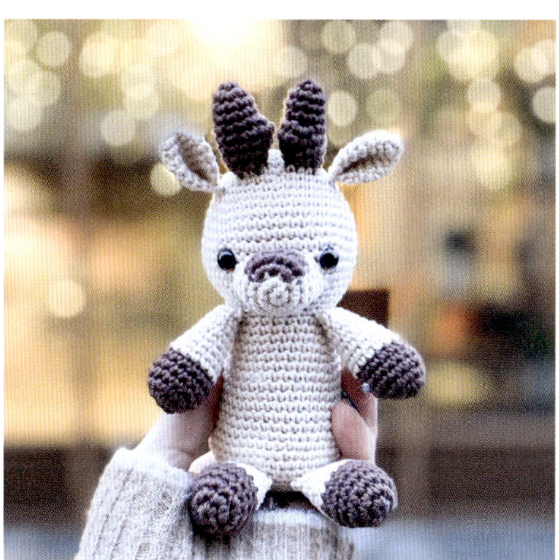

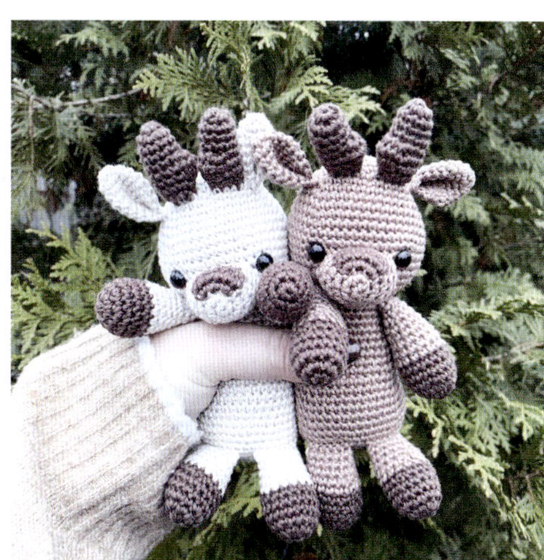

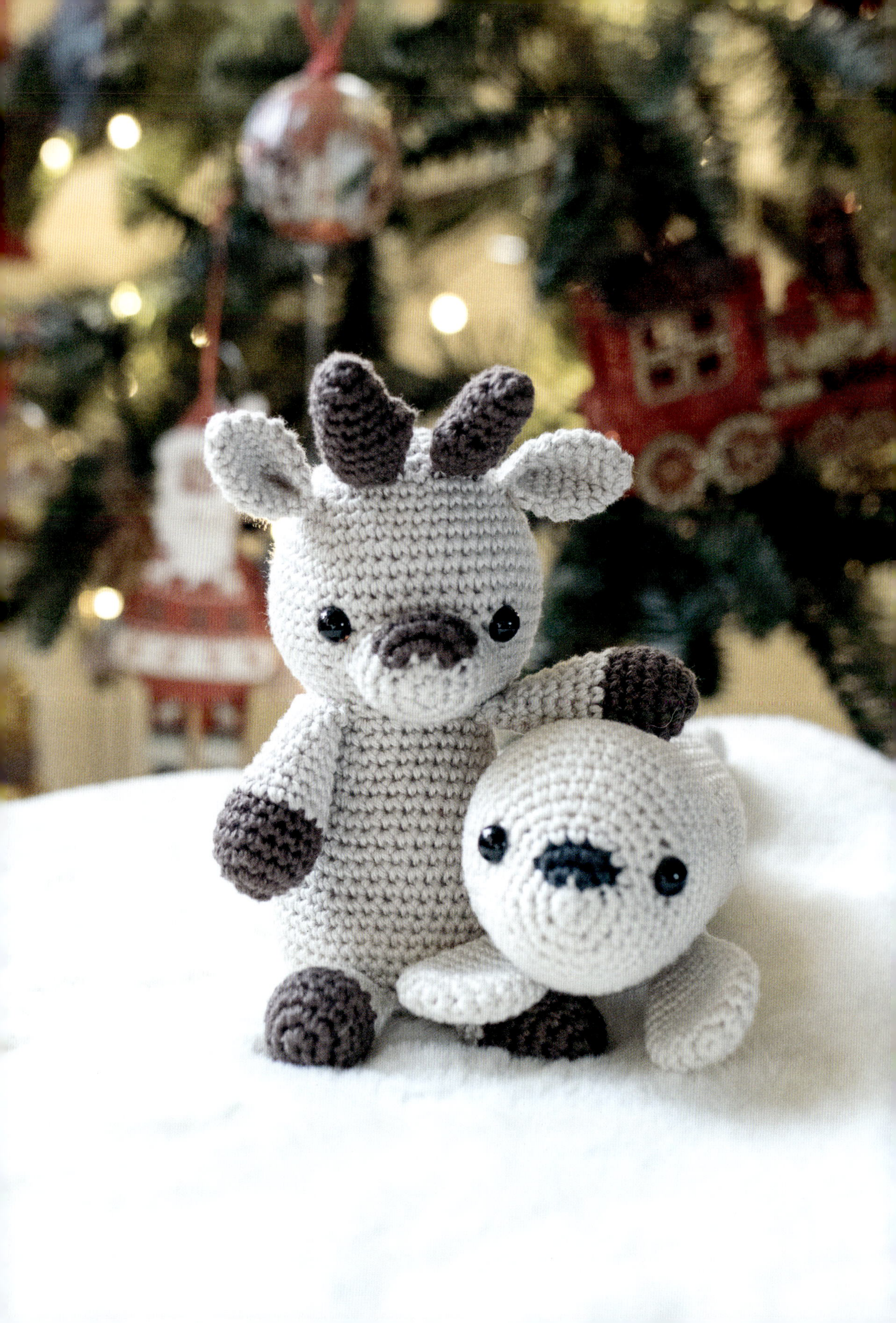

KÖRPER

R22 1 fM, einen Vorderhuf an den Kopf halten, 4 fM durch beide Lagen des Hufs und den Kopf häkeln (siehe Foto), 5 fM, 4 fM durch beide Lagen des zweiten Vorderhufs und den Kopf wie beim ersten Huf, 10 fM. (24)
R23 *5 fM, 2 fM in die folg M*, rundum wdh. (28)
R24 Rundum 1 fM in jede M. (28)
R25 *6 fM, 2 fM in die folg M*, rundum wdh. (32)
R26–R27 Rundum 1 fM in jede M. (32)
R28 *7 fM, 2 fM in die folg M*, rundum wdh. (36)
R29–R30 Rundum 1 fM in jede M. (36)
R31 *8 fM, 2 fM in die folg M*, rundum wdh. (40)
R32–R33 Rundum 1 fM in jede M. (40)

Den Kopf füllen und in Form bringen.

R34 *9 fM, 2 fM in die folg M*, rundum wdh. (44)
R35–R36 Rundum 1 fM in jede M. (44)
R37 *10 fM, 2 fM in die folg M*, rundum wdh. (48)
R38 Rundum 1 fM in jede M. (48)
R39 *6 fM, 2 fM zus*, rundum wdh. (42)
R40 9 fM, einen Hinterhuf an den Körper halten, 6 fM durch beide Lagen des Hufs und den Körper häkeln wie bei den Vorderhufen beschrieben, 2 fM, 6 fM durch beide Lagen des zweiten Hufs und den Körper häkeln wie beim ersten Hinterhuf, 12 fM, jetzt 4 fM durch beide Lagen des Schwanzes und den Körper häkeln wie bei den Hufen beschrieben, 3 fM. (42)
R41 *5 fM, 2 fM zus*, rundum wdh. (36)
R42 *4 fM, 2 fM zus*, rundum wdh. (30)
R43 *3 fM, 2 fM zus*, rundum wdh. (24)
R44 *2 fM, 2 fM zus*, rundum wdh. (18)

Den Körper füllen und in Form bringen.

R45 *1 fM, 2 fM zus*, rundum wdh. (12)

Den Faden abschneiden, dabei ein langes Ende stehen lassen, durch die vorderen M-Glieder der übrigen M ziehen und fest anziehen. Das Fadenende vernähen. Das Rentier-Onesiegurumi ist fertig!

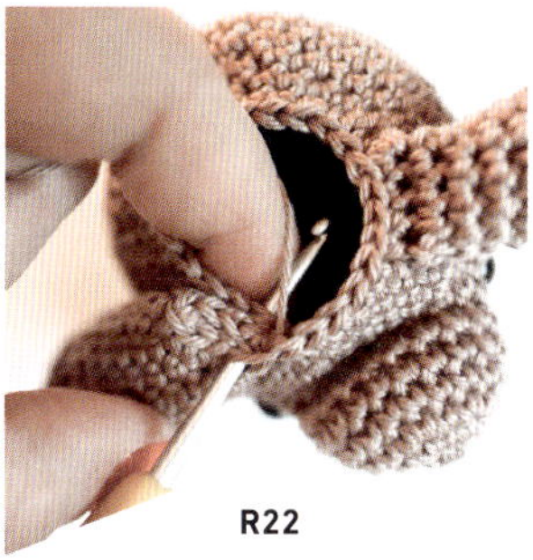

R22

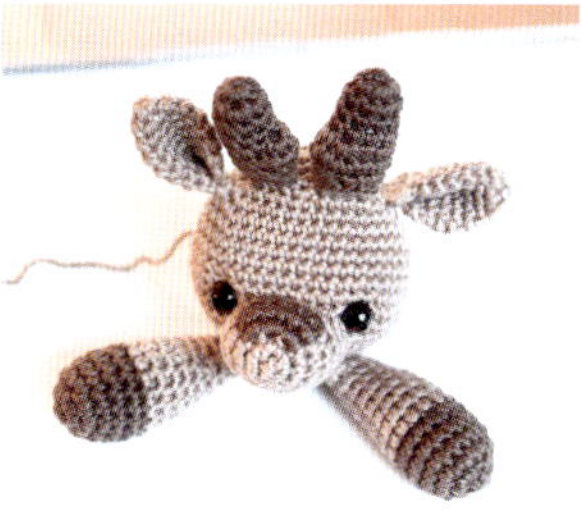

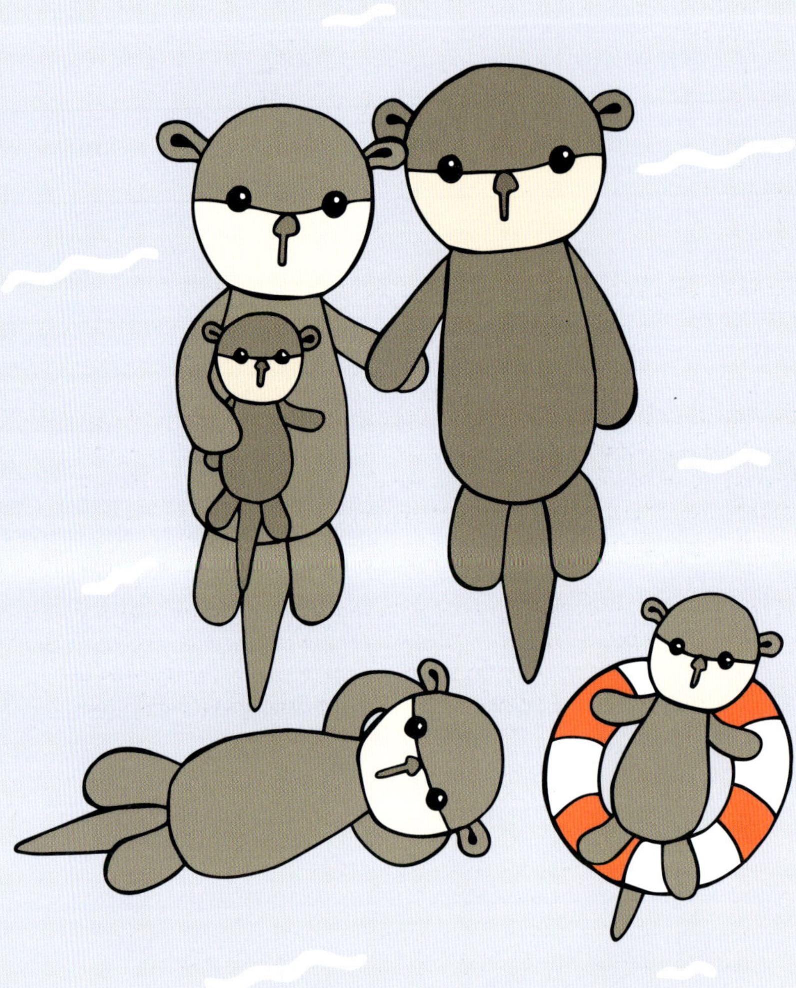

DANK

Ich möchte mich herzlich bei all den lieben Menschen und tollen Unternehmen bedanken, die beim Entstehen dieses Buches mitgewirkt haben. Ein paar möchte ich dabei ganz besonders erwähnen:

Meine liebe Familie! Ein großes Dankeschön an **Olivier** und **Julia** für all eure Hilfe und die schönen Fotos, die ich von euch machen durfte! Liebe **Mijntje**, danke für deine Unterstützung und natürlich deine TikTok-Tipps. :) Lieber **Josse**, danke für alles und natürlich besonders für unser Otterporträt!

Liebe **Ans Baart**, danke für deine große Hilfe beim »Testen vor dem Testen«, Lesen, Korrigieren, Häkeln und natürlich beim Auswählen zusammen mit Stanny!

Dennis de Gussem, ein großes Dankeschön für deine Unterstützung, das Testen, die Kontrolle des Manuskripts und das Mithäkeln!

Dann natürlich vielen Dank an alle Testhäklerinnen! **Fiona Oosthoek**, **Sofie De Zutter**, **Angelique Jonkman van Welderen**, **Diane Van Lier-Noordenbos**, **Linn Torfs**, **Lisa van de Graaf-Slootman**, **Emanuelle Overeem**, **Corina van Krieken**, **Chantal Put-Schoutene**, **Jasmijn van Binsbergen**, **Monique Schut**, **Mathilde Van Der Waal**, **Karin Frenzen**, **Colette Hendriks** und **Eveline Koeleman**.

Außerdem möchte ich mich bei meiner **Mutter**, meinem **Vater**, meinem **Bruder** und meiner **Schwägerin** für ihre Hilfe und ihre weisen Ratschläge bedanken. Ebenso wie bei meiner **Schwiegermutter**, meinen **Schwiegereltern**, **Schwägern**, **Schwägerinnen**, **Freunden**, **Verwandten** und **Kollegen**.

Sigrid Bliekendaal, du bist eine fantastische Designerin, du hast mich aber auch in vielerlei Hinsicht wachsen lassen. Vielen Dank für alles!

Kosmos Uitgevers samt all den tollen Mitarbeitern ein großes Dankeschön für das Vertrauen und die angenehme Zusammenarbeit. Unglaublich, dass ich jetzt schon mein fünfzehntes Buch verfassen durfte! Mein ganz besonderer Dank gilt **Sabine Meekel**, **Levi van der Veur** und **Marieke Woortman**.

Außerdem gibt es noch unglaublich viele weitere Menschen und Firmen, die an diesem Buch mitgewirkt haben und bei denen ich mich auch herzlich bedanken möchte: **Jeanet Jaffari-Schroevers**, **Allan Marshal**, **Sara Veng**, **Alexa Boonstra**, **Laura Borgers**, **Pleun van Hoeckel**, **Manon Zwerver** und **Wim »Mr. Knitbear«**.